魏一营◎著

语文教学的
文化魅力

华东师范大学出版社
·上海·

图书在版编目(CIP)数据

语文教学的文化魅力/魏一营著.—上海:华东师范大学
出版社,2022
ISBN 978-7-5760-3207-9

Ⅰ.①语… Ⅱ.①魏… Ⅲ.①语文教学-教学研究
Ⅳ.①H193

中国版本图书馆 CIP 数据核字(2022)第 169062 号

语文教学的文化魅力

著　　者　魏一营
责任编辑　王丹丹
特约审读　李玮慧
责任校对　张婷婷　时东明
装帧设计　卢晓红

出版发行　华东师范大学出版社
社　　址　上海市中山北路 3663 号　邮编 200062
网　　址　www.ecnupress.com.cn
电　　话　021-60821666　行政传真 021-62572105
客服电话　021-62865537　门市(邮购)电话 021-62869887
地　　址　上海市中山北路 3663 号华东师范大学校内先锋路口
网　　店　http://hdsdcbs.tmall.com

印 刷 者　上海昌鑫龙印务有限公司
开　　本　787 毫米×1092 毫米　1/16
印　　张　14.25
字　　数　252 千字
版　　次　2022 年 12 月第 1 版
印　　次　2022 年 12 月第 1 次
书　　号　ISBN 978-7-5760-3207-9
定　　价　48.00 元

出 版 人　王　焰

(如发现本版图书有印订质量问题,请寄回本社客服中心调换或电话 021-62865537 联系)

目 录

小 引

我与魏一营老师是多年的朋友。

我知道他在自己的学校、自己的班级,一直践行"语文文化"教学,并且,我们曾经对此还有过一些探讨。

所以,魏老师让我为他的大著《语文教学的文化魅力》写几句话代序,我感觉很开心。但我不够写序的资格,所以就写几句,以"小引"名之。

中小学语文教学一直在改革中,几十年来从未停歇过。

为什么? 显而易见的是,我们的语文教学一直未能完全走在正大之道上。如果已完全走在正大之道上,还改革干什么呢?

就目前的情况看,关于语文教学的争论点与改革点依然有很多。2017 年发布的《普通高中语文课程标准》及 2019 年新版高中《语文》教材,也存在不少争议点。将各种争议点归结起来,我们可以看到,最后指向的是"语文技术"与"语文文化"的争论。

"文化"的定义有很多,"语文文化"的界定也人言人殊。

在我看来,"语文文化"就是用语文化育学生,引导学生认识与理解最基本的语文知识,把握与运用最基本的语文技能,体认与传承最基本的人类文化,培育并彰显为未来发展与创造所需的自我生命意识,实现人的觉醒。

但几十年来,我们的语文教育在这方面的效果并不理想,最明显的标识就是,语文课堂沦为应试技巧培训课堂,语文教育的终极意义自然就被放逐。

"语文文化"内蕴语文之术,但一定是彰显语文之道之术。换言之,"语文文化"是以"语文之道"驭"语文之术"的文化,是以"语文之术"彰显"语文之道"的文化。

应当说,2019 年全面推开的"双新"语文课程,总体来说是朝着以"语文之术"彰显"语文之道"的方向前行的。因此我们可以看到,现在大家常常围绕"文化主题"与"语文素养"这样的话题展开教学研讨。

如果您是"过来人",您会发现,这样的研讨是有很大进步意义的。因为,大家可以理直气壮地探讨"语文文化"的落实,探讨如何在"单元教学"中、在"整本书阅读"中落实"文化主题"的教学;更可以探讨学科素养与"语文文化"的关系,探讨写作教育、阅读教育与"语文文化"的关系,探讨教师修养与"语文文化"的关系。

记得十多年前,我讲语文教育要关注语言背后的文化、要关注单元文化时,常被人批评、讥嘲。现在尽管还有不少人继续坚持语文教育就是语言应用教育的认识,认为语文教育与文化没有什么关联,但总体来说,只谈"语言应用"的语文教育的缺失正为越来越多的人所认知,而相信"语文文化"教育的人越来越多。

正是在这样的语文教育背景下,魏一嵩老师的《语文教学的文化魅力》应运而生。该著围绕"语文文化"这一语文本质,从学科素养阐释、写作与阅读教学、教学反思及文化专题研究等方面展开,力图呈现语文课堂与语文教师的"语文文化"的多维样貌,显示了其教育探索与实践的难能可贵。相信这样的探索一定能给读者带来诸多启示。

黄荣华

2022 年 8 月 18 日

序　言

　　语文课程的基本特点,是人文性和工具性的统一。根据这一特点,语文教学的主要目标是提升学生的学科核心素养,通过阅读、口头与书面表达、合作与探究等学习与体验活动,引导学生在语言建构与运用、思维发展与提升、审美鉴赏与创造、文化传承与理解几个方面获得发展。语文课程中的语言、思维、审美、文化将人文性和工具性融为一体,互相作用,互相渗透,使语文彰显出其综合性、实践性特征。

　　语文是语言文字、语言文学、语言文化的载体,语文构成文化,文化也自始至终对语文产生巨大影响。中华文化丰富的内蕴,影响着语言、思维、审美的发展,其本身更蕴含着积极向上的精神。博大精深的传统文化,对于发展思辨能力、提升思维品质、形成积极向上的精神,对于培养社会主义核心价值观和高尚的审美情趣、生成丰厚的文化底蕴、理解文化的多样性,一直起着积极的作用。因此,语文教学中的文化是重要的。

　　写作本书,源于学习《普通高中语文课程标准(2017年版2020年修订)》后对高中语文学科素养更深入的理解和对传统文化的感悟。本书重点探究了文化与语文教学之间的关联,研究了如何在文化的引领下使语文教学更有魅力,并论述了语文教学如何发挥育人功能,实现立德树人的目标,使学生树立积极向上的人生理想,奠定终身发展的基础。

　　本书的主题是通过学科素养提升策略分析、阅读与写作教学分析、语文教学实践总结、与传统文化密切相关的文言作品的教学反思、文化在生活与文学中的呈现、语文教学中的专题文化研究,探究语文教学的文化魅力,感受语文教学的文化与思想深度,以此突显语文教学的文化性特征,培养学生的文化自信和积极向上的精神,弘扬中华传统文化。

全书共分六章。第一章"学科素养与提高策略",包括"语言建构与运用能力提升策略""思维发展与提升能力培养策略""审美鉴赏与创造能力提升策略""文化传承与理解能力培养策略"四节,围绕语文学科的核心素养,研究探讨提升核心素养的策略方法,其中重点论述了文化在语文学科核心素养提升中的作用。第二章"写作教学与文化",包括"审题立意中的文化意识渗透""基于文化积累的写作教学策略""基于文化与逻辑思维能力的写作教学策略""基于文化的写作思维培养策略"四节,探究了写作文化,主张在作文审题立意中关注文化意识,分析了如何通过文化积累提升写作能力,论述了写作教学中如何提升文化与逻辑思维能力以及如何从文化的角度激发写作思维。第三章"语文文化与教学实践",包括八节内容,分别从阅读文化、合作文化、影视文化、学习支持、学习能力培养、人文素养提升等几个方面,论述了语文教学的相关策略,对教学实践进行了重点总结。第四章"基于文化的教学思考",包括"在实践中感悟　在自然中怡情""基于传统文化的仁政思想与哲学思考""基于传统文化的责任意识与哲学思考""基于'忠''孝'传统文化的教学思考""传统文化下民本精神的体现"五节,对与传统文化密切关联的几篇典型文言文进行了教学后的思考,通过教学归结与梳理、教学反思、教学重构,对作品所承载的传统文化精神进行了分析。第五章"文化魅力与文化探幽",包括"晚唐诗人曹唐诗歌的思想内容与特色""谈《三国演义》中诸葛亮的几种谋略""语言——民族的根基,创新的基石""中国传统水文化在当代楼盘命名中的应用"四节,这一章的内容涉及不同方面的文化,所写内容是文化的应用与拓展。语文是基于文字、文学和文化的学科,其工具性和人文性都决定了其应用性特征,文化现象贯穿于文学和生活中,恰恰证明了文化的魅力,也值得我们去"探幽"。第六章"指向教学的文化研究",包括"基于哲学思想的古诗文校本课程开发研究""以语文教材为'本',培养学生诚信精神的探究""李商隐无题诗新论",三项研究都密切结合了传统文化,对古诗文中的哲学思想作了分析,将古诗文中传统文化的哲学内涵呈现了出来。"诚信"研究基于对语文教材中内容的整理,在传统文化的弘扬、学生积极精神的培养方面,具有重要的意义。对李商隐诗歌的研究,也关注了诗歌与传统文化的结合,对于提升学科素养、思维能力和鉴赏能力,具有积极的意义。

本书所包括的六章,围绕语文教学的文化性特征,从学科素养提升策略谈起,依次探究了写作、教学实践、教学反思、文化应用、文化专题研究。学科素养的提升是学生成长的关键,阅读和写作是提升语文学科素养的重要途径。教学实践是对教学理念和教学设想的验证,对教学实践的反思则是提升教学设计能力和教学实施能力的有效方法。语文教学的实践性,最突出的表现,还应该是应用。专题研究则是提升语文教学水平、提升学生学科素养的保障和支持。本书章节的设计,参照了语文学习的逻辑关系和学习内容间的彼此关联度。

本书中列举的文章篇目,选自人民教育出版社统编版和华东师范大学出版社两个版本的语文教材。

希望本书的出版,能为广大语文教师的教育教学和教育科研提供一定的参考,为广大高中学生的学习提供一定的借鉴。

魏一营

2022 年 8 月 16 日

第一章 学科素养与提高策略

第一节 语言建构与运用能力提升策略

语言建构与运用是语文学科核心素养的基础,思维发展与提升、审美鉴赏与创造、文化传承与理解均须在语言建构与运用的基础上得以实现。

语言建构与运用是从幼儿园、小学就开始的,进入初中,学生的语言建构继续进行并完善。高中学段的语言建构,既有前几个阶段的承续,又有与前几个阶段不同的任务和特点,呈现出其在阅读、写作和生活中的高阶思维。

语言建构与运用的目标实现,在各个阶段既有不同的任务特点,又有一定的交叉。字词句的理解、文章的赏析、中心主旨的理解把握等,是各个学段一直需要进行的能力建构。

一、高中语文语言建构与运用教学现状

(一)阅读量不足,学生阅读理解和写作能力受到影响

语言建构与运用能力是学生的语文核心素养之一,该素养需要有较为充分的积累,如果达不到一定量的积累,学生的阅读就会有较大障碍,理解文本的情感和思想内涵会受到影响,写作更是无从谈起。

调查显示,当前高中学生的阅读量较小,部分学生基本没有课外阅读,课内阅读大都依靠任务驱动,基本是为了应对考试。学生阅读理解水平较低,写作中的语言表达、文章构思等能力较弱,这种情况严重影响了学生语文核心素养的提升,影响了学生思维、审美、鉴赏与创新能力的生成。

（二）外在因素影响，导致学生的语言建构与运用环境较差

阅读量不足，是学生语言建构与运用能力不能提升的重要原因。从学生"学"的方面看，外在因素在一定程度上干扰了学生的积累。电子产品的使用，导致学生学习性阅读减少，娱乐性阅读过多，学生阅读的注意力无法集中，阅读和积累的目的性过强，出于语言积累与阅读兴趣的学习很少，难以形成语文素养的有效性积累与建构。

手机等电子设备充斥学生的学习与生活，使得碎片化阅读成为学生生活的日常；部分自媒体缺乏责任心，表达错误处处比皆是；一些省市的高考不直接考查语言、词汇和句子的使用，使得学生忽略了语言建构的基础；广告制作者因懒惰借用谐音词汇等，混淆了学生的视听。上述种种情况，影响了阅读环境，对学生的语言建构与运用有一定的消极影响。

（三）应对考试的驱动型学习，影响了学生的有效阅读

高中学生的学业压力较大，从高一到高三的各类考试较多，语文课堂教学疲于完成考试任务，未能充分激发学生语言建构与运用的兴趣和积极性。教师的"教"，在学生语言建构方面的作用尚有很大提升空间。因为考试的影响，驱动性学习任务过于充分，学生在校期间，各个学科的教师紧抓学生不放，学生无自主学习时间，有效阅读时间一再减少，直至消失，需要一定量时间的群文阅读、整本书阅读几乎不能进行，更谈不上效果。

教师"教"的指向性也过于明确，多数教师大部分教学时间都指向考试，教师的课堂教学大都在考试的指挥下作局部内容的加强，自然而然进行有效语言建构的课堂时间较少。由于课堂教学过于关注考试，课堂教学的模式大多也不被学生喜欢，学生的兴趣没有得到激发，本应充满意趣的语文学习在一定程度上成为考试的练习，这导致高中语文教学中语言建构与运用这一学科素养难以得到提升。

二、语言建构与运用能力培养目标与学习内容

（一）语言建构与运用能力培养目标

语言建构与运用是指学生在丰富的语言实践中，通过主动积累、梳理和整合，逐步掌握祖国语言文字特点及其运用规律，形成个体言语经验，发展在具体语言情境中正确有效地运用祖国语言文字进行交流沟通的能力。

具体教学目标包括：

1. 语言积累与建构。积累较为丰富的语言材料和言语活动经验，形成良好的语

感;在已经积累的语言材料间建立起有机的联系,在探究中理解、掌握祖国语言文字运用的基本规律。

2. 语言表达与交流。能凭借语感和对语言运用规律的把握,根据具体的语言情境和不同的对象,运用口头和书面语言文明得体地进行表达与交流;能将具体的语言文字作品置于特定的交际情境和历史文化情境中理解、分析和评价。

3. 语言梳理与整合。通过梳理与整合,将积累的语言材料和学习的语文知识结构化,将言语活动经验逐渐转化为具体的学习方法和策略,并能在语言实践中自觉地运用①。

高中阶段的语言建构与运用,主要是继续通过阅读和日常生活积累语言材料,形成言语使用与交流经验,不断形成个体言语经验,并将所积累的语言材料和言语经验更加准确有效地用于表达交流中。高中阶段的学生积累言语经验,应在表达交流的基础上,探究语言规律和语言逻辑,养成良好的符合语言规范的交流习惯,积累表达交流过程中的语汇,使之不断丰富,增强言语表达过程中的语感,建构基于语法、逻辑的语言知识,在积累与运用中探究运用语言的规律,提高语言建构与运用的能力。

(二)语言建构与运用的学习内容

实现语言建构与运用,高中阶段的学习内容较为丰富,基础性的学习内容包括在语境中理解词语、解读语义,树立语言运用的科学观念;掌握古汉语中的一词多义、古今异义、词类活用等现象,树立语言文字的发展观念,努力做到语言、文字、文化发展中的传承;探究词语本义和比喻义、引申义之间的联系,了解掌握词语深层次使用和委婉含蓄用法的相关知识和运用特征;学习掌握成语、谚语、熟语、固定语等的使用知识和运用规律,了解相关的典故知识,积累基于文化的汉语运用经验;学习掌握现代汉语、古代汉语的句法特征及其常式与变式,掌握相应的语法与语用规律;学习掌握汉语使用过程中的逻辑知识和修辞知识;在阅读与写作中品味口语和书面语的魅力,能较为自然地将阅读积累运用于写作并在写作中正确陈述事件、表达情感、证明观点等;了解汉语言文字承载的中国文化并能在语言文字运用中传承祖国传统文化。

---

① 中华人民共和国教育部制定:《普通高中语文课程标准(2017 年版 2020 年修订)》,人民教育出版社 2020 年版。本书所引《课程标准》均出自此版本。

三、语言建构与运用能力的提升策略

（一）注重规律，科学进行语言建构

语言建构与运用，应注重其规律，一般都是从阅读开始的。通过阅读提升语言建构与运用能力，先从理解归纳文章的内容开始，通过内容理解体会作者所表达的情感，在阅读过程中分析文章的语言特点与艺术形式，结合自己的感悟生成个体言语经验，进行语言表达与交流。

教师在教学中要引导学生尊重语言规律，注重语法规范，重视语言文字所承载的文化。阅读学习中，关注文章的语言特征，结合个体言语经验对语言进行意义建构，在语言运用实践中，形成语言表达能力，提升交流水平。因此，积累个体言语经验，应该是尊重语言规律、重视语法前提下的语言建设与实践行为。

（二）以"本"为本，基于文化实现语言积累与运用

以"本"为本，即以教材为本，"本"就是教材。各个版本的教材，篇目的选择均具有典型性，文本内容都具有文化性，文言作品和现代文作品一般都有明显的文化特征，是最好的阅读材料。语言的建构与运用，是从模仿学习开始的，不断升级的语言建构与运用依然如此，学习者应以学习模仿为基础不断提升语言能力。

以教材为学习范本，以教材内容的文化性激发学生的学习兴趣，以基础性阅读为阅读形式，以形成语感、理解内容、分析内涵、鉴赏手法、迁移比较为阅读目标获取语言建构能力与运用能力，是简捷且有效的方法。教学中的以"本"为本，可以把不同体裁的教材文本归类，确定不同的阅读任务，根据教材自身的分类，分为议论类、记叙类、散文类、诗歌类、说明类、文言文类等，分别训练提升不同的语言建构能力。例如，《改造我们的学习》《我与地坛》《梦游天姥吟留别》《劝学》都可以用来培养学生阅读的语感。不同体裁可以形成不同特征的语感，训练中，结合文本内容，以树立正确的学风以及培养重视亲情、不逢迎权贵、执着专一等认知作为语言建构与运用的"魂"，使学习者在实践、运用与思想情感的升华中生成多维语言能力。《改造我们的学习》能培养提出见解主张、说理的语言能力，《我与地坛》可以培养记叙、描述、抒情的语言能力，《梦游天姥吟留别》可以培养语言的节奏感和抒情性，《劝学》能培养文言文阅读中的句读、说理和逻辑能力。

阅读是积累，积累是在潜移默化中完成的。阅读中体验不同的语言形式，积累不同的语言点，形成不同的语言能力，将目标性阅读和非目标性阅读结合在一起，就会在不知不觉中构建起语言运用能力，并在交流中运用且发挥作用。

(三) 阅读迁移,构建个体言语经验

语言建构与运用,建构是为了语言的运用,在运用的过程中又能实现语言的建构。阅读过程是建构过程,在阅读中完成语言能力的建构之后,进行知识能力的迁移是语言运用的具体呈现。语言经验,因阅读迁移而来,在迁移过程中紧承语言习惯和文化传统。

《劝学》的论证手法和内容都很典型,文章开篇提出中心论点"学不可以已",接着从学习的意义、作用、态度三个方面论证中心论点,论述中运用比喻和对比,增强了说服力。文章第一段论证学习的意义;第二段论述学习的作用;第三段论述学习要注重积累、持之以恒、用心专一。文章层层深入,围绕中心论点的分论,都为中心论点服务。文章在语言方面的特点,是长短句相结合,整句散句相结合,且行文中使用了较多的对偶句、排比句。

《劝学》一文学习后的迁移,主要是学生在语言、内容、论证等方面的提高及语言运用的建构。学习文章后在语言组织上的迁移,可以在分析语言特点的基础上,掌握整散结合的语言表达,并尝试在日常交流及写作中运用。在论证手法上的迁移,可以在分析比喻、对比论证方法的基础上,将此手法运用于写作中,提升写作能力与水平。在写作内容有序安排上的迁移,可以在分析文章三个段落内容的基础上,巩固学生表达的逻辑能力,提升表达内容的逻辑性与关联性。

(四) 多维建构,以影视手段提升语言建构与运用的文化意义

建构主义理论认为,知识与能力是由学习者主动建构的,学习的过程就是主动建构知识、形成能力的过程。教学中建立影视作品与教材文本之间的有机关联,在同一题材的影视作品与教材文本之间进行语言转换,是一种有积极作用的意义建构,对于生成学生的语言对比、概括能力很有帮助。

以教材文本为依据,选择与文本相关的影视作品进行比照,组织学生分析两类作品的语言特征、表现形式、主旨呈现等的不同,然后指导学生对两类作品分别进行交流,对于学生的语言能力的形成有很积极的意义。观赏影视作品后,学生把影视作品转化为与教材形式类同的文本文字,或者分角色把教材中的文字转换成影视作品的形式表演出来,都对语言运用能力的提高很有帮助。

在阅读课文《雷雨》的基础上,观赏影视作品《雷雨》,对比教材文本与影视作品,组织学生进行阅读和观赏后的讨论、分析、总结,分析鲁侍萍、周朴园的人物形象,分析《雷雨》的艺术手法、主题和思想意义,归结教材文本和影视作品在艺术手法、中心主题、思想内涵等方面的不同呈现;学生在对比、鉴赏与评价的过程中,概述能力、分析能力、鉴赏作品的能力均会获得有效提升,语言运用能力能够有效生成。

影视作品的内容呈现多为民族传统文化的弘扬,相应的语言建构也就与传统文化紧密相关,语言建构中培养"在具体语言情境中正确有效地运用祖国语言文字进行交流沟通的能力"这一目标也就自然而然地获得了实现。

(五) 整理教材中的古诗文,多角度阅读实现语言积累运用能力的提升

分文体进行语言建构,对于学生语言能力的提升有明显作用。古诗文教学中,尝试把教材中的古诗文分为六个专题进行教学,在语言建构与运用方面收到了较好的效果。古诗文作品大都承载了传统的文化和思想,这些思想较为深刻地体现了儒家思想中的"仁""爱民""简朴"等,文学性与思想性的结合,对于实现学生的语言建构、提升语言运用能力有积极作用。

第一专题,记人记事类作品:具体篇目有《种树郭橐驼传》《鸿门宴》《廉颇蔺相如列传》《石钟山记》《项脊轩志》《黄州快哉亭记》《病梅馆记》七篇,建构"以事言理"的语言能力。

第二专题,议论说理类作品:具体篇目有《过秦论》《训俭示康》《劝学》《谏太宗十思疏》《师说》五篇,建构"以理说理"的语言能力。

第三专题,美文情理类作品:具体篇目有《阿房宫赋》《秋声赋》《前赤壁赋》三篇,建构"以情论理"的语言能力。

第四专题,诸子百家经典作品:具体篇目有《子路、曾皙、冉有、公西华侍坐》《鱼我所欲也》《秋水》《诸子喻山水》四篇,建构"事理言道"的语言能力。

第五专题,古代诗歌:具体篇目有《古诗为焦仲卿妻作》《蒹葭》《水调歌头·丙辰中秋》《苏幕遮》《声声慢》《雨霖铃》六篇,建构"绘景言情说理"的语言能力。

第六专题,书籍序言:具体篇目有《伶官传序》《兰亭集序》两篇,建构"言情言理"的语言能力。

专题不同,语言建构与运用能力的学习点也不同。不同体裁的文本在题材上的不同,使得语言建构的学习涉及的语言特征多样化,有利于学生对比、理解、掌握,生成语言运用能力。学习中从阅读做起,读后理解体悟,之后对比分析,努力生成个体言语经验,再用于表达交流,在系列学习的过程中自然就形成了语言运用能力。

(六) 情境体验,实现语言建构与运用的实践性

情境教学的基础是建构主义理论,该教学方式提倡教师为学生搭建学习平台。教学中,学生根据自己以往所学的内容,基于教师搭建的平台,在一定方式的情境体验中,完成学习任务并扩大知识储备、提升各项能力。

语文是一门综合性、实践性课程,学生的主动参与,对于学习过程的有机构建、形成语言运用能力,有很积极的意义。情境的设计,体现了语文学习中的综合性与实践性。情境能激发学生的学习兴趣和热情,引导学生进行学习的主动建构。利用情境的教学方式有很多,其中,结合教学内容,由学生自编自演课本剧,是利用情境提升学习效果的较为有效的形式。教学中,教师辅导学生根据课文自编自演了课本剧《项链》和《雷雨》。学生自编的课本剧源于课文,编剧的过程是极为有效的语言建构与运用过程,学生对剧中人物语言的揣摩,通过语言对人物情感的体验,通过肢体动作对人物形象的分析,都能使教学内容沉淀在学生的内心。两次课本剧的编写和演出,使学生学习的积极性得以提高,对作品中的人物路瓦栽夫人、鲁侍萍、周朴园有了立体化的认识,对作品的主题和艺术手法有了更全面准确的把握,阅读能力、写作能力、逻辑思维能力、语言表达能力等都得到了极大提升。基于情境的学习,大幅度提升了学习效率,提升了学生的语言运用能力。

此外,学习某一作品后写读后感,结合某一学习内容进行有学习目标的演讲等,对于学生语言建构与运用能力的提高,都有很积极的作用。

(七) 合作学习,提升语言建构与运用的组织能力和语言能力

以教师为主导、学生为主体的合作学习,部分活动有一定的自主性,学生的主体性得到充分发挥。合作学习中的分组学习活动,由学生在教师的指导下组织;活动中的小组讨论,对于学生语言建构与运用能力的提升有很大作用。

小组讨论是合作学习中培养学生语言建构与运用能力的重要方法。教师结合课堂学习情况设计问题,组织学生对问题进行讨论;讨论中为解决问题,学生需要进行知识建构、逻辑分析,这些都以语言文字为载体。讨论使学生的知识面得以拓展,解决问题的能力得以生成,在共享学习成果的同时,参与合作学习的学生的语言建构能力与运用能力都得到了提高。课堂讨论尤其适用于文本的理解,"一千个读者就有一千个哈姆雷特",关于文本理解的讨论会使不同的理解认识产生思想上的撞击,思维的多样性和思维的深化也随之生成。

展示合作学习成果对于提升学生语言能力的作用十分明显。成果展示过程中内容的组织、语言的表达等活动将思维与语言能力有机结合,是培养学生语言能力的极好方式。

广义上的学习成果展示还包括课本剧表演、诗歌朗诵、文学作品的表演性解读等，上述形式在检验学习成果的同时，对于提升学生基于语言能力的学科素养有十分积极的意义。

（八）写作训练，提升语言建构与运用的深层能力

1. 建立阅读与写作的有机关系

写作通常是以阅读为基础的，语言建构与运用能力的提升，也是以阅读为基础的。阅读的过程是信息输入的过程，在这个过程中，阅读者掌握基本的语言建构与文章写作能力，对语言的组织与表达、文章的架构等有基本的掌握。阅读的文章是一个载体，通过阅读者的"读"，将阅读、写作、核心素养结合在一起，通过学习者对各类信息的加工，生成基本的语言建构运用能力。

例如，阅读《改造我们的学习》，结合对文本的阅读，可以概括出文章的结构：首先是提出问题，明确主张——改造我们全党的学习方法和学习制度；其次是分析问题，指出目前取得的成绩，分析存在的缺点；第三是解决问题，提出改造学风的建议；最后是总结全文，提出愿景。

阅读中，带着问题去阅读，就会梳理出文章的结构，懂得议论文的基本结构通常为提出问题、分析问题、解决问题；掌握议论文开门见山提出论点有哪些优势；明白议论中分析问题的层次如何安排；知道文末解决问题部分该如何结尾。阅读者在阅读中生成上述能力的过程，就是实现语言建构与运用的过程。

写作中，通过阅读所建立起来的关于写作的语言运用能力，为生成语言建构与运用的深层能力奠定了基础。

2. 以写作提升语言运用能力

写作是语言运用的综合过程，是语言建构与运用的综合呈现。以材料作文的写作为例，首先要审读作文材料、进行审题。这一过程分析出材料的内涵，确定所写文章的观点。审题的过程，实际上是确定读与写的结合点。该过程的语言建构与运用，获得的是语言运用的逻辑能力。

论点确定后，须利用论据证明观点，揭示观点与论据之间的关系，也就是进行论证。学习者证明论点的过程，需要厘清材料与观点的关系，该过程需要作者有说理的能力，该能力涉及语言表达、内容组织、语言逻辑等多项语言建构与运用能力。

如下面的作文材料：作为民族精神的内涵，中华文明是世界上唯一没有中断的文明。中华民族从古至今，历经磨难，从来没有被压垮，不断在磨难中成长，特别是近代以来,更是如此。

审题过程中,先审读该作文材料的内容,其内涵包括两个方面:一是中华文明没有中断过;二是中华民族历经磨难,没有被压垮,在磨难中成长。材料中还有一处强调:近代以来,中华民族在磨难中成长更是如此。从逻辑关系上看,作文材料中,中华文明没有中断过,与中华民族在磨难中成长有必然的关系,分析材料的上下文,可以看出因果关系。因此,材料中表述的是中华文明与中华民族在磨难中成长有因果关联。如果写成议论文,那么一般应阐述中华文明的作用,论述中华文明对民族精神的影响。

这里的语言建构与运用,涉及的是先分析材料的内涵,再分析材料内容间的逻辑关系,最后确定论述的中心。

(九)关联生活,提升语言建构与运用能力

语文课程的特点是工具性和人文性的统一。语文课程的实践性和工具性,决定了其与生活的密切关联。

引导学生的课外学习,也是教学的一部分。语文是生活与学习的工具,语文课程的学习不能仅仅表现为词句符号,其最终应作用于生活与学习。作为教学的一部分,要求学生每天都在生活中建构运用语言,包括从广播电视中学习,在日常交流中学习等。此类学习能唤起学生建构运用语言的习惯性,学用结合,提升学生的语言学习兴趣和效率。

语言建构与运用的另外一个内容是结合语言文字工作,要求学生定期开展"啄木鸟"活动,鼓励学生在生活中发现语言文字运用不规范的情况,并针对这些不规范情况提出修改意见,在生活中建构语言运用能力且不断提升之。

第二节　思维发展与提升能力培养策略

思维发展与提升是提升学生语文学科核心素养的关键,语言建构、审美鉴赏和文化传承,都需要以思维为载体。没有了思维的发展与提升,学生的语言能力、审美鉴赏能力和对文化的认识感悟能力都很难得到提升。

思维发展与提升是从小就开始的,人从有意识开始就有了思维。人的思维最初是简单的、浅显的,伴随着认识的发展和不断深化,思维品质对人的成长发展具有决定性影响。高中阶段的思维发展与提升,是在小学和初中基础上的进一步提高,因此,其特点较之以往的初级阶段也就呈现出一定的深刻性。

思维发展与提升在语文学习中与阅读、写作等密切关联。阅读的过程就是不间断的思维过程,是不断摄入信息和加工信息的过程,这一过程包括了摄入、思考加工、判断、概括与推理,这些学习活动都以思维为基础,思维是语文学习过程中自始至终参与其中的行为。

一、高中语文思维发展与提升教学现状

(一)阅读量少,学生的思维触点不够充分

当今学生读书少,所读书籍大多指向性明确,一般为完成学业所必需的内容,这部分书籍又大多与考试相关联。经常有人抱怨,当代教育令人遗憾之处,是一群不读书的教师带领一群不读书的学生学习。虽然有些夸张,但当代学生读书不够勤奋,尤其是读教材以外的书籍不够勤奋,是真实存在的问题。

学生不读书、阅读量少,对于其语文学科素养的提升有较大的不利影响。学生学习中的思维多是靠阅读产生的,在阅读中,学生会自然而然进行思考,阅读过程中以及阅读之后的理解,是文本解析的基础,也是思维水平在触点下生成的基础。

语文学习中过分集中的目标性阅读,会使学生的阅读有一定思维的局限性;课外阅读少,更使学生的思维触点不够充分。阅读量少,学生由此而进行的思维活动就很难被触发,思维品质的提升受到较大影响,思维发展与提升出现困难,学生的学科素养提升出现瓶颈,这较为严重地影响了学生的成长。

(二)多维思维少,学生的高阶思维较难形成

多维思维大都呈现多向性,思考问题时,不需要对每一个问题都形成固定的答案。多向性的思维,能够培养学生思维的全面性。而当代教学虽然进行了一系列课堂教学改革,教师为主导、学生为主体多次被强调,但部分学生受考试训练的影响,依然在思考问题时习惯性地追寻唯一的固定的答案。这在学习生活中固然没有错,但是如果一切问题都如此,对于学生生成高阶思维有一定不利影响,尤其不利于辩证思维和创造性思维的生成。

(三)逆向思维少,学生的创造性思维缺少基础

语文教学中的阅读和写作,大都按照预先设置好的试题进行,学习中的考试和训练,其预设性决定了学生须按照预设回答,与预设答案相悖的回答,通常就是错误的,这就决定了学生的思维必须按照教师的预设进行,否则就不正确。

阅读固然应该有对文本相对固定集中的理解,但是过于限制、过多拘泥,对学生的

思维会形成一定的局限。沿着固定的思维去想问题,可能会产生习惯性思维,对创造性思维的生成是不利的。阅读、写作中的预设,会提升学生思考的逻辑性,但较难生成逆向思维,久之,对学生形成辩证思维、创造性思维也会有诸多不利,预设还可能引导学生思维的习惯,让思维单一化。

(四)功利性阅读,学生的思维较难形成积淀

阅读是对信息进行摄取、理解和加工,阅读的过程就是思考的过程,阅读是培养学生思维的重要方式。但阅读中的任务性,会影响思维水平的形成与沉淀。因阅读主体未得到充分尊重,学生阅读缺少自悟性,思维水平不是沉淀而来,这影响了学生思维能力的自然积淀。

功利性阅读对作品进行了拆分,分别分析语言、主旨、手法等,将作品的灵魂分拆成若干部分,阅读中,学生思维不易沉淀,思维能力很难提升。高中阶段的教学时间比较紧张,部分教师通常将教学重点放在与考试相关的要点上,个别学生对语文学习的认知不够准确,认为语文更应偏重于识记类型的学习,忽略了语文思维对学习的推进作用。识记认知、理解表达等素养当然对思维的发展与提升有积极的影响,但基于考试的素养提升,特别是思维水平的素养提升,在形成积淀方面比较困难。此类阅读更多的是注重实用性和考试需求,学生的阅读兴趣受到了影响,思维水平的提高也就受到了限制。

此外,受应试以及教学模式的影响,课堂教学中很少有学生质疑的机会,学生以被动接受为主。应试还导致教学内容、方法、形式等都过度统一,使得学生思维近同。

(五)虽有阅读量,亦需通过深入阅读生成深度思维

有一定阅读量的学生,在一定程度上也缺乏阅读深度。深度阅读需要关注作品背景、作者生平、作品内容、文本情节、表现手法、思想内涵、哲学思考等,目前,对于上述元素中所蕴含的深层内涵,学生的思考较少,这也是语文教学中"任务驱动"式阅读的不足之处。阅读者的思考止于表层,缺少剖析作品深处内涵的内驱力和思维力,或者阅读中即使关注了作品的社会意义和现实意义,但对于上述意义的影响、作用、哲学思考较少,这些都影响了学生深度思维的形成。

二、思维发展与提升能力培养目标

根据《普通高中语文课程标准(2017 年版 2020 年修订)》,思维发展与提升是指学生在语文学习过程中,通过语言运用,获得直觉思维、形象思维、逻辑思维、辩证思维和创造思维的发展,促进深刻性、敏捷性、灵活性、批判性和独创性等思维品质的提升。

具体目标包括：

1. 增强形象思维能力。获得对语言和文学形象的直觉体验；在阅读与鉴赏、表达与交流、梳理与探究活动中运用联想和想象，丰富自己对现实生活和文学形象的感受与理解，丰富自己的经验与语言表达。

2. 发展逻辑思维。能够辨识、分析、比较、归纳和概括基本的语言现象和文学现象，并能有理有据地表达自己的观点和阐述自己的发现；运用基本的语言规律和逻辑规则，判别语言运用的正误，准确、生动、有逻辑地表达自己的认识；运用批判性思维审视语言文字作品，探究和发现语言现象和文学现象，形成自己对语言和文学的认识。

3. 提升思维品质。自觉分析和反思自己的语文实践活动经验，提高语言运用的能力，增强思维的深刻性、敏捷性、灵活性、批判性和独创性。

概括地说，语文学科在思维发展方面的目标，就是发展学生的直觉、形象、逻辑、辩证、创造思维，提升学生的思维品质。

三、思维发展与提升的提高策略

（一）在阅读中提升学生的思维能力

1. 情景描画，培养想象力与形象思维

语言与画面的转化，是情景描画培养想象力较有效的方法。一是将散文、诗歌等形式的作品，想象成画面；二是将美术作品转换为语言文字，用语言描绘出画面。例如在学习散文《荷塘月色》的过程中，将作品中月下荷塘的描写想象成画面，想象月色下荷塘的朦胧之美；把《故都的秋》中关于故都秋色的描写想象成画面，想象故都秋色的清、静、悲凉，想象后用语言表达出来，对于培养想象力和形象思维很有帮助。在通过想象培养形象思维的同时，分析作者如此进行形象刻画的原因和目的，对于想象力的培养更有意义。

选择美术作品作为观察对象，例如观察欣赏《星空》《向日葵》等名作，确定某一角度，将其用语言描述出来，或选择影视作品的片段、自己生活环境中的自然场景进行语言描述，对于学习者想象力和形象思维的丰富，有积极的建构意义。

2. 比较阅读，拓展思维的深度与广度

比较阅读在阅读中通常是就作品的语言表达、艺术手法和主题中心等进行比较。多层面、多角度、多方位的比较，对于阅读者全面把握作品，多维、深入地认识事物有十分积极的作用。比较的过程，通常是鉴别、鉴赏的过程。比较阅读，可拓展思维的深度与广度,有利于提升思维的辩证性。例如,同是写"秋"的作品,欧阳修的《秋声赋》、峻青的《秋色赋》和郁达夫《故都的秋》就有所不同。

从内容上看,《秋色赋》歌颂了绚丽的秋色,赞美了秋天这一收获的季节,歌颂了社会主义的欣欣向荣;《故都的秋》描绘了故都北平的秋,赞美了故都的自然与风物;《秋声赋》描绘了秋景的惨淡、萧条、寂寥。

从表现手法上看,《秋色赋》既直抒胸臆,又情景交融,紧扣文题,作为"赋",语言富有诗意;《故都的秋》描写了故都秋色的"清、静、悲凉",写了色彩,情景交融,以情驭景,语言清丽;《秋声赋》运用比喻的手法,言秋声如"波涛夜惊""风雨骤至","金铁皆鸣""衔枚疾走"的人马声等,把抽象的事物写得具体可感。

从主题呈现上看,《秋色赋》写了秋天物质的收获,也写了人们精神上的收获,讴歌了时代;《故都的秋》表达了对故都秋色的眷恋和忧郁、孤独的心境;《秋声赋》以悲秋为主题,抒发了作者在政治上不能有所作为的苦闷心情。

从结构安排上看,《秋色赋》首尾呼应,结构严谨;《故都的秋》运用了总起——分写——总括的结构形式;《秋声赋》开篇展开对秋声的描绘,结尾从沉思冥想中清醒,回到静夜,结构上也实现了照应。

上述比较,可以让读者从时代、主题、内容、结构、表现方式等角度,分析把握不同作品的呈现,思考产生这些不同呈现的原因,从而在思考中拓展思维的深度和广度,实现思维的发展与提升。

3. 群文阅读,拓宽学生的思维视野

高中阶段的群文阅读,一般是为完成某一阅读目标将某一方面相关的文本组合在一起,组织进行阅读教学。进行群文阅读的文本选择时,通常要关注所选文本的某种相关性,要有一定的共通性。群文阅读的重要作用是在关联性阅读中,同中求异,异中求同,培养学生的多维思维,拓宽学生的思维视野,实现学生思维能力的提升。

例如,在高中文言文教学中,作为教学拓展,把苏洵的《六国论》、苏轼的《六国论》、苏辙的《六国论》放在一个单元里阅读,分析上述文本在主题、观点、艺术手法、创作风格等多方面的相同点和不同点,能有效地拓宽学生的思维视野。

苏洵、苏轼、苏辙父子三人的作品题目相同,都是"六国论",都是分析六国所犯的错误和六国灭亡的原因,父子三人所持立场相同,都是基于六国进行分析,三人的文章在内容上有交叉。在表现形式上,父子三人都运用了比喻的论证手法,形象生动,有说服力。三篇文章的不同点也很明晰:首先是观点不同,苏洵认为"六国破灭,非兵不利,战不善,弊在赂秦";苏轼认为六国能够比秦朝存在的时间更长,是因为六国国君等皆争养士,百姓无领头人,自然也就无人造反,国家也就安宁了,突出强调了"士"的作用;苏辙的《六国论》分析了六国灭亡的原因是六国不团结,未能共同抗秦。其次是创作风格不同,苏洵的文章论点鲜明,借古讽今,语言锋利,具有雄辩的说服力;苏轼的文章明白畅达,结构严谨;苏辙的文章汪洋恣肆,层层解剖,说理透彻。

任何学者的思考与论述都有可能受到各种因素的局限,就同一主题进行群文阅读,可以了解不同作者对某一问题的观点,掌握该观点的呈现方式,明晰作者论述此观点的目的等。上述对比能够使阅读者在分析的同时,多维度、多侧面进行思维建构,使学生在实现思维多维度的同时,拓展思维视野,使思维更积极、更有广度,思考问题更加科学、有效、准确。

4. 探究性阅读,培养学生的思辨能力

作品留白是一种常见的文学手法,思考作品留白部分的各种可能,补充阅读中的空白,是阅读中一种较为有效的探究。发现、补充情节中的留白,能在阅读过程中引起对问题的思考。情节空白的补充本身就会存在答案的多样性,有利于学生想象空间的拓展,实现阅读过程中思维培养的开放性,促进学生思维的发散,培养学生的思辨能力。

莫泊桑的小说《项链》,在揭示项链是假的之后,戛然而止,以留白的方式留给读者想象的余地。引导学生发现留白,思考留白,补充留白,思考《项链》故事情节的不同发展,对于思辨性思维的培养有一定效果。

探究《项链》中主人公路瓦栽夫人的人物形象,对于思辨能力的提升也有很积极的意义。路瓦栽夫人爱慕虚荣,生活追求奢侈,可以就此进行讨论:路瓦栽夫人真的会如作品中所描绘的那样遵守承诺吗?作者如此塑造人物,是否有弘扬契约精神和诚信精神的考量?讨论一般不会有固定的答案,同一问题的不同理解和回答,对于生成学生的辩证性思维很有益处。再如探究戏剧《雷雨》的结尾,探讨人物的结局是不是有其他可能,是否可以改成另外的结局;还可以研讨《阿 Q 正传》的结尾是否可以有所不同,主人公是否可以活下来等。这些开放式的探究活动,对于思辨能力的提升,都有很有效的促进作用。

(二)在课堂教学中提升学生的思维能力

1. 以问题链促思考,提升思维的逻辑性

问题链式的设问,可以让阅读者深入体验作品深处的因果联系和思想内涵,剖析作者选择的表现手法与文本内容的有机联系,形成学生思维的逻辑性。问题链中的问题设计要有梯度，由浅入深，为学生思维能力的生成搭建平台。

在《回忆鲁迅先生》一课的教学中，以问题设计关注问题对人的思维的启发，关注问题与内容的勾连，关注问题对学生思维的引领，关注问题对学生解决问题能力的生成作用，收到了较好的效果。

《回忆鲁迅先生》一课的教学使用了与课文相关的电影《黄金时代》的片段作为辅助，分析中重点设计了如下问题。

问题一：根据影片和课文，谈谈你对鲁迅先生的性格特点有何新的认识。

问题二：课文中哪些内容描述了鲁迅先生的以上性格特点？

问题三：作品中的细节描写有哪些？有什么作用？

问题四：鲁迅是一位伟人。作者为什么选择了一些小事描写鲁迅，而且描写中多有细节？

问题五：作品看上去是一个个片段，读起来却浑然一体，原因是什么？

问题六：人与人之间的交往很平常，为什么与鲁迅的交往，会给作者萧红留下深刻印象？

问题七：作品中写了海婴、许广平和"我"，除了情节的需要，还有没有其他作用？

问题八：结合电影片段和作者生平思考，作者为什么会写这篇文章？

问题九：文章的语言有什么特点？文章选材上有什么特点？

问题一"对鲁迅先生的性格特点有何新的认识"，是考查对课文内容和辅助教学影片《黄金时代》的基本感知，难度较小。问题二"课文中哪些内容描述了鲁迅先生的以上性格特点"紧承问题一，进行问题解决的依据分析，是较为简单的逻辑能力提升。问题三"作品中的细节描写有哪些？有什么作用"是由作品内容理解过渡到作品手法的分析，从内容到手法，使得学生对手法的理解能够建立在理解内容的基础上，分析也就能够成为有源之水、有本之木。问题四"鲁迅是一位伟人。作者为什么选择了一些小事描写鲁迅？而且描写中多有细节"是将问题一、问题二和问题三结合起来，使学生生成新的逻辑思考。问题五至问题九的设计，也都是依据学生的思维特点和认知，考虑问题间的联系及由浅入深的顺序设计的。循序渐进的问题设计，为学生的逻辑思维能力提升创造了条件。

2. 逆向思考,努力培养创造性思维

逆向思维是一种深度思维,其对于生成创造性思维有一定促进性,通过学习活动设计,可提升逆向思维能力。根据逆向思维的特点和表现形式,教学中对学生逆向思维的培养,可以从问题的对立面设问,促使学生思考,以追问的形式提出问题,从而拓展学生思维的深度。

阅读中质疑文本的内容,关注文本中有争议之处,对于形成逆向思维很有帮助。例如可以这样设计问题:《项脊轩志》文章的最后,"庭有枇杷树,吾妻死之年所手植也,今已亭亭如盖矣",该句子看似与文章的主体内容关联度不大,是不是可以删掉?不这样写行不行?《项链》中路瓦栽夫人会不会真的偿还赔付项链的钱,一个爱慕虚荣的人,能够坚持下来吗?《项链》的结尾不是这种形式可以吗?为什么?再如在《念奴娇·赤壁怀古》一词中,豪放派词人的代表苏轼在词的末尾发出"人生如梦,一樽还酹江月"的感慨,这与其词风是否相悖?这些逆向问题的设计能使学生产生探究的兴趣,从另外的角度观察分析问题,活跃思维并生成深度思维。

(三) 让文化内涵成为思维的灵魂

1. 基于传统文化的阅读,提升富有文化特征的思维力

人文性与工具性,是语文教育的基本特点;人文性与文化教育,是语文教育的灵魂。语文教学涵盖了语言文字、语言文学、语言文化;文化是灵魂,能够使语文教学有根有源;文化熏陶,使学生能够顺着文化之源生成思维能力。

基于传统文化的阅读,用读者的灵魂去阅读作品的灵魂,本身就是一种思维。挖掘语文学习素材中的传统文化因素,包括教材内容中的文化因素、与作者相关的文化因素,对于生成富有文化特征的思维能力有明显作用。例如:《论语》《石钟山记》《陈情表》《过秦论》《六国论》《谏太宗十思疏》等作品中蕴含了丰富的传统文化,作品中所体现出的"忠""孝""仁""爱民"等传统文化思想,灵魂一般架构着作品的语言、审美,将读者的思维引向思想的深处,将直觉思维、形象思维、逻辑思维、辩证思维和创造思维聚集在文化内涵中。语文教学中的文化继承,吸收了传统文化的精华,有机培养了学生正确的世界观、人生观和价值观,在培养中树立了学生的文化自信。

2. 基于哲学思想的阅读,提升富有辩证思想的思维力

古代文学传统篇目中大都蕴含了哲学思想,基于传统文化的哲思对社会现象、人文历史的分析较为深刻。教学中指导学生发现传统文化中的哲思之美,基于哲学思想进行阅读,对于提升学生的辩证思维能力有很积极的作用。《论语》中关于"中

庸"等哲学思想与道德实践的论述,《庄子》中关于"道法自然"等的主张,均具有辩证性;其他篇章如《石钟山记》中关于"实践的观点"、《劝学》中关于"事物发展变化"的原理、《师说》中关于"内因外因关系"的原理等,都对提升学生的辩证思维能力有极大的帮助。

挖掘作品中的文化与哲学因素,于日积月累中生成文化与哲学意识,在阅读中对古代作品与现当代作品进行文化与哲学思考,让学生具有文化思维和哲学思维,并把学生的学习、生活与文化、情感、伦理、道义、哲学有机关联,能够深化学生的思想,使其思维、思想具有辩证性,生成学生的思维能力。

3. 基于文化与育人的阅读,"立德树人",提升道德意识

文化育人,以语文学习实现"立德树人"的目标,本质上依然是思想与思维的提升,思想与思维的提升是人的道德水准获得提高的基本路径。语文学习中人文内涵的提升,让学生对事物有正确的认识和思考的深度,在文化底蕴、正确认知、深刻思维的作用下,人的道德意识得以提升,"立德树人"的目标得以实现。当然,人文精神是日积月累形成的,是思想与思维的沉淀,是文化、人文思想的长期沉淀。作为这些沉淀的代表作品,《陈情表》《阿房宫赋》《苏武传》《屈原列传》等,由传统到现实,由现实到思想,由思想到行动,将"立德树人"的教育活动不断推向深入。

(四) 在写作中提升学生的思维能力

1. 日常观察中形成基本写作思维

写作是作者用语言呈现思想的过程,是思维和思想的记录,作者创作的作品可使交流不受时间和空间的限制而更加有效。写作联结了人的思维活动和外部世界,把人的观察经过思维加工后呈现出来。作为思维活动的语言呈现,写作的重要特征是其与生活的紧密关联。写作思维最初来自观察及思考,写作者对生活、社会的观察及由此产生的思考,是思维能力不断提升的重要途径。在生活中观察,在观察中感悟,在感悟中生发灵感;观察、感悟、灵感,形成写作的基本过程和内容源泉。写作过程联结知识积累、情感态度,通过语言建构表现作者的思想,这思想是思维的具体呈现。写作素材来自日常积累,这些积累源于生活。教学中,引导学生进行生活观察,也是培养其观察社会、了解社会的基础。观察中积累写作素材,观察后思考,是学生思维能力生成、提高的重要途径。

2. 审题立意中培养逻辑思维

人的思维是连续的,思维的连续性决定了思维必须符合逻辑。人的思维是发展

的,连续性的思维又会呈现出阶段性,每一个阶段的思维较之前一个阶段会有所发展。写作中的审题立意需要有严密的逻辑,审题中的思维活动也会提升写作者的逻辑思维能力。

作文材料:杰克是一个嗜酒如命的人,后来因杀人罪而被判终身监禁。他有两个儿子,年龄才相差一岁,其中一个与他老爸一样有很重的酒瘾,靠偷窃和勒索为生,后来因故意杀人而坐牢。另一个儿子靠自己的不断努力,成了一家大公司的老板。为何同样环境熏陶下的兄弟俩,命运截然不同呢?人们问起其中的原因时,两人的答案竟然是相同的:"碰上了这样的老子,我还能有什么办法呢?"

这是一则有简单情节的材料,分析材料可以通过内容上的逻辑关系来完成。材料最终的叙述结果是"两兄弟命运不同",以因果关系思考原因,"两兄弟生活的环境相同","命运不同源于各自对待人生和生活的态度不同",由此得出立意,两兄弟不同的命运源于他们对待生活的不同态度。

这是以因果关系的形式从作文材料的结果作分析,经过逻辑分析得出的结果,该材料的审题立意运用的是逻辑思维,培养的是写作者的逻辑思维能力。

3. 写作内容中彰显思维的文化特征

文章需要思想和灵魂,而思想和灵魂通常都与文化密切相关。无论何种文体,写作中均需使用素材,素材通常都具有文化倾向、文化性。以议论文为例,在引用论据证明观点的过程中,所用材料大都具有典型性,这些材料,无论经典部分还是其他部分,都会带有较强的文化性。在写作过程中,文化性材料的使用,会自然而然影响作者的思维,比较明显地影响人的思维活动。例如古今名人孔子、庄子、屈原、陶渊明、李白、杜甫、苏轼、文天祥、史可法、钱学森等的事迹;经典作品《出师表》《过秦论》《陈情表》《六国论》《阿房宫赋》等文章中,都蕴含了丰富的文化内涵,比如"以民为本""仁政""忠""孝"等思想,都闪烁着文化的光辉。写作内容中的文化性内容,会陶冶人的性情,熏陶人的思想,作用于人的思维,进而提升人的思维能力。

4. 不同立论培养批判性思维

不同的写作角度,特别是不同的立论,对于培养批判性思维有很积极的意义。议论文中的驳论文写作,通过批驳对方的观点树立自己的观点,在破中立,是培养批判性思维的有效途径。在批驳对方观点的过程中,作者对于是非会有深刻的认知,如此认知会使得作者在思维上不盲从,善于分析,形成批判性思维。

至于在反驳其他观点过程中树立自己的观点,写作中首先要进行的就是"破",即批判和否定。在此过程中，批判性思维会贯穿于写作，批判性思维能力也就很自然地得到了培养和提高。

第三节　审美鉴赏与创造能力提升策略

求真、趋善、向美是人类的美好本性。进入文明社会以来，人类一直没有停止对美的追求。对美的追求，让人类社会生活五彩缤纷，在对美的追求中，人类社会在思想上更充实，在道德上不断进步。因为美不再是外部欣赏的美，而成为人内化道德的要素。语文教学是承载美育的重要学科，语言、文字、文学、文化中无不渗透着美的元素，在语文教学中培养学生的审美鉴赏与创造能力，是学科教育教学的重要任务。

一、当前语文教学中提升审美鉴赏与创造能力的必要性

（一）语文教学中审美教育的不足

1. 审美教育没有得到应有的重视

目前的语文教学重视知识，关注能力，重视学科素养的提升，有利于学生的成长。但从总体上看，学生体验性学习还不够充分。学生对美的认识，不能仅仅停留在概念上，应该将审美教育作为重要的教学内容，让学生进行体验式学习，以此为基础，培养学生发现美、鉴赏美、创造美的能力。

当前的审美教育，依然是学生得教师"真传"比较多，学生思想是教师思想的延续和翻版，审美教育只是语文学习中的"副产品"，可以顾及的时候就顺便学习，时间紧张的时候，就很少有学习计划与安排了。这对于学生审美能力的生成、情感的内化和道德水平的提升，都有　定的不利影响。

2. 审美教育的育人功能没有得到应有的关注

审美教育对于学生道德的培养有很大影响，良好的审美教育对学生成长有积极的促进作用。课堂教学改革以来，审美教育的育人功能有了很大改善，但受到各种因素的影响，还存在上升空间。一方面，应试教育使得审美教育集中于解题答题，忽略了对学生成长的教育，审美教育在语文教学答题中出现得更多，与对学生成长的影响并不十分切合。另一方面，教学中，教师引领学生欣赏美、鉴赏美较多，学生通过体验美实现自身成长的机会较少；学生缺少了对美的体验，其审美能力的形成和沉淀受到了一定影响，通过美育实现学生道德培养的目标体现得不特别充分。

3. 学生审美意识和审美能力需要加强

个别学生审美有偏差，忽视语言的文明性，其语言模式需要纠正，甚至以丑为美，审美情趣存在较为严重的问题；至于在美的认知中缺乏文化自信、盲目学习舶来品等现象，在语言、行为和处世中也有诸多体现，这些都影响了青年学生的健康成长。

（二）语文教学中审美教育的意义

1. 育人的需要

语文是一门综合性、实践性课程，具有人文性和工具性特征，在语文学习中培养学生的审美鉴赏能力，使学生生成正确的审美意识，进而培养学生正确的世界观、人生观和价值观，是语文教学的重要任务。教学中充分挖掘文本中的美育元素，让学生发现、认识、鉴赏美，在此基础上感悟美，能够激发学生积极向上的情感，陶冶其情操，使其形成高尚的精神世界，进而培养学生高尚的道德。

2. 提升审美能力的需要

审美是人的情感体验，是高层次的精神活动。鉴于审美能力对人的精神世界和道德的影响，语文教学应重视审美教育，重视学生审美能力的提升。提升审美能力，能够让学生不断发现美，全面感受美，正确鉴赏美，生成正确的审美观，科学地分辨美与丑，准确认识从自然到社会的各种现象。正确的审美观念，能让学生成熟地看待自己的学业和周围的事物，产生学习的动力。审美鉴赏能力的提升，还能够帮助学生深入认识世界，理解世界的本源和本质，为创新能力的生成打下基础。

3. 文化传承的需要

传统文化的传承需要审美鉴赏能力。审美能够促进人对事物内涵的理解，发现事物的本真。平素学习的大都为事物的外在呈现，理解事物的本质则需要有一定的审美能力或哲学思考。博大深奥的中华传统文化具有深厚的内蕴，涉及自然、社会、思想、政治、哲学、人生等诸多方面，审美鉴赏能力能够使我们更加深入了解传统文化，在审美体验中对传统文化产生认同、欣赏、归属感，把传统文化带来的启迪和智慧运用于学习生活中。

二、审美鉴赏与创造能力提升的目标与内容

（一）审美鉴赏与创造能力提升的目标

审美鉴赏与创造能力提升的目标是学生在语文学习中，通过审美体验、评价等活动形成正确的审美意识、健康向上的审美情趣与鉴赏品位，并在此过程中逐步掌握表

现美、创造美的方法。

（二）审美鉴赏与创造能力提升的内容

以教材内容为主，引导学生发现、欣赏文本中的语言美、结构美，景物美、人物美、思想美、情感美；在学习中体验、表达作品中的各种美；生成创造美的能力，在美的发现、欣赏、感悟、体验和创造中，培养学生正确高尚的审美能力和美的创造能力。

三、审美鉴赏与创造能力提升策略

（一）发现与欣赏，培养认识美、感知美的能力

一是在阅读中品味语言美，培养用语言描述美的能力。

语言是美的重要载体，语言描述出的美，没有画面直接，但却给人以想象的空间。教材文本中的篇章，都具有典型的语言美特征。朱自清《荷塘月色》描写荷塘下的月色，处处呈现出语言的美感。作者用叠词描写荷塘"曲曲折折"、叶子"田田""亭亭"，用拟人的手法写白花"羞涩地打着朵儿"，用比喻的手法描写白花的另一种状态"正如一粒粒的明珠，又如碧天里的星星"，用通感的手法写荷香"仿佛远处高楼上渺茫的歌声"。文章的语言美还不仅仅在于多种手法的使用，其所描写出来的意境，更是把美的语言及其所写环境融为一体，呈现出诗一般朦胧美好的境界。

品读上述内容，让读者发现语言艺术所承载的各类事物的不同美感，叠词使用带来的韵律美，修辞手法带来的美的韵味，让读者在发现美、欣赏美的同时，认识美好事物的特征，生成认识美、感知美的能力。

二是在阅读中想象作品中的画面美，培养将抽象美化为形象美的能力。

将语言文字描述的内容想象成一个个形象生动的画面，经历了从语言建构到思维发展再到审美鉴赏的过程，这种通过想象把语言描述建构成画面的方式，让美在读者心目中更加具体化，使作品对意境的追求更加具体可感，将审美化为一个过程性体验行为。

《荷塘月色》中关于月色下荷塘的描写，《故都的秋》中关于故都"清净悲凉"秋天的描绘，《沁园春·长沙》中对"万类霜天"的描写，《念奴娇·赤壁怀古》中"乱石穿空，惊涛拍岸，卷起千堆雪"的画面描写，都能让读者想象出基于文本描绘的具体画面，想象中对意象的理解，能提升学生通过阅读把抽象美转化为形象美的能力。

三是在阅读中感知作品的结构美，提升欣赏作品形式美的能力。

王羲之的《兰亭集序》记叙了兰亭集会的盛况，文章有人生短暂的感慨，有世事无常的遗憾,有生死问题的探讨,有对待人生的态度。教学中可以以作者的情感为线。文章第一段写聚会的盛况,写景写情,第二段记叙作者在人与自然和谐氛围中的快乐,第一、二段写"乐"。第三段写"死生",感慨人生无常,写"痛",一句"岂不痛哉"道尽了人生世态:生命短暂是痛,美好消逝是痛,时光易逝、往事只能回味是痛,生死难以预料是痛。第四段"悲夫"言尽作者之情,生命短暂可悲,世事无常可悲,死生难料更是可悲。

全文在情感上"乐——痛——悲"的结构,层次清、内容明,情感清晰,主题集中,读来使人感受到文本结构之美感。

苏轼《赤壁赋》也是以结构美给读者带来文学愉悦的典型作品,文章分别写夜游赤壁之乐、饮酒放歌之乐、客人箫声之悲、主客交流人生短暂之感、作者超然之情、主客畅饮之喜。作品在感情上为"乐——悲——乐"的变化过程。清晰的情感线索,使得文章结构也富有美感,赏自然之景,解作者之情,让读者产生物我同一的美感。

徐志摩《再别康桥》的结构美,与前两篇有所不同。这首现代诗的结构美也被称为建筑美。诗歌在句式上是四行一节,每一节诗行的排列错落有致,每句的字数以六字居多,参差变化中有整齐感,节奏明快,每节押韵、节节换韵体现出诗歌形式上的结构美。诗的结构美使得作品读起来朗朗上口、错落有致,韵律、节奏感增强了诗歌的美感,对意象的塑造也显得更加自然。

(二) 体验与鉴赏,培养体悟美、鉴别美的能力

1. 进行展示交流体验,在过程中提升鉴别、感悟美的能力

建构主义理论认为,知识的获得是学习者自主建构的结果。自主学习对于学生学科素养的提升有明显作用,具有合作学习特征的讨论、展示、交流等探究性学习方式,对于提升学生的审美能力有很积极的作用。

体悟、鉴赏美的能力来自语文学习实践。学生在审美鉴赏活动中,通过讨论、展示和交流的方式传递学习信息,分享对美的认识,分享交流后的讨论,思想碰撞后达成的共同认知,是鉴赏美、感悟美的重要途径。

在教学铁凝《哦,香雪》一课的过程中,设计了学习展示、分享交流、讨论探究等教学活动。一是通过阅读感受作品的语言,分组展示学习过程中领悟到的语言美。文章的语言清新淡雅、生动别致,在阅读中有沁人心脾的感觉,自然而然生出美感。分享交流作品的语言,分享阅读的感受,会加深学生对作品语言的理解。二是分享交流阅读中对人物的理解和评价,在分享中研究、探讨香雪等人的人物美。小说的标题"哦,香

雪"新颖别致,抒情性地赞美了香雪;作品的内容赞美了香雪等人的青春律动——爱美、天真、活泼;赞美了她们的情操——朴实、勤劳、热情、对人真诚、心地善良;赞美了她们的精神——坚韧、奋斗。三是研讨、探究作品的艺术美。文章运用了比喻、拟人、对比等多种艺术手法,增强了作品的艺术感染力。"仿佛在同一时刻听到了大山无声的命令""完全静止了,静得那样沉、真切。好像在默默地向大山诉说着自己的虔诚"等处拟人手法的运用,将美丽的景色人格化;"她发现月亮是这样明净,群山被月光笼罩着,像母亲庄严、神圣的胸脯;那秋风吹干的一树树核桃叶,卷起来像一树树金铃铛"等处的比喻手法,让作品生动而富有魅力,让读者看到了山村之美,悟到了景色对人的映衬。作品中香雪和凤娇等人的对比、火车进村前后山村变化的对比、香雪心理变化的对比等,成功塑造了香雪渴望知识、积极进取的形象。作品中的环境描写对人物心理的衬托、细节描写对人物性格的刻画,都成功塑造了人物形象,塑造了人物的美。

上述学习活动中的展示、分享、交流、探究,学习主体和参与者是学生,教师只起引领和辅导作用,活动中对语言美、人物美、艺术美的审美鉴赏,一定程度上提升了学生理解、鉴赏美的能力。

2. 设置合理有机情境,在情境中培养审美鉴赏能力

学生的经历是有限的,文学作品产生的社会背景、作家要表现的文化内涵是深刻的,表现的手法也是丰富的,因而学生理解掌握作品,需要有一定的支架。情境的设置,则有机填补了这个空白。教学中情境的设置,对于学生正确理解掌握作品,提升学科素养和审美鉴赏能力,有很大的帮助。

在教学屠呦呦《青蒿素:人类征服疾病的一小步》的过程中,先由学生分组分享交流学习前的预习情况,包括疟疾这一疾病的危害、屠呦呦的事迹、青蒿素的作用等。学生在分享中了解了屠呦呦的贡献和她的奉献精神,在情境中萌生了对屠呦呦的敬佩之心,在基于情境架构了解了文章的背景和内容之后,学生审美的落脚点就放在了屠呦呦的奉献精神和高尚人格上。学生的审美能力在此过程中获得了提升,生成了根据人的行为发现挖掘人物品德精神、对人物进行客观评价的素养,并在分析中产生了关于奉献精神和人物美德的情感共鸣和体悟。

相近的作品均可如此设置情境。在教学《喜看稻菽千重浪》一文过程中,从"吃饭"说起,设置情境,然后公布一些资料,让学生了解到中国和世界历史上几次饥饿导致无数人死亡的事件,让同学们懂得世界上至今还有少部分人没有摆脱贫困和饥饿,由此作为学习的入口,赞颂袁隆平院士的人格美、精神美,培养学生体悟、鉴赏美的能力。

音乐能够激发人的情感,引领人进入想象的空间,影响人的情感体验,陶冶人的情操,提高人的审美能力。音乐能为语文学习营造很好的情境,在苏轼《念奴娇·赤壁怀古》的教学过程中,可以播放为明代杨慎的词《临江仙》谱写的曲子,营造学习的情境。该词的内容和由此词谱成的曲的旋律都与苏轼的词有关联性,能引领读者赏析词的结构美和情感美,体味作者苏轼旷达、豪放的情怀,生成读者的鉴赏能力。《诗经·蒹葭》的学习也可以用相关影视作品中的歌曲来创设情境,作为学习的辅助。

影视作品是语文学习极佳的情境平台,选择与所学课文内容同题材的影视作品构造情境,能很好地促进文章的学习。声音、画面、情节有机结合的影视作品,大都能直观地将学生带入作品所处的时代,让学生直接感受作品的主题,感悟人物的塑造和人物的性格特征;通过影像、声音、情节调动观者的视听,直接作用于其思维,使学生最终生成审美鉴赏能力,并由此作用于学生的思想、情感。戏剧《雷雨》的学习、小说《阿 Q 正传》的学习等,均能使用影视作品构造情境,让学生立体性理解感悟鲁侍萍、周朴园、阿 Q 等人物形象,生成鉴赏人物形象的思维,提升审美鉴赏能力。

3. 传承传统文化,在感悟中培养审美鉴赏能力

传统文化崇尚自然,重视亲情,强调真、善、美的统一,主张人与自然的和谐统一。儒家文化是传统文化的重要呈现,主张"礼""仁""仁政""忠""孝""爱民"等,强调积极进取、真诚守信。

中华传统文化是美的集成,思想美、道德美、哲思美等在传统文化中体现得很充分。分析传统文化中的思想美,感悟传统文化的内涵,归结传统文化中的哲思,是学习者提升审美鉴赏能力的重要路径。

教学中选择蕴含传统文化思想的篇章,进行文化、思想、哲思美的分析,"读、品、悟"是较好的方法。阅读学习《陈情表》《过秦论》《六国论》《出师表》《谏太宗十思疏》《孔雀东南飞》《项脊轩志》和选自《论语》《孟子》的文章,围绕上述篇章的内容,通过"读"体会作品中包含的文化内涵和思想,围绕儒家"礼""仁""爱民""忠""孝"等思想内容"品",即分析、交流、归结,让学生认识到民族文化中的美,认识上述篇章中反映出的人性美、仁爱美、真诚美、智慧美等,在"读""品"的基础上"悟"如何吸收继承民族传统文化,如何认识掌握民族传统文化的精髓,让学生由衷生成对民族传统文化的认同和热爱,自觉学习并传承民族传统文化,从传统文化中汲取发展创新的精神力量。在此过程中,通过学习、交流、分享、归结,参与的学生会自然产生审美鉴赏能力,并在以后的学习实践中不断提升这些能力,让传统文化的美作用于每一个人的心灵,让人们在

真善美的寻觅中提升审美鉴赏素养。

4. 以课本剧的编写与表演,在实践中培养审美鉴赏能力

语文是一门综合性、实践性课程,实践性学习是很好的探究学习形式。为使学生深入了解文本内容,发现作品中的美,组织学生将课本中的内容编写成课本剧并进行表演,对于掌握作品、发现作品中的美具有极好的促进作用。在学习戏剧节选《雷雨》的过程中,学生将作品改编后进行演出,在实践性学习中体验作品中人物的情感、心理,收到了极好的效果。学生更加深刻地发现了主人公鲁侍萍身上的人格美,理解了这个旧中国受侮辱、被损害的劳动妇女的性格特征,认识到了她的勤劳、善良、刚毅、倔强和自尊。通过单纯的文本阅读和分析,也能体会到上述人物的性格特征,但可能会存在简单化、概念化的理解。以戏剧表演的形式表演课本剧,能使学生在体验中深刻理解作者所塑造的人物性格,全面认识作品的主旨思想。

(三) 表达与创造,沉淀内化美的情操

1. 阅读后记录美、表达美

鼓励学生在阅读中做好读书笔记,记录作品中的语言美、内容美、情感美,记录后写出自己对美的感悟。阅读记录后的感悟,是在认识美、发现美的基础上,表达自己对美的思考以及由此而生成的思想。这种对美的表达,本质上是美的创造。

记录美是阅读的延伸形式,记录文本内容中的美、结合记录进行个人思考和感悟,是对美不同层次的表达,是基于美的创作。这种创作需要创作者有文学素养和审美能力,围绕美将语言、思维、审美和文化组织成有机的内容,在这期间,语文学科的核心素养也就得到了提升。

阅读也可以是"阅读"生活,对生活的"阅读"是"记录"生活之美的基础。记录美之前,首先是认识、发现美,发现美的自然、美的行为、美的事迹、美的人和事,这些都陶冶着学生的情操。在记录、分析、写作的过程中,学生的思维、情感受到熏陶,这加深了其对美的认识和期盼。

2. 阅读后通过主题写作表现美

将阅读与写作结合在一起,在阅读学习文章后,采用随堂课的形式让学生及时表达审美感受,表达自己关于美的看法。阅读基础上的写作,是基于读写结合的美的沉淀,写作时应注意立脚点和出发点,注意巩固审美鉴赏能力。

阅读《天净沙·秋思》后,首先组织学生分析作品中意象的特征,归结作品中的意象美;其次将作品中的美表达出来,表达阅读后对美的感悟。学生对美的感悟,是审美

鉴赏能力生成的过程。

不同事物有不同的美:"枯藤、老树、昏鸦""小桥、流水、人家"和"古道、西风、瘦马",意象不同,美的特征也就不同,但都给人以美的感受。阅读这首元曲后表达美,结合上述不同的意象表现美,是对学习者审美鉴赏能力的极大提升。散文作品《故都的秋》《秋声赋》《秋色赋》等,都是写秋天的色彩与感悟,但情境、手法、内容和主题各不同,选择其中之一表现美,或者对比三篇文章以发现不同的美,对于提升学生的审美鉴赏能力有很大的作用。

阅读基础上的写作是审美的沉淀,学生审美能力的提升会自然生发学生的思想美、文化美,为形成良好的道德奠定基础。

第四节 文化传承与理解能力培养策略

文化是人类在社会历史发展过程中所创造的物质财富和精神财富的总和,通常多指精神财富。一般来说,文化是一种意识形式,文化教育一般是指对人的心灵、精神、品德的培养,文化在人类文明活动的过程中产生,又不断影响着人类活动。

在高中语文教学中,文化传承与理解是语文核心素养的重要组成部分,学生在语文学习中理解传统文化,拓宽文化视野,对于激发自身的文化自觉和创新意识有积极的意义。

一、高中语文文化传承与理解教学现状

(一) 教学中对文化传承与理解的重视不够

当前教育对考试升学更为重视,基于考试的教学对语文教学的影响较大,考试对知识和能力的要求十分具体,有关文化内容的考查相对宽泛。这造成了学生对文化知识的了解相对较少,对文化习俗知之不多且不够重视,对文化现象不理解而且缺少分析。部分学生有一些不正确的认知,认为传统文化已经不适应当今的形势,其所承载的思想与当今现实有一定的隔阂,这导致了部分学生在语文学习中对待文化传承与理解的学习态度不积极。

(二) 传统文化的育人价值未能凸显

文言作品是传统文化的载体,目前的文言作品教学大都注重识记、理解和积累,讲究"字句落实",学生依靠教师的讲解和课文注解完成文章的翻译,理解文本的内容。

这种教与学的方式虽然能使学生掌握文言基础知识和文本结构、内容等,但对于作品中所蕴含的文化内涵的理解往往不够深入。一方面,学生在学习方式上对文言读本中的文学和文化关注得较少;另一方面,学生缺少对作品文化内涵的深入分析和体悟。文化传承与理解需要教师在教学中引领学生进行文化实践,而概念化、片段化的学习,很难实现上述学习目标,这就导致学生未能对承载传统文化的文言作品所体现的情感态度和价值观作深入探究,传统文化的育人价值未能凸显,语文教学的工具性作用实现得较好,人文性特征有待进一步重视。

(三) 传统文化教育的教学方式需要改进

目前以语文教学为载体的传统文化教育多以理论为主,实践性体现得不够充分,与现实生活的联系较少。这种教育方式不易被学生接受,难以在学生的语言、思维、审美等各项能力中形成文化积淀。这与文化内容教学中采取讲的方式有关。对于文化教育的方式研究得不够,文化教育形式单一化;文化的分析讲解碎片化,缺乏统一有机的内容和系统性;文化教育与基础知识、能力落实之间的联系不充分,对文化现象的分析不深刻、贴标签;对作品的文化底蕴不能正确体味,对传统文化的底蕴和精神不能充分理解。这些情况从学生受教育的角度看,一定程度上具有说教、口号式特征,基于语文课堂的文化性特征未能显现,文化的魅力难以被感知,收到的教育效果也就比较有限。

二、高中语文文化传承与理解的教学意义

(一) 实现语文学科的育人功能

文化是人类文明的标志,民族传统文化是一个民族生存和发展的根基。高中学生应该有一定的文化积累,认同民族文化,并形成以文化为基础的正确的世界观、人生观和价值观。

语文教学具有人文性和工具性特征,教学中引导学生深入理解教材中蕴含的民族精神,汲取传统文化中的智慧,生成丰实的文化底蕴,传承民族文化,落实语文学科的育人功能,使优秀的传统文化深入人心,提升学生的思想境界,是实现语文教学人文性特征应该落实的教学任务。在传承民族文化的同时汲取古代先哲的智慧,运用于当今的教学中,会使学生的学习态度更加积极主动,进而培养学生的文化自信,实现教育立德树人、全面发展的目标。

(二) 提升语文学科核心素养

文化传承与理解是高中语文学科的核心素养,文化理解、文化自觉、文化自信是语

文学科素养的重要表征,是语文学科人文性的重要内容,对于提升学生理解运用语言的能力以及审美能力,弘扬传统文化,陶冶学生的情操,具有重要的作用。

文化理解与传承,传承的是优秀的思想,在提升文化理解能力、文化传播能力、文化推广能力的基础上,使学生形成积极向上的文化态度,实现文化传承。在学生成长方面,文化传承与理解能够培养学生热爱传统文化的情感,使学生形成对传统文化的认知,认识不同文化的特征,提升内涵底蕴,拓宽文化视野,形成以民族进步为己任的自觉力。

(三) 深化学生对民族文化的认同

民族文化是一个民族发展的重要支撑,高中学生了解中华民族的文化特征和文化血脉,对于提升自身的文化自信和文化自觉,增强对民族文化的认同感和归属感,生成基于传统文化的爱国情感,建构文化意识和文化精神,具有重要的意义。

文化传承与理解能引导学生进行个人与民族、与社会关系的思考,树立正确的文化观,能促使学生产生民族文化自豪感,热爱中华文化,能培养出认同民族文化的学生,使学生形成更高的觉悟和境界,充满人生的正能量,树立为正义事业和民族复兴而努力的进取心和责任感。

三、文化传承与理解能力培养目标

(一)传承中华文化。通过学习运用祖国语言文字,体会中华文化的博大精深、源远流长,体会中华文化的核心思想理念和人文精神,增强文化自信,理解、认同、热爱中华文化,继承、弘扬中华优秀传统文化和革命文化。

(二)理解多样文化。通过学习语言文字作品,懂得尊重和包容,初步理解和借鉴不同民族、不同区域、不同国家的优秀文化,吸收人类文化的精华。

(三)关注、参与当代文化。关注并积极参与当代文化传播与交流,在运用祖国语言文字的过程中,坚持文化自信,增强社会责任感和为中华民族伟大复兴而奋斗的使命感。

四、文化传承与理解能力培养策略

(一) 实施经典阅读,体会传统文化

阅读《论语》《孟子》等儒家传统经典,掌握儒家传统文化思想的基本理念和主张,了解古圣先贤的思想内涵,分析先哲思想产生的文化基础和社会背景。教学中组织经典阅读,主要环节是在读中思,在思中悟,在悟中写,在写中行。通过从阅读到行动的一系列过程,引导学生掌握经典文化所蕴含的思想。从教学实践效果看,由阅读到行为实践的语文教学之经典阅读,能够培养学生较为丰富的文化内涵,使学生理解经典作品中的文化与精髓,感悟经典作品中呈现的文化,提升文化素养,避免在文化理解与传承方面内涵与思想的肤浅。

对于经典作品的阅读,在文化内容的体验上应各有不同侧重。阅读《红楼梦》,体味作品诗词中的意象文化、文化习俗、人文掌故和社会背景;阅读《三国演义》,体味作品中的"忠孝"文化;阅读《水浒传》,体味作品中的"义"文化。在经典阅读过程中,学生首先对文化的传承和理解进行深入感悟和思考,之后通过讨论、写读书笔记、写读后感等方式对作品中呈现的传统文化进行深入的分析,生成阅读后的认知,将自己的思想和认识与传统文化相融,进而实现传承与理解。

(二) 挖掘教材内容,理解传统文化

挖掘教材里与传统文化密切相关的内容,在课堂教学中使学生体悟、理解传统文化,生成并深化对传统文化的理解。

语文教材中的文言文作品大多承载着民族传统文化与思想,利用好这些教材文本,进行传统文化思想的挖掘并分类别阅读,对于提升学生理解传承传统文化的能力有较为明显的作用。阅读体现"孝"文化的《陈情表》,感悟作品中敬老爱亲的美德,感受古人的情感表达和性情,分析"孝"文化对于人类发展进步及建设和谐社会的意义,能够加强学生对传统伦理的理解与认识,进而生成学生的家庭与社会美德。基于对作品"孝"的分析,思考晋朝为什么以孝治天下,对于了解作者的"忠",意义更加丰富。教学中还可以通过作品间的对比,从不同侧面阐释中华文化。例如同时进行《项脊轩志》与《陈情表》的教学,可以分析两篇文章在对家的重视、家庭观念及对亲人的顾念上有何相同之处与不同之处,可更加丰富地阐释国人对家的情感、对亲情的重视,表现知识分子的时代责任、追求和使命感。

中国古代文学的特点之一就是作品内容与传统文化的交融,选入教材的作品在文化性的体现上也是多维的:体现"仁"和"仁政"文化思想、文人责任意识和儒家济世意识的《过秦论》《六国论》《阿房宫赋》,体现儒家进取思想、责任意识的《谏太宗十思疏》,体现"忠"文化的《苏武传》《指南录后序》等,都对培养学生正确的世界观、人生观、价值观有特别积极的意义。这些文化思想还能够教育学生重视家庭、尊师敬长、热爱祖国,是学生成长过程中不可缺少的教育。

文化教育还可以从传统文化与现实关系的角度,关注弘扬传统文化的现实意义。《师说》和《劝学》在这方面表现得比较明确。韩愈的《师说》体现了传统文化对教育的重视,文章主张虚心学习、尊师重道、树立良好的从师风尚,体现了古代知识分子以天下为己任的责任意识。荀子的《劝学》对学习进行了理性的哲学思考,其"积善成德,而神明自得,圣心备焉"的阐释,揭示了做人的修养和道德。文章不仅是在鼓励人们学习,更是在要求人们提升修养。文学作品对学生认知能力、学习品质的熏陶,促进了学生的进步和成长。

(三) 赏析诗词意蕴,贯通文化脉络

诗言志。诗歌是中国最早的文学样式,开拓了先民的精神世界,流传广且富有生命力,在中国文化史上有着不可替代的地位,是文化教育和文学教育的重要资源。诗歌代表着中国文学与文化的智慧,给读者带来美的享受。

基于诗词教学的文化教育,应首先明确诗词内容所承载的文化特征。将选入教材的诗歌作品,按诗歌创作的年代归结其文化内涵,梳理中国诗歌文学的文化脉络,感悟不同年代不同作者的诗歌所承载的文化,有利于学生文化理解与传承能力的培养。

在先秦诗歌作品中,文化主题主要为追求美好的生活和理想。作为现实主义文学开端的《诗经》,其中作品大多反映劳动的快乐、生活爱情的美好、思乡怀人的情感、反抗压迫的思想、劳动者的智慧等。《伐檀》《硕鼠》等篇章体现了追求平等美好生活的愿望,谴责了统治阶级的不劳而获。《氓》讲述了一则古代社会妇女悲戚的爱情故事,反映了主人公对美好爱情的渴望、对幸福生活的向往追求。作为浪漫主义文学的开端,屈原的作品以《离骚》为代表,大多为追求个人美好理想、突出忠君爱国的主题。

魏晋南北朝时期的诗歌作品,大多亦表达对美好生活和爱情的向往,抒发建功立业的抱负,赞美英勇无畏、不贪图功名的品德。曹操的《短歌行》反映了动乱时期的社会现实,表达了诗人渴望建功立业的抱负和理想。东晋陶渊明开创了田园诗,《归园田居》《饮酒》等作品多写躬耕生活、追求纯净的精神家园及不同流合污、辞官归隐、保持自我的人格精神。南北朝时期的诗歌多写反对阶级压迫与剥削,反映战争带来的灾难,表达对封建婚姻的抗议,赞美英勇无畏、不贪图功名利禄、爱国爱家的高尚品质,作为乐府"双璧"的《孔雀东南飞》《木兰诗》就是如此。

唐代诗歌气象万千,选入教材的篇章,大多关注江山与人民。把诗歌创作推向高峰的唐代诗歌,内容多歌咏壮阔的山河,欣赏优美的田园,赞美繁华的都市,慨叹苍凉的边塞,描写惨烈的战争。李白、杜甫的诗歌作为浪漫主义和现实主义的巅峰,把赞美

河山、关注国家命运和民生疾苦书写到极致。李白的《蜀道难》抒发了对壮丽山河的热爱之情,《梦游天姥吟留别》表达了对光明自由的渴望、追求自由的理想、对权贵的蔑视,《将进酒》表达了对怀才不遇的感叹、对权贵的蔑视和乐观洒脱的情怀。杜甫的《蜀相》表达了对诸葛亮忠心报国的赞美和诗人自己报国无门的无奈,《登高》表达了忧国伤时、孤独愁苦、壮志难酬的复杂情感和对人民艰苦命运的关切。白居易的《琵琶行》表达了对当时人才埋没、自己无辜被贬的愤懑和对不幸者的同情。王维的《山居秋暝》表达了对田园生活的喜爱和向往。高适的《燕歌行》表达了对士兵征战之苦的同情,对无能、不体恤士兵的将领的讽刺批评。

宋代诗词虽重理趣,但选入教材的诗词,其承载的文化特征抒发着强烈的爱国精神和建功立业的激情。姜夔的《扬州慢》表达了对昔日繁华扬州的怀念和山河破碎的哀思,谴责了金兵暴行,批评了南宋政府的偏安政策。柳永的《望海潮》写了杭州的自然风光和人民平和宁静的生活。苏轼的《念奴娇·赤壁怀古》表达了词人对历史上英雄人物的崇敬和对自身坎坷的感慨,也有怀才不遇的遗憾和面对不如意的达观洒脱。陆游的《书愤》表达了壮志未遂、功业难成的悲愤。

从上述选入教材的诗歌作品中可以看出,其文化特征均较为集中,主要是对美好生活的向往、对建功立业的诉求和对和平的期盼。挖掘诗歌中积极的文化特征和思想,能够避免语文教学局限于诗歌的表层理解,深入诗歌的意蕴和内涵,引领学生鉴赏诗歌时关注其思想、文化和主题建构,注重诗歌产生的文化基础;在"诗言志"的文化分析中,培养学生结合古今的批判性思维,提升学生的学科素养,培养其优秀思想品质。

(四)梳理文化内容,联结文学文化

1. 梳理文化知识,建立知识关联

文化知识的梳理对于提升学生的文言文阅读能力、学科素养有很大的作用。例如可进行如下梳理:古代汉语中人称用词及常见的称谓,诗歌的体裁知识和题材知识,古代诗歌中意象的种类及代表的意义,古今地名、山脉、河流名称的由来,词牌的来历,古代官职的设置等。这些梳理归纳能使学生提升学习兴趣,丰富文学与文化知识,感悟传统文化的魅力。

2. 整理文化典故,拓宽学生视野

中华文化典故与传说充满了浪漫色彩和美好期许。盘古开天地、女娲补天、夸父追日、精卫填海、后羿射日、嫦娥奔月、共工触天、梁山伯与祝英台、白娘子的传说等,寄予了人民对美好生活的向往,闪烁着创作者的人生智慧,联结了文学与文化。整理文化典故与传说,能促使学生体会中华传统文化的魅力,生成文化自豪感。

3. 了解文化名人,提升多维素养

历史上的文化典故和文化名人,多能起到励志、教育人的作用。伯夷叔齐不食周粟、周公吐哺、桐叶封第、卧薪尝胆、胡服骑射、凿壁偷光、程门立雪、孟母三迁等文化典故,孔子、孟子、老子、庄子、屈原、司马迁、司马光等众多文化名人,能激发学生对传统文化的热情,熏陶学生的情志,培养学生的情操。

(五) 开发微课,制作文化专题

微课作为常规教学的有机补充,在语文教学中的作用日益明显。微课可以在诸多电子终端播放,使学生能利用零碎的时间巩固语文知识。根据《课程标准》中"文化传承与理解"学习任务群的设置,制作文化专题知识微课,利用微课激发学生的学习兴趣,在微课制作方面形成系列,辅助课堂教学,对于学生文化素养的进步,帮助很大。

除前面几节提到的各类文化知识以外,微课内容制作从调动学生的积极性做起,选择联系生活的文化内容,如传统节日的名称、来历,春节、元宵节、清明节、端午节、七夕节、中元节、中秋节、重阳节、腊八节等节日的活动和变迁等,在拓宽学生文化视野的同时,丰富了学生的文化知识。微课还可以充分发挥语文课综合性、实践性的特征。组织学生自制微课,将饮食文化、服饰文化、音乐文化、礼俗文化、旅游文化、红色文化等相关的内容开发为微课,能展示中华文化的博大精深,辅助语文课堂教学,树立学生的文化自信。

(六) 结合学习实践,组织文化体验

对于文化传承与理解能力的提高,实践性、探究性教育活动是重要的教育形式。实践性、探究性教育活动可选择多样的方式:一是组织古诗文竞赛、诗词朗诵比赛和中华上下五千年故事讲解活动,使学生丰富与诗词相关的文学文化知识,感悟古人在诗词中"修身、齐家、治国、平天下"的理想及对美好生活的希冀,帮助学生结合现实树立远大理想;二是组织传统文化知识讲座、传统文化宣讲及之后的讨论,使学生促进传统文化知识的积累,了解中国传统文化的发展脉络,了解历史上不同阶段中华文化的发展特色和文化成就,坚定文化自信;三是将课堂教学后的文化教育深化,以长期作业、中期作业、短期作业等多种作业方式,组织传统文化内容的归纳与挖掘深化,努力实现学生对优秀传统文化传承与理解能力的自我建构;四是组织学生文学与文化社团,社团活动的主题为中华传统文化的传承与理解,选派对文化教育有研究的教师作指导,在课堂学习的基础上,进行基于自我建构的文化知识、能力的传承与理解;五是由学生会、团委组织文化研讨沙龙,定期举办活动,每次活动确定具体的文化主题,讨论传统文化的传承与学生责任、使命的关系;六是组织有关传统节日的征文活动,让学生书写节日感悟,畅谈传统节日的生活意义和文化意义,抒发对传统文化的理解和思考,实现传统节日对学生的浸润熏陶;七是利用地域文化资源,组织学生参加现场式文化体验,参观具有传统文化和红色文化内涵的建筑,如蕴含红色文化的中共一大会址、融合东西方文化理念的石库门、体现传统文化和现代文化意识的上海世博馆中国馆、具有古典建筑风格的豫园、体现含蓄内敛江南文化风格的建筑群等,在文化实践中树立传统文化意识和文化自信,促进学生的成长。

(七) 形成写作资源,深化文化内涵

文化传承与理解和阅读、写作有密切的关联,写作是表现文化,本质上就是进行文化传播。写作依靠文化,没有文化的写作没有意义。

进行文化传承与理解的重要方法之一,是形成文化特征明显的写作资源,在提升写作水平的同时,以实践影响学生。传统文化和红色文化相关的人物和事件,对于强化写作的思想意义有明显的作用。

首先是在写作中运用与乡情文化相关的内容,以写作唤起学生热爱家乡、热爱祖国的情感。其次是在写作中运用人物题材,利用古今人物的家国情怀,提升学生的文化觉悟。人物类的写作资源可以分为不同类别,如忧国忧民、视死如归、公正廉洁、克己奉公、勤政忧民、勤恳奉献、献身科技、忠诚不渝等。这些资源中也包括体现传统文化的现代、当代人物。第三是在写作中运用传统的文化思想与哲学思想,引导学生关注生活、社会、人文、哲学、思想和民生等,使学生在写作的同时,传承传统文化与思想。

第二章 写作教学与文化

第一节 审题立意中的文化意识渗透

审题立意是写作的重要环节,学生若在审题时"失之毫厘",则会使整篇文章"谬以千里"。一般来说,审题立意如果出现偏差,那么作文就必然不成功。当然,作文的审题立意也并非没有规律,只要多作阅读积累,掌握正确的审题立意方法,认清审题时"审"的内涵和立意时"立"的主张,做到切题是不困难的。作文的审题立意除了要做到结合材料、准确判断之外,还要考虑到"写"的因素。语文学科是人文性和工具性的统一,学生作文需要有灵魂、有思想,灵魂和思想通常需要通过作品中的文化表现出来,才更具思想意义和教育意义。

总体上看,作文主要分为命题作文和非命题作文,这里主要谈命题作文和非命题作文中的材料作文,两种类型的作文各有特点。对于非命题作文材料的中心,归纳难度略大一些,而命题作文表述的中心虽然较易分析得出,但要特别注意其材料中文字对写作内容的限制。命题作文的"题"是被"审"的对象,而文题一般不是很长,这就需要认真体会组成文题的每一个词,关注文题内涵对文章内容范围的限制和提示。

一、命题作文中审题立意的文化意识

(一)根据题目拓展审题立意的文化意识

首先谈通过文题能较为直接地看出写作内容与中心的题目。此类作文题目或者是一个词,或者是词组,相对来说较为容易分析出要论述的观点。有些题目是几个并列式词语,此类题目应注意各个概念之间的关系,写作时须处理好各个概念之间的关

联。例如《自立·自信·自强》《志·力·物》这一类的文题,要注意几个概念在文题中的关系。一般来说,当它们是并列概念的时候,写作中不应忽视、漏掉任何一个方面。同时,还要注意各个概念之间的内在联系,把各个概念统一在一个主题下。几个概念虽然都应谈到,但也要有主次之分。如《志·力·物》这一文题,论述"志"时应有所侧重,因为它对"力"和"物"有一定的制约和影响。

在命题作文审题时树立文化意识,会使文章的内涵更加充实,思想性更加鲜明。《志·力·物》一文的写作,是学习王安石《游褒禅山记》后进行的写作训练,写作时可以谈学习该文后的感悟。学生可结合课文内容,阐释"志""力""物"的关系,要立什么样的"志",要如何积蓄实现"志"的力量,要凭借哪些"物"来实现"志",是凸显文章论述的文化性所需要思考的。

《普通高中语文课程标准(2017年版2020年修订)》在"课程性质"中指出:"普通高中语文课程,应使全体学生在义务教育的基础上,进一步提高语文素养,形成良好的思想道德修养和科学人文修养,为终身学习奠定基础,为传承和发展中华文化、增强民族凝聚力和创造力发挥独特的功能,为培养德智体美劳全面发展的社会主义建设者和接班人发挥应有的作用。"课程标准的基本理念也强调坚持立德树人,增强文化自信,充分发挥语文课程的育人功能。基于此,语文教学中的写作教学应对学生进行理想信念教育,发挥学科的人文性作用。在作文《志·力·物》的审题中,即可根据题目中的"志"拓展审题立意的文化意识,引导学生树立远大理想,树立为国家、民族和正义事业而不懈努力的信念;鼓励学生立下为国家富强、民族复兴而努力的宏大之志,启发学生以持之以恒的精神努力实现志向,这些都是作文教学中文化意识渗透的有效呈现。再如《自立·自信·自强》的审题,可以根据题目中的"自立""自信""自强",结合学生个人的认识,谈个人的自信与文化的自信,论述个人的自强和国家民族强大的关系,根据题目拓展出命题作文中审题立意的文化意识,使审题立意更加准确且富有文化内涵。

经典而又有说服力的作文,大都需要文化内涵的支撑。在立意设计上使用富有文化意义的典型事例,在通过这些事例进行论证的同时,事例本身对学生也是一种教育和熏陶。这些事例,一般也都根据题目的内涵,经审题立意来确定。为民族解放事业而献出一切的民族英雄,为民族文化和人类文化进步耕耘不辍的先哲圣贤,为科学技术进步而探索钻研的科学巨子,都能以其精神和作为影响人、陶冶人、教育人,让学生在写作过程中感受中华文化的魅力,学习古今奉献者的情操,使语文教学的综合性、实践性、教育性得以彰显。

(二) 依据题目引申出审题立意的文化理念

有些作文题目较为婉曲,不能直接看出写作中心,如果按照题目的表面含义写作会使审题立意过于浅显,这就需要理解题目中的寓意或者解释其比喻义。例如《必须跨过这道坎》《习惯》《答卷》等作文题目,均带有比喻色彩或者需要引申,写作时需要分析其引申义或比喻义。例如,《答卷》就不能完全写成学生试场中的答卷,需要关注其引申义,包括"面对考验时的答卷""人生的答卷"等。《习惯》这一文题,其写作范围有一定的延伸性,写作广度和深度可以灵活掌握,但并非没有任何限制。学生可以写一个人的习惯,可以写一个人群的习惯,甚至可以写一个国家、民族的风尚习俗。当然,无论如何审题立意,如果脱离了与"习惯"有关的内涵,就是偏离了写作中心。要把"习惯"写得充分而深刻,对个人、集体乃至一个民族的"习惯"进行回顾思考,则必须赋予"习惯"深刻的内涵,对"习惯"进行深入的分析,阐释其在人的成长中所起到的作用,并由小到大,对主题进行深入的挖掘,论述层次也须清晰有序,由个人到国家、民族,对"习惯"的产生、作用等进行逐层深入论述。

《习惯》这一题目有较大的写作发挥空间,根据题目,在审题立意的过程中引申出有关"习惯"的文化理念,从文化与习俗的角度审视"习惯",分析"习惯"中的历史与文化现象,体会"习惯"所承载的民族文化和民族精神,会对学生的写作产生自然而然且较为深层的思想文化影响。

再如,《必须跨过这道坎》是需要进行引申论证的命题作文。"坎"在这里可以理解为困难、坎坷。写作中,学生一般都会想到如何战胜困难,以坚守和执着取得成功等。这与我国传统教育思想中鼓励学生有拼搏精神、在学习上"不可以已"高度契合,青年学生应有坚定的信念,有顽强的精神,靠努力与执着跨过一个又一个"坎"。荀子的《劝学》、韩愈的《师说》都秉承了上述传统文化思想。根据《必须跨过这道坎》这一题目,结合教材中所学,引申出审题立意中关于"跨过坎"的文化与思想,即可使作文深化且具有说服力。

渗透传统文化的审题立意与写作,依据题目引申出审题立意的文化意识和理念思想,还可以通过文中内容增强文化性和说服力。可选择的文化性事例有很多:凿壁偷光的刻苦、铁杵磨针的坚持、豪放旷达的情怀、精忠报国的信念、先天下之忧而忧的情操,都富有启发性和警示性,在基于文化内涵的写作中对于陶冶学生的品格有十分积极的意义。

二、非命题作文中审题立意的文化意识

现以材料作文为例,谈非命题作文审题立意的文化性特征。材料作文较之命题作文,蕴含的主题比较含蓄,需要对材料内容进行分析审读,方可得出结论。

(一)挖掘作文材料中的文化内涵,使写作丰实

作文材料中的文化内涵,有时并不是显现的,需要在审题立意及写作中进行文化内涵挖掘,用文化内涵彰显作文的文化性和思想性。

> 作文材料一:在暴风雨过后的泥泞路上,中国这辆大车又开始前进了,有些人抱怨车速太慢。我只想说:"给我一根时代的纤绳吧,中国的大车,我们拉!"

这段话是20世纪80年代一位在校大学生毕业前的感言,材料的内容与当时的背景有关。该材料虽然运用了比喻的手法,但从整体上看表达较为明朗,因而审题难度不大。对于已含有提示的作文材料,审题立意时应根据材料中提示性句子表达的内涵,来确定论述的观点和中心。在以上这则材料中,能提示材料中心的句子是"中国的大车,我们拉"。这一句是作文材料的关键,抓住了关键句,也就找到了材料的中心。

该作文材料在内容和立意上有深厚的文化和思想内涵可以挖掘。教学中可以组织学生进行讨论,找出关键句并分析句子的内涵。此材料中"中国的大车,我们拉"表达了中国青年高度的责任意识,揭示了中国青年热爱祖国、愿意为国家的繁荣与发展而不懈努力的坚定信念,这一观念是传统文化在当代青年思想意识中的发展。中国知识分子的责任意识在传统文化中体现得较为充分,魏征的《谏太宗十思疏》、贾谊的《过秦论》、苏洵的《六国论》、杜牧的《阿房宫赋》都从不同侧面彰显了知识分子"修身、齐家、治国、平天下"的主张和家国情怀,表现了知识分子的社会责任感和为国家民族发展积极努力的进取心。正因如此,中华文化几千年来才熠熠生辉,闪烁在人类文明与文化史上。材料文化内涵的挖掘,对于学生写作中思想的熏陶和文化内涵的提升,对于学生品德和情操的培养,有十分积极的意义。

对于内涵比较含蓄的作文材料,须引导学生用联系的思维,多维思考材料暗示的方向,综合理解、分析材料,确定审题立意与写作的文化倾向。

> 作文材料二:武汉市的珞珈山,是武汉大学的所在地。山上有闻名遐迩的樱花园。每年的樱花时节,游人如织。总见一些青年朋友穿着和服在樱花丛中摄影

留念。一次，一位在武汉留学的韩国青年见此大为不解，对她的导师说：他们为什么要穿着和服去照像呢？我们韩国也有樱花，但从没有人穿着和服去同樱花照相。她的导师苦笑了一下，无言以对。

作文材料所表达的内容表面上看较为直接，但从审题的角度分析材料的内在含义，是通过暗示的形式将主题呈现出来的。"导师的苦笑"和"无言以对"，暗示了导师对那些穿着和服拍照的青年人的行为不支持。命题人通过导师的态度传达命题意图，暗示材料的主旨，批评穿和服拍照的中国青年在文化上的不自信。材料中有四个需要关注的对象：游人、中国青年、韩国青年和导师。审题立意中对题旨影响较大的是中国青年的做法和导师的态度，立意虽然可以有多种选择，但材料中的暗示对立意有一定限制，一般应根据材料的倾向审题立意。

题目中的文化内涵是丰富的，根据材料的暗示，作文的主题确定为"应有文化自信"更为适合。可以谈中华传统文化的博大精深，论述文化自信的条件，阐释文化自信的意义。尤其应联系现实，阐发当代青年树立文化自信的必要性。

教学中可以引导学生进一步深入了解中华文化，通过合作学习的形式，为学生写作提供与传统文化相关的写作素材。中华传统文明历经了几千年，一直持续发展并且不断完善，是人类历史上唯一没有中断过的文明，具有顽强的生命力。中华文化内涵丰富，以儒家学说为代表，综合了道家、佛家等其他思想学派，具有亲和力、吸引力、感召力和认同感。中华传统文化基于"仁、义、礼、智、信、忠、孝、悌、节、恕、勇、让"等文化理念，集诸子百家思想、宗教哲学、传统文学、民间文学、传统节日、传统戏剧、中华武术、服饰文化、饮食文化、民间工艺、民风民俗等于一体，关注现实人生，提倡刚健有为、自强不息的进取精神和积极入世的人生态度；注重人的内在修养，注重道德伦理与和谐统一，在人文修养上坚持以人为本，对于人的进步发展具有特别重要的支撑作用；中华文化的内涵坚持正义，注重传承，鼓励人积极向上，对于当今世界文化的积极发展具有重要的推动意义。写作中有选择地结合运用传统文化进行论述阐释，对于深化文章的内涵，弘扬传统文化，使学生形成正确的世界观、人生观、价值观，具有积极意义。

（二）利用作文材料中的文化内涵，使论述深化

作文材料三：丹麦人去钓鱼会随身带一把尺子，钓到鱼，常常用尺子量一量，将不够尺寸的小鱼放回河里。他们说："让小鱼长大不更好吗？"两千多年前，我国孟子曾说过"数罟不入洿池,鱼鳖不可胜食也",意思是,不要用细密的渔网在池塘里捕捞小鱼,这样才会有更多的鱼。实际上,其中的道理也贯穿在我们现实生活中的许多方面。

这是2010年上海高考作文试题,作文材料有两部分,前一部分叙述了丹麦人钓鱼的做法,并引用了孟子的话构成材料的主体内容;后一部分是提示考生材料所言之道理贯穿于人们的现实生活,提示作文应该与现实生活关联。该材料的审题立意可以有多个立论,当年的考生大都围绕"实现可持续发展"来论述,被认为是准确立意,当然也有选择其他角度作文的。材料本身很有张力,有利于学生的写作发挥。

该作文材料中孟子"数罟不入洿池,鱼鳖不可胜食也"一句出自《寡人之于国也》。《寡人之于国也》是《孟子·梁惠王上》中的一章,原本表现了孟子的"仁政"思想:主张实行"仁政",以"王道"统一天下。孟子在文章中认为只有实行仁政,才能得民心,进而得天下,其主张也是"民本"思想的体现。作文材料中,孟子的话与丹麦人钓鱼放在一起,要考虑两部分内容所呈现出的共同点,结合起来确定论点并根据论点选择论证素材。从思想的角度说,可持续发展与"仁政""民本"思想是密切相关的,后者是可持续发展中更加深入的内涵。由此我们可以这样认为:传统文化在作文中的呈现,一般都会使学生作文更具深度和广度。前文提到,教材中的《过秦论》《六国论》《阿房宫赋》等篇章,体现了知识分子"修身、齐家、治国、平天下"的主张和家国情怀,但从作品内容和主旨看,更多的是借批评秦统治者体现"仁政"和"民本"的思想。教学中深入分析教材中的文言文,让学生分组谈感悟,体会作品内涵,对于提升学生的语文学科素养,提升学生的文化传承与理解能力,具有重要的作用。

基于文化的写作,能够使作文思想清晰、有灵魂。对于作文材料本身就涉及传统文化的,在作文教学中引导学生实现从文化现象的观察到文化思想的传承与理解,能很好地实现写作中的文化教育。

作文材料四:郑板桥的书法,用隶书参以行楷,非隶非楷,非古非今,俗称"板桥体"。他的作品单个字体看似歪歪斜斜,但总体感觉错落有致,别有韵味,有人说"这种作品不可无一,不可有二"。

这是2009年上海高考作文试题。当年参加高考的学生审题立意大都围绕"继承与创新""整体与部分"来论述。

书法是我国传统文化的一部分,汉字与其他文字不同的构造特点,使得中国书法成为一种视觉艺术形式,以静态美的形式体现出静中灵动的美感。书法的艺术性灵动,形成了独具一格的书法文化。作为审美对象,汉字书法是世界公认的中国国粹之一,书法中甚至融合了中华文化的精神,呈现了国人大气的胸襟和气魄。书法承载了中华文化天人合一的理念,因其历史悠久,书法文化的厚重感较为突出。

作文题目中提到了书法参差错落的整体美和具有特色的个体美,因而除了谈"继承与创新"这一主题之外,论述"整体与部分"的关系也是合乎题意的选择。因题目本身与书法文化密切相关,文化性比较明显,写作中从文化现象到文化传承与理解,逐步深入地进行论述,能够使作文更加有思想性和论证性。

总之,在作文的审题立意中渗透文化意识,能够有效培养学生的文化思维,充分发挥教材中与传统文化相关的各个篇章的教学作用,基于文化发展学生的思辨能力,培养学生的审美能力,丰实学生的文化基础,提升学生的写作能力和水平,实现语文教学人文性和工具性的统一。作文审题立意中的文化意识,能够培养学生的文化自信,培养全面发展的人才。

第二节 基于文化积累的写作教学策略

一、传统文化教育在写作教学中的现状

(一) 写作思维不够灵活

学生对于写作有畏难情绪,除感到语言建构等方面的困难外,写作思路单一、写作思维不灵活甚至僵化是主要原因。较多学生写作时感到困难,不知道如何落笔,主要原因在于写作思路的匮乏甚至没有思路,用阅读思维代替写作思维,有对作文材料的理解但缺少思维的发散,写作局限于对作文材料的理解性叙述或者阐释,现实意义不够充分,人文意义较为缺乏,缺少深刻的思想,至于写作主题的哲学思考更是贫乏,写作思路常常局限于题目的字面意义。这些现象与教师的教和学生的学都有关系,根本原因是在作文教学中没有充分开启学生的写作思维。

(二) 程式化写作较为明显

出于考试的需要,教师在教学中对于学生作文的结构形式较为重视,注重考试评分要求,这种教学方式使得学生写作程式化现象较为明显。有一定数量的学生过于注

重写作技巧,文章在形式上比较固定,在内容上比较单一,在写作题材上接近或者近同,重形式而内容不充实的情况较为普遍。

学生作文程式化的另一个重要原因是缺少文化积累,文中很少呈现文化性特征,文章因此也就缺少思想。缺少思想的文章,给人以空洞的感觉,自然也就表现为程式化。

(三) 写作中缺少传统文化的传承

作文没有充实的内容,缺乏思想性,程式化较为明显,文化性特征未能呈现,是因为学生在写作中未能达成文化建构,主要原因是学生在学习过程中重视课内知识,课外知识拓展较少,文化积累不够充分。

学生对传统文化学习的重视不够,对传统文化中的思想内涵、人文理念理解得不够全面,对于传统文化与现代学习生活的关联挖掘得不够深刻,在写作中很少表现、运用传统文化来阐述论证自己的主张,这使得传统文化的传承缺少依托,写作中的文化传承与理解受到影响。外来文化的影响,也是写作中传统文化没有得到很好的传承的原因。上述情况,根本性原因是学生语文学科核心素养的培养没有得到充分落实,学生的语言能力、思维能力、审美能力等没有得到充分有效的建构。

二、传统文化教育在高中写作教学中的意义

(一) 启迪学生的写作思维

人的思维、思想不是凭空而来的,而是在学习中和实践中产生的。学习和实践的过程中的某些现象,常常会引发人的思考,成熟的思考则会产生思想。学生学习、实践的过程即是思维被激发、产生思想的过程。

中华传统文化能够激发学生的思维,传统文化往往以事件叙述或某个主张的阐述为载体,来实现其思想性和文化性的传播,通常都蕴含着深刻的哲理。这些传播的内容往往能激发学生的思考触点,促成学生的思维,引发学生的深入思考,进而产生思想。传统文化内涵的丰富性和多维性,能够启迪和发散学生的思维并用于写作,唤起学生的写作思考,丰富学生的思维活动,实现启迪思维、文化育人的目的。

(二) 丰富写作的文化内涵

由于阅读量等原因,部分学生的写作素材比较贫乏,写作内容不够丰富充实。学生写作中反复使用一些相同或者相近的素材,有时会造成一个教学班内众多的同学写作内容差不多,呈现出"千篇一律"的面貌。承载传统文化的文学作品中,包含了丰富的哲学思想、人文思想,这些思想往往以故事、散文和议论类文章(也是古代散文的一种)的形式呈现,有着极佳的"教"和"育"的作用。二十四史、《左传》《战国策》《资治通鉴》等作品中的人文素材,记载了古人"修身、齐家、治国、平天下"的事例和理想,作品中优秀人物的道德和精神体现着中华民族的核心价值,这些事例可以作为写作素材,拓宽学生的写作题材,丰富学生作文的文化内涵,丰实学生的文化底蕴,提升学生的学科素养和文化素养,展现高中生的思想境界。

(三) 塑造学生健全的人格

我国传统文化蕴含着丰富的文化与文学知识,经过五千年的沉淀,底蕴丰厚。"礼""仁""忠""孝""责任""爱民""尊师"等传统文化思想,对于提高学生的文化品位、塑造学生健全的人格、促进学生全面发展有重要的意义。

写作是一种实践性、综合性学习,能调动学生的语言、思维、审美和文化等多种能力。实践性、综合性学习对学生认知水平的提升、高尚人格的形成,较之单一的学习,效果更加显著。以传统文化为载体的写作训练,在唤起学生的民族精神意识、培养学生的高尚情操、形成学生热爱祖国热爱人民的精神品质方面,作用更加积极。让传统文化渗透于语文写作教学中,引导学生树立积极向上的人生态度,实现传统文化的继承与发扬,帮助学生建立健全高尚的人格,是语文教学人文性的需要,更是当代教育"五育并举,立德树人"的需要。

三、基于文化的写作教学策略

(一) 挖掘教材内容,丰实文化根基

阅读是写作的基础,是学习的基本环节,是学生写作中进行语言建构的基本手段。选入教材的作品承载着传统文化思想,具有积极的教育意义,陶冶、培养作用十分具体。这些作品的阅读学习,能够丰实学生的文化底蕴,夯实其写作根基。归结教材中承载传统文化的篇章,挖掘作品中富含的思想,根据不同作品思想内容的侧重点,进行归类、整理、运用,能够为写作奠定文化基础。

教材中有论述治国政治主张的:《论语》中的《子路、曾晳、冉有、公西华侍坐》反映了儒家"礼乐治国"和孔子因材施教的教育思想,《过秦论》《六国论》《阿房宫赋》主张"仁政""爱民"。有主张"忠君爱国"思想的:《屈原列传》记叙了屈原对国家、对人民的忠诚,《谏太宗十思疏》从士大夫责任心的角度,陈述了一片忠心。有强调重视亲情、主张"孝"的:《陈情表》直接表达对祖母的一片孝心,《项脊轩志》则通过记事含蓄地表

达了对祖母、对母亲的思念,间接表达了"孝"。有表达建功立业的信念和理想的:《念奴娇·赤壁怀古》通过写自身坎坷、怀才不遇和对英雄人物的赞美,表达希望建功立业、作出贡献的理想,《永遇乐·京口北固亭怀古》通过回顾历史人物的事迹,表达诗人要为国家建功、抗击金国的志愿。有主张追求精神自由的:《逍遥游》体现了庄子追求绝对自由的哲学观和人生观,《归去来兮辞》表达了作者厌恶黑暗的官场,向往大自然和隐居生活,追求独立自由的精神境界的理想。有主张从师学习、学习中持之以恒、专心致志的:《师说》论述了从师学习的重要性,批评了耻于从师的风气,《劝学》论述了学习的意义、作用和方法。

通过对教材中富有文化内涵的作品的深入阅读、挖掘、归纳、整理,促发学生文化思维、思想的形成,通过内涵滋养提升学生的写作水平。

(二) 阅读经典作品,积累文化内涵

《普通高中语文课程标准(2017年版2020年修订)》"课程内容"中的"学习任务群"对"整本书阅读与研讨"提出要求:"通过阅读整本书,拓展阅读视野,建构阅读整本书的经验,形成适合自己的读书方法,提升阅读鉴赏能力,养成良好的阅读习惯,促成学生对中华传统文化、革命文化、社会主义先进文化的深入学习和思考,形成正确的世界观、人生观和价值观。"根据上述要求,可以通过整本书阅读的形式,布置学生阅读《论语》等承载传统文化的经典作品,深入理解作品的内容,体会其思想内涵,借鉴古圣先贤的思想和智慧来指导学生今天的学习与生活,实现学生在思想和境界上的提升。

阅读经典作品《红楼梦》,可以学习作品中人物塑造的手法,赏析小说中诗歌的特点,掌握古诗文在学生作文中的作用,增强学生作文的文学性和文化性。

经典作品的阅读还可以更加有机地结合历史性和文学性,例如可以组织学生深读《上下五千年》和《成语故事》,使学生写作底蕴的文学性和文化性更加扎实。

经典阅读还可以根据学生的爱好,从体裁形式、内容主题、思想境界等多方面自主选择文化内涵较为充实的阅读文本,实现语言建构、审美提升、思维发展基础上的文化传承与理解,提升阅读者的文化内涵和文化素养,并将其运用于写作。

(三) 借鉴经典作品写法,提升写作能力

经典文化作品除了富有文化内涵和思想内涵,其写作方式和表达形式也可作为写作教学的范本,尽管有的作品与我们现在的时代不契合,但其写作手法依然可以借鉴。《过秦论》《六国论》《劝学》《师说》《伶官传序》都可以作为议论文训练的典范作品,从立论到论述分析,从例证到论证方法的使用,从提出问题到分析问题、解决问题,都可以学习借鉴。

学习运用经典作品中的写作手法,先要分析这些经典作品的背景、内容、结构和写作特征,然后归纳其写作手法,进而学习借鉴。在这一过程中,学生对作品的内容会有深入的理解,且能根据自身写作的需要进行主动建构,这一过程同时作用于写作能力和文化教育,实现在写作中提升文化传承与理解能力的教育目的。

(四) 运用传统文化素材,充实写作内容

写作素材经过加工构成写作内容,内容是构成学生作文的基本元素。学生作文水平的提高需要积累素材,素材不仅影响作文的质量,还会通过其内容本身对写作者和读者构成思想和文化的影响,起到较为重要的教育作用。部分学生受阅读量的影响,加之未能有计划地进行作文素材积累,写作素材匮乏。学生即使有一些素材积累,也大都不典型、说服力弱,影响了写作水平的提高,这使得写作成为单一形式的学习,对学生思想品质的影响较小。

在教材中和其他经典作品中搜集积累作文素材,选择能呈现传统文化的作文素材,关注学生的文化类素材积累,可使学生的作文内容更加充实,更加有思想性。在高中作文教学中,教师要引导学生积累有关传统文化的素材,这些素材包括诗词名句、文学典故、文化现象等,并通过写作分析,指导学生合理准确地将传统文化素材运用到作文中,以凸显作文的文化性和思想性。

传统文化中的素材十分丰富。一是中华经典作品中的思想与哲学,例如《论语》《孟子》《老子》《庄子》《墨子》等诸子百家作品、"二十四史"以及其他史传作品等,均充满了智慧和哲理,对于提升写作者的思想内涵、陶冶情操有特别积极的作用。二是文学作品中的名人事例,例如孔子、孟子、老子、庄子、屈原、陶渊明、李白、杜甫、岳飞、陆游、文天祥等,能够从不同侧面呈现中华先哲的智慧和情操。三是中华历史上的美好传说,传达了先民的美好愿望,表达了人们对正义、善良、美好生活的追求。上述素材,能引导学生关注社会现实,明辨善恶是非,弘扬公平正义,激发爱国热情,思考人生哲理,重视历史传承。学生在写作中能了解到司马迁的坚毅执着、杜甫的忧国忧民、苏轼的豪放旷达、文天祥的视死如归,这些人的品德和精神,会潜移默化地感染作者和读者,唤起学生的责任与担当感,使之内心迸发出无穷的精神力量。这些素材,能够拓展学生作文运用传统文化素材的深度和广度,丰富学生写作的文化积累,提升学生的学科素养,提高其作文质量和水平;更能陶冶学生的情操,实现语文写作教学的育人功能。

（五）学习古代哲学思想，深化写作思维

从春秋战国时期的孔孟到宋代的程朱以及明清时期的王阳明、顾炎武、黄宗羲，其思想主张对后世的教育都有深远的影响。这里以儒家最具代表性的观点，试谈儒家哲学思想在写作中对学生思维和思想的影响。

以孔子为代表的儒家哲学思想注重伦理道德，主张"仁爱"，在注重道德修养的同时，也关注经世致用，即以道济世。因而儒家思想呈现出的主张是不空谈，认为知识分子应学用结合、知行统一、明理笃行。在中学阶段，中国古代哲学思想的学习与运用，主要显现在对学生的道德教育、理想教育上。写作的作用是在实践性学习环节中，结合教材内容，通过写作让学生深入理解传统文化的精髓。《过秦论》《阿房宫赋》《六国论》中的"仁政"透露出的"仁爱"思想，《陈情表》《项脊轩志》中或直接或间接表现出的"孝"的理念，《鱼我所欲也》中体现出的"舍生取义"，均主题鲜明地呈现了儒家的哲学思想，大都含蓄表达了"修身、齐家、治国、平天下"的主张。

学生在写作中运用古代哲学思想，不仅能很好地实现"文化传承与理解"，也能激发思维，深化思想，提升学科素养，从而将语文教学的"人文性"和"工具性"有机结合起来。

（六）结合传统节日，实现写作与文化的结合

节日及其习俗是民族文化和传统的重要载体。生活中，人们把节日看作具有仪式感的重要日子，多数人把节日的习俗以及过节日的方式看得较为重要。把传统节日渗透到写作中，将写作与节日文化有机结合，有利于发扬中华传统文化，培养学生的文化传承与理解能力。

传统节日是我国悠久文化的一部分，每个节日背后都有美丽的传说或历史故事，寄托着人们对美好生活的渴求，例如端午节、中秋节、清明节等。教师可以将这些传说、故事与写作结合，帮助学生积累写作素材，加深对传统文化的了解，提升文化素养；还可以利用传统节日组织征文活动，使学生通过写作体验节日的文化性，将其作为弘扬传统文化的路径。

第三节　基于文化与逻辑思维能力的写作教学策略

一、基于概念的逻辑与文化

（一）逻辑思维与其作用

逻辑思维是人类的高级思维活动，人们将初始的、感性的认识结合自己的知识经验进行思考判断,按事物的规律和逻辑关系进行推理,就会产生新的思考和认识。人们的这种思维活动,即为逻辑思维,它既包括人们思考形成概念的过程,也包括通过概念判断和推理的过程。写作是语文学科综合性、实践性体现得最充分的学习,《普通高中语文课程标准(2017年版2020年修订)》第四部分"课程内容"中的"学习要求"提出:"自主写作,自由表达,以负责的态度陈述自己的看法,表达真情实感,培育科学理性精神。书面表达观点正确,内容充实,感情真实健康;思路清晰连贯,能围绕中心选取材料,合理安排结构;进一步提高运用记叙、说明、描写、议论、抒情等表达方式的能力,并努力学习综合运用多种表达方式,力求有个性、有创意地表达。"逻辑思维能够使写作者在"自主写作,自由表达"的过程中富有条理,表达合理清晰,在语言建构与运用方面,能准确记叙、说明事物,准确表达论证观点。

(二)由文章题目分析其写作的逻辑与文化关联

思维逻辑通常基于概念内涵进行分析,由概念内涵生发对其的理解,在理解的基础上进行推理判断。逻辑思维是在知识积累的基础上,结合对概念的理解进行思考和判断的。高考作文试题都以概念的形式构成,例如《杂》《忙》《必须跨过这道坎》《习惯》等试题,就是由单个概念或者多个概念构成的。写作过程中,从试题的概念出发,进行试题逻辑和文化的分析、思考和判断,即可准确实现写作中概念之间的逻辑与文化关联。《杂》的写作,先从"杂"的字面进行分析,对与"杂"有关的概念进行分析、概括和综合,即可得出"杂"的多重内涵,可以是"杂乱",但也可以是"广博"等,而后者则更有文化性特征,有利于论述的展开,可以进行知识、能力、文学、文化等多个概念下的文化性论述。考生对于《忙》的写作,往往觉得较难有广阔的思路,若从概念入手,分析"忙"的原因,思考"忙"的结果,理清对待"忙"的态度,"忙"也就会富有丰富的文化内涵。在写作内容上,综合梳理历史上因"忙"成才成事、因"忙"成就大业者,也会为"忙"的内容增添文化感和历史厚重感,使人们对"忙"有更加理性的认知。基于概念内涵对高考作文题《习惯》进行分析,由"习惯"这一概念内涵理解"习惯"的范围,在思考"习惯"这一概念的过程中由小到大,由浅入深,在理解"习惯"的基础上进行写作的判断推理,则会对一个人的习惯、一群人的习惯乃至一个国家、一个民族的风尚习俗有更多基于文化的认识,能更加清晰地认识到人的进步发展和国家进步发展的动力源泉。由概念内涵到写作的逻辑分析,充满了理性、逻辑性、拓展性和文化性。

二、提高逻辑思维能力是当前教育的需要

(一)高中生写作中逻辑思维运用现状

1. 高中生写作思路的逻辑性体现得不充分

逻辑思维一般是从概念的理解出发,通过分析事物间的关系进行正确的思考和判断。从概念入手的分析推理判断,是写作中逻辑思维的主要形式。文章从观点到内容再到论证,都呈现出彼此之间的严密关联。逻辑思维决定了文章各个部分的内容是否搭配,结构是否合理,记叙、论述是否严密,观点是否正确等,因此逻辑思维能力影响着学生的写作水平。但目前高中学生的逻辑思维能力相对不足,文章的有机性不够,文章在整体上缺少连贯的逻辑性,各部分之间像是独立的个体,对作文材料的理解不充分,写作与现实的逻辑联系不够有机。在议论文的写作中,论证过程缺少分析,缺少对事物间关系的逻辑思维判断,说服力不够充分。

2. 论据与观点之间缺少必然逻辑关系

多数学生在议论文的写作中采用的是提出论点——罗列论据材料——得出论证结论的方式。根据作文材料如何得出论点的阐释较为缺乏,在议论文的开头大都是陈述作文材料之后写出论点;在论证中,多数学生在提出论点后,罗列较为充实的论据和论证内容,最后得出论证结论。这样的议论文基本上"油是油,水是水",作文材料与观点之间、作文的论点与论据之间缺少逻辑联系,未能生成有机论证,使得文章的说服力较差。因此,在当今高中语文写作教学中,培养学生的逻辑思维能力十分紧要。教师在教学中应克服教学单一为考试而进行的想法,在关注知识点归纳、答题方法整理的同时,更应关注学生的思维水平特别是逻辑思维能力的提升。

(二)语文写作教学重视逻辑思维能力提升的必要性

1. 提升学生写作中逻辑思维能力的需要

当今教育需要培养学生的逻辑思维能力。关注考试的教育对教学方式影响较大,语文写作教学中,教师对于写作知识点的归纳较为关注,对于写作策略及具体方法的总结较为细致,少有教师关注到学生写作中思维水平特别是逻辑思维能力的提升。

教材中教学内容的变动也影响了学生对于逻辑知识的掌握。以往的教材有逻辑知识短文,包括简单的推理、三段论等;现行教材关于逻辑知识的表述较少,少有成文的总结性或提示性的逻辑知识表述。学生对基本的逻辑知识知之甚少,较为严重地影响了逻辑知识的掌握,一定程度上影响了学生的逻辑思维水平,这在写作中表现得更加明显:学生在表达上思维不严密,围绕论点进行阐述的逻辑思维能力不够,能够叙述

事实但不会讲道理,论证能力明显不足。对写作中逻辑思维的不重视,使得许多学生语言表达呆板、碎片化,缺少逻辑性,作文中没有深层的逻辑思维,多为围绕观点的材料堆砌,语言表达缺乏准确性,更少有表达上的艺术性。

2. 培养学生创新思维能力的需要

写作中的逻辑思维由概念进行阐发,然后进行综合、判断、分析、推理,阐述事物的特有属性。该思维理性特征明显,因而得出的结论更加具有客观性、可信性,说理性强。写作中的演绎、归纳、类比等推理形式与语言建构、思维发展、审美鉴赏的结合,使得逻辑思维本身就具有创新功能。历代科学家的实践,各国文学家、哲学家的思考,证明了逻辑推理非但不是影响和钳制创造性思维的因素,反而是创新与创造的条件。

语言是思维的载体,基于语言建构的写作是具有实践性和综合性特征的学习,是培养学生创新能力的重要学习形式,通过学生的写作激发学生的思维进而生成其逻辑思维能力,是培养、提高学生创新素质与创新能力的重要途径。

作为工具性学科,语文学科将逻辑思维和非逻辑思维有机统一,用以指导学生的写作学习,是将形象思维与逻辑思维有机结合、生成创新思维的较好途径。

三、基于逻辑思维与文化思想的思维能力培养策略——"寻根法"

(一) 写作是逻辑思维与文化呈现的结合

写作,是语言建构、思维发展、审美鉴赏与文化创造的综合过程,语言、思维、审美都与文化呈现直接相联。写作在学生语文素养的发展上,是重要的也是复杂的,包容了观察、想象、构思和表达等多方面,整个写作过程都离不开逻辑思维,离不开文化创造。学生的写作练习,从某种程度上说是逻辑思维和文化创造在语言应用上的组织和排列。

写作思维中较为重要的是逻辑思维,逻辑思维能培养学生严密的思维意识,训练、生成学生的抽象思维能力,使思想更加严密准确地反映客观实际,进而提高思维水平。与逻辑思维在写作中相伴的是文化与思想,仅仅有逻辑思维是不够的,写作还是文化与思想的呈现。

通常情况下,写作都是在阅读的基础上进行的。在表达的过程中,人们把阅读到的信息加以整理,通过个人思维对信息进行分析、筛选、整合、排列,然后用语言文字表达出来。逻辑思维衔接了阅读与写作,把人的思想以一种严密的方式表达出来,形成某种理念和更加深化的思想,由此,我们可以看出逻辑思维和文化思想在写作中的作用是重要的。

有人认为逻辑思维在形式上的固定,限制了学生的创造力;也有人主张让学生尽情发挥想象力,以使学生的创造力得到培养。鉴于此,一般认为学生的想象力、逻辑思维能力、批判思维能力都需要发展,方能形成学生的创造力。将逻辑思维与文化思想结合,以因果关系的方式进行写作推理,对于学生逻辑思维能力的提升和文化思想的深化,有积极的意义。现以"寻根法"这一逻辑思维法在材料作文审题中的运用作具体分析。

(二)"寻根法"——因果关系形式的逻辑思维方法

"寻根法"本质上是以因果关系的方式进行的逻辑思维方法,用于材料作文的审题,对于提升学生的逻辑思维能力和文化思想表现力具有促进作用。该方法通过逻辑性的思考和推理,提高学生的思维水平,帮助学生明确材料的中心,审读出作文材料应该进行什么观点、什么内容的写作。

例一:作文材料(一)

世界球王贝利在 20 多年的足球生涯里,参加过 1364 场比赛,共踢进 1282 个球。并创造了一个队员在一场比赛中射进 8 个球的纪录。他超凡的技艺不仅令万千观众心醉,而且常使球场上的对手拍手称绝。他不仅球艺高超,而且谈吐不凡。当他个人进球纪录满 1000 个时,有人问他:"您哪个球踢得最好?"贝利笑了,意味深长地说:"下一个。"当他成为公认的世界球王时,人们问他:"您哪个球踢得最好?"贝利依然笑着回答:"下一个。"他的回答含蓄幽默,耐人寻味,像他的球艺一样精彩。

请根据你对以上文字的理解与感悟,自定立意,自选文体,自拟标题,写一篇不少于 800 字的作文。

逻辑分析与指导:

很多教师都在材料作文审题的过程中,强调找关键词和关键句,这当然是稳妥的方法。但是通过逻辑思维,进行逻辑推理,即本文所说的"寻根法",也是分析出恰切主题的好方法,而且准确、高效,有利于学生思维水平的培养,且有利于在审题之初将逻辑思维与文化思想有机结合。

该作文材料可以通过下面的逻辑推理得出正确的审题结论,那就是"寻根"。即从材料的叙述结果开始,由结果向前推导原因,一直推导到最后,然后对推导出的原因进行整理,就可以分析、推理、归纳出该材料作文应该写的重点。

分析推理过程如下:

本作文材料的最后叙述内容是"下一个"——球王贝利这么说,是因为对以往踢出的球不满意,或者说不满足——而当球王个人进球纪录满1000个时,他依然意味深长地说"下一个"球将踢得最好——当他成为公认的世界球王时,人们问他"您哪个球踢得最好",贝利依然笑着回答"下一个"——由此可得出"人生的追求无止境,应该永远追求"这一观点。

在推理的同时,结合写作的要求,文化思想内涵也得以呈现,在作文材料的审读中,由"踢球"到"人生追求",将逻辑思维与文化思想有机融为一体。

"寻根法"具有严密性、连续性的特点,其本质上是一种逻辑推理,形式上是因果关系推理,学生可以通过"究因"的形式,通过"寻根"探究材料所表达的内涵,把握材料陈述的中心,从而准确归纳出材料的论点,确定文章的写作要点。

如果说,上面的材料在审题上有一定的个性特征,我们再看下面一则材料。

例二:作文材料(二)

一位在丹麦留学的中国留学生每天到湖边散步,发现湖的四周有很多人垂钓,但奇怪的是他们每个人腰间都挂着一把尺子,他们每钓上来一条鱼便在那尺子上比画,若不够长度便又抛回湖中,条条如此,不厌其烦。那个留学生觉得奇怪,就问其中一个渔人:"是不是政府规定不许你们钓小鱼?"那个渔人笑了笑说:"这和政府没有任何关系,我们把小鱼放回湖中,等它们长到够大了再钓上来,不是更好吗?"

请你根据对以上文字的理解与感悟,自定立意,自选文体,自拟标题,写一篇不少于800字的作文。

逻辑分析与指导:

在这则材料中,如果抓关键词,以学生在考场上的反应,可能会有一定困难,还很有可能抓不到论述的重点。若从内容上分析,多数学生可能会得出"注重可持续发展"这一论题。

运用逻辑推理的方法,则可以使分析更加有条理,而且有利于学生思维逻辑性的培养,并在写作中体现出作文的文化内涵。

分析推理过程如下：

本作文材料的最后叙述内容是"将小鱼放回湖中",根据"寻根法",推导丹麦人将小鱼放回湖中的原因,应该是"鱼太小",接下来推导丹麦这种做法的后续行为(或者目的),那么就可以得出如下论题：

将小鱼放回湖中——鱼太小——要学会等待

将小鱼放回湖中——鱼太小——要学会放弃

将小鱼放回湖中——鱼太小——要注重可持续发展

这其中,"要学会等待""要学会放弃""要注重可持续发展"三个论题,都具有较为丰富的文化思想内涵,让学生在写作过程中有机实现逻辑思维与文化思想的结合。

由此例可见,逻辑推理能够更加准确、更加便捷地完成对作文材料的审读,使学生阅读效率更高,确定的写作主题更准确。通过逻辑思维训练,学生的思维能力能够得到锻炼,思维乃至思想都更加理性。

四、学习效果与意义

运用逻辑推理的方法指导学生阅读作文材料,提升了学生思维的缜密性,丰富了学生的文化思想内涵。通过系列逻辑思维训练,学生的阅读和写作能力都有了一定的提高,无论是阅读的精确性,还是作文审题的准确性,或是文化思想内涵的丰富性,都有了长足的进步。最为关键的是,这样的逻辑思维训练让学生形成了良好的思维品质,在分析问题和解决问题方面更加有条理、有方法。不仅如此,训练还让部分学生在思维上有了思辨性,思维的方式和思想更加成熟。

第四节　基于文化的写作思维培养策略

写作,是语言建构、思维发展、审美鉴赏的综合过程,在这一过程中,处处有着文化与思想的呈现。作为语文学习中的综合性、实践性环节,写作将阅读、理解、表达、想象、构思有机融合,以严谨的思维形式呈现出关于文化和思想的思考,充实着学生的思想,启迪着学生的智慧。作为阅读应用层面的体现,思维在阅读和写作之间起着联结作用。在写作中,思维有着十分重要的作用,思维让作者生成清晰的写作脉络,构建与写作内容相契合的写作架构,生成体现文化与思想的写作内涵,在严密的语言表达中,传达作者的主张和想法。思维还是想象与联想的载体，是思想和文化的生成源泉。因而，写作中重视思维的启发和思维能力的培养，是十分重要的。

一、思维在写作中的意义和作用

《普通高中语文课程标准（2017 年版 2020 年修订）》第二部分"学科核心素养与课程目标"中，关于"思维发展与提升"的部分明确："思维发展与提升是指学生在语文学习过程中，通过语言运用，获得直觉思维、形象思维、逻辑思维、辩证思维和创造思维的发展，促进深刻性、敏捷性、灵活性、批判性和独创性等思维品质的提升。"语文学科核心素养明确了"思维发展与提升"的目标，对语文教学的阅读、写作等各个方面，提出了教与学的要求。

根据《普通高中语文课程标准（2017 年版 2020 年修订）》关于"思维发展与提升"的阐释，提升学生的形象思维能力，发展学生清晰、有条理的逻辑思维能力，在多维语文学习活动中提升学生的思维品质，是高中阶段培养提升学生语文学科核心素养的重要任务。

思维是写作的纽带，思维通过语言建构将作者的审美趋向和文化观表现出来，形成新的思考。思维能力是写作的核心，学生的写作兴趣、写作能力都与思维品质密切关联，思维品质包括了深刻性、敏捷性、批判性、灵活性和独创性五个方面，因而思维也反映了人与人之间的思维差异。

思维不仅是重要的，也是复杂的。它包括观察、想象、构思和表达等多个方面。无论何种形式的写作，都离不开思维。整个写作过程，实际上是学生的思维在语言应用上的组织和排列。而学生写作的练习，也是有规律可循的。

写作思维的形成，首先是阅读后的形象思维和抽象思维的延续。应该说，在通常情况下，写作都是在阅读的基础上进行的。在表达的过程中，人们把阅读到的信息加以整理，通过自己的思维将信息整合排列，然后用语言或文字表达出来，简单的口头表达是口语交流，复杂一点的书面表达形成文章。可见，思维在写作过程中衔接了阅读与写作，把人的思想以一种严密的方式表达出来，形成某种理念和思想，由此我们可以看出思维在写作中的重要作用。

历史上的写作教学饱受争议，原因是古代固定格式的写作教学，僵化了学生的思维，限制了学生的创造力。正因如此，语文教学中的思维训练尤其为人所重视，被认为是写作教学的核心。

二、写作教学中思维培养的现状

(一)有文采但缺少思维和思想

部分学生在写作中追求文采,关注语言的华丽,在文中较多地使用对偶句、排比句,甚至强行使用并不贴切的典故,使得文章的语言表达有气势,读起来顺畅上口。但这样的文章大都缺少鲜明的思想,思维的逻辑性不够缜密,给人堆砌材料的感觉,而且部分此类型的文章确实是在堆砌材料。文章所使用的材料内容之间逻辑关联性不强,能够围绕同一个中心说理的严密性不够。学生运用基本语言规律和逻辑规则的能力提高空间较大,富有逻辑性地表达自己的认识和主张的能力需要加强,逻辑性思维需要提升,批判性思维和创造性思维需要生成。

(二)教师对写作思维的作用认识不充分

教师教学受到考试的影响较大。作文教学中强调形式结构和素材运用较多,强调论点、论据和论证的关联较充分,对于思维品质的培养相对欠缺,对于考试的过分关注影响了学生思维能力的培养。

写作教学中培养学生的思维能力见效慢、用时长,且学生思维能力的培养是在潜移默化中进行的,教学任务的完成、教学策略中应对考试的因素都有可能导致教师在教学中不知不觉忽略了培养学生的思维能力,久之,学生思维品质的提高受到了影响。

(三)教学方式对学生思维发展的影响不够积极

伴随着教育教学的改革,课堂教学的方式已经发生了巨大的变化,以教师为主导、学生为主体的课堂教学方式基本得到落实。但传统教学方式的惯性还在,完成教学任务以及进行考试训练的思想也还存在,这对于学生思维能力的培养都有一定不利影响。学生形象思维能力、逻辑思维能力、批判性思维能力和创造性思维能力的发展水平还未能达到一定高度。家长、社会对于思维能力的培养也不够关注,有时甚至觉得思维能力培养所需的时间对学生升学有一定冲击。

三、基于文化的写作思维培养策略

(一)写作中基于文化的形象思维能力培养

1. 基于文学语言的形象思维能力培养

形象思维能力一般是通过想象力来培养的,学生的兴趣在形象思维能力提升中十分重要。以想象力为基础的形象思维能力,是学生创新能力生成的基础,有想象,才可能有创造。各类飞行器的研制最初源于人对鸟类飞翔的观察,凭借丰富的想象和对天空的向往,人类科技有了突破性进步。舰船的制造也是如此,观察了鱼类的畅游,才在丰富的想象之后有了奇想和创造。而这些发现和创造,都源于有兴趣的想象,源于形象思维能力。

形象思维能力在写作中的作用也是举足轻重的。阅读马致远的《天净沙·秋思》:"枯藤老树昏鸦,小桥流水人家。古道西风瘦马。夕阳西下,断肠人在天涯。"我们眼中阅读到的是文字,思维中出现的是画面,这就是所说的画面感。这些画面大都是以往生活与经历的反映,这首元曲的画面有多个意象:枯藤、老树、昏鸦;小桥、流水、人家;古道、西风、瘦马;夕阳、断肠人、天涯。多个意象构成四幅优美的画面,诗中有画,令人想象无穷。对于上述意象,不同的读者建构的画面会有所不同,这种建构与学生的生活经历、想象力有关。也许有些意象学生没有见到过,例如"古道""瘦马"等,但是也可以根据文意模拟想象出来,根据全曲的基本内容和中心构建出来,而这一过程,则是形象思维能力提升的过程。

教学中学生形象思维能力的培养,可以是学生思想的驰骋,是自由的想象,但也需要引导性培养。马致远的《天净沙·秋思》有多个意象,但先对作品的主题进行归结,了解作者表达的中心和情感后再想象,会使想象源于触点,增强其目标性和准确性。

形象思维能力在记叙类、散文类文章的写作中,有特别重要的作用,在其他类型文章的写作中,作用也很明显,作为创造性思维能力的基础,其培养应该受到重视。

朱自清的《荷塘月色》,有如下月色下荷塘的描写:"曲曲折折的荷塘上面,弥望的是田田的叶子。叶子出水很高,像亭亭的舞女的裙。层层的叶子中间,零星地点缀着些白花,有袅娜地开着的,有羞涩地打着朵儿的;正如一粒粒的明珠,又如碧天里的星星,又如刚出浴的美人。微风过处,送来缕缕清香,仿佛远处高楼上渺茫的歌声似的。这时候叶子与花也有一丝的颤动,像闪电般,霎时传过荷塘的那边去了。叶子本是肩并肩密密地挨着,这便宛然有了一道凝碧的波痕。叶子底下是脉脉的流水,遮住了,不能见一些颜色;而叶子却更见风致了。"

由文字到画面的想象,对于学生形象思维能力的生成有积极的意义。对于月色下的荷塘,描写了荷叶、荷花、荷香、荷波;景色是分层次的,写景的顺序,由远及近,由上到下,由静到动,景色富有层次感、立体感。作者没有直接说到月光,但处处都在写这淡淡的月光;叶子和花的情态,以及微风吹拂下的凝碧波痕,都是轻淡月色映射下的图景。组织学生把文字转换成想象中的画面,将是一幅水墨丹青,印刻在读者的思维中。

文字到画面的过程,是形象思维能力形成的过程,教师结合背景组织学生思考为什么月色下的荷塘是淡淡的,则更能将学生的思维能力培养引向深层。教学中还应提倡并鼓励学生调动思维中的记忆存储,根据个人的经历和对生活的理解,不断完善再现的思维形象,用富有感染力且精准的语言,进行口语或文字等方式的呈现,就能实现训练目标。

2. 基于影视语言的形象思维能力培养

基于影视语言,通过欣赏影视作品培养学生的形象思维能力,是较为有效的教学手段。学生形象思维能力的产生,源于影视作品内容的呈现。影视作品的音乐、场景、对话、环境渲染等所构成的立体化艺术形式,对于学生想象力的生成,有很积极的意义。这里我们把影视作品中的各类艺术手段、表现形式和情节内容都视为影视语言。教学中引领学生鉴赏影视作品的艺术和内容,学生通过影视作品中的场景,进行描写类的想象联想;通过赏析影视作品的情节结构,进行内容联想;在联想想象中生成学生的形象思维能力。执教《回忆鲁迅先生》一课时,课文中的相关内容与电影《黄金时代》中的诸多情节十分接近,教学中把课文内作者与鲁迅先生的对话场景,与电影《黄金时代》中萧红与鲁迅先生一家见面交谈的场景相比较,赏析影片中人物对话的场景,根据表情、动作分析影片中所可能呈现的言语对话内容,在关闭影片声音的状态下,由学生根据人物的表情想象对话的内容,之后打开声音进行播放,进行想象分析,这种想象、对比、分析、鉴赏的手法,对于学生想象力的生成有十分明显的正面作用。

(二) 写作中基于文化的逻辑思维能力培养

以合理的因果关系培养学生逻辑思维的严密性,是写作教学中培养学生逻辑思维能力的有效途径。写作中的逻辑严密首先体现在审题上,因果关系的合理性能够使作文审题逻辑清晰,围绕一个中心进行写作。根据命题作文的题目或材料作文的材料,分析题目或材料所蕴含的各类关系,从各类关系中找出其逻辑所在,通常就能正确理解作文题,以清晰、严谨、合理的形式进行写作。例如下面的作文材料:

> 一位专门从事蝴蝶研究的生物学家在研究蝴蝶从蛹茧中挣脱出来的过程时,发现其艰难程度令人怜悯。他的妻子实在不忍看到蝴蝶出蛹的艰辛,于是就用手术刀在蛹茧上轻轻划了几道痕迹。当她看到蝴蝶轻松从蛹茧中出来时,欣慰地笑了。可是不久他们就发现,经"帮助"的蝴蝶身体特别肥大,翅膀特别小,根本飞不起来。

请根据材料，自选角度，自拟题目，联系实际，写一篇不少于800字的文章。

作文材料分析：

根据因果关系，推理如下：蝴蝶飞不起来——因为翅膀小身体肥大——因为人的帮助——因为没有经过出茧的磨难——所以需要磨难——磨难，铸就成功的人生。

在审读作文材料的过程中，先找出材料叙述的最终结果，由结果推导原因，一步一步推理到最后的原因，然后对所推导出的原因进行整理，就会根据材料的因果关系得出要论述的中心。这里的"对所推导出的原因进行整理"，一般是指对于由某些材料推导出的原因，需要呈现出其引申义或者比喻义，比如本题则必然不能谈蝴蝶，而应论述与人、与社会相关的内容。

合乎逻辑的因果关系，是思维逻辑性的呈现，通过因果关系培养学生的写作思维，对于学生逻辑思维能力的提升很有帮助。写作中清晰体现思维的逻辑性，需要做到的是写作中心的内涵概念要清晰，前后一致。写作中不能偷换概念，须围绕一个中心论述，且在表达上要明确清晰，这是写作逻辑清晰的基本保证。我们可以理解为在整个写作过程中，从概念、语言到成文都须具有清晰的因果关系，没有前后逻辑矛盾之处。在高考作文《杂》的写作中，对于"杂"的界定，通常前后应该统一，对于"杂"的理解，至少在情感色彩上不能有矛盾的地方，否则在行文中会有逻辑混乱的可能。基于因果关系建立的逻辑思维，通常较为严谨，从审题、立意到写作，从文章内容、主题到写作手法，都需要严谨合理。写作是阅读的呈现，是思想的体现，是富有逻辑的思考和排列，若有悖于生活逻辑，那么情感和思想都会陷入混乱。因此，在写作教学中培养学生的逻辑思维能力，在逻辑情境中组织材料并进行写作，做到合乎生活逻辑、合乎常理，是必要的，也是必须的。

（三）写作中基于文化的发散思维能力培养

1. 拓宽写作思维角度，培养学生的发散思维能力

发散思维是指在写作中围绕某一写作对象，摒弃思维定式的限制，通过想象、推理等活动引发出新思想的思维方法。利用发散性思维，学生可以更加灵活地拓宽写作思路，使思维在某一个点上辐射出去，延伸到不同的方向和角度，使思维具有丰富性，并为创造性思维的形成奠定基础。

学生的写作能力和文化素养是在平时的阅读、写作和社会生活中积累的，写作是检验学生学习能力、显现其价值观、呈现其文化内涵的过程。高中是学生世界观、人生

观、价值观形成和思维发展的关键阶段,学生的思维因为文化知识积累和观察力提升,由简单向发散转化。在高中语文教学中,培养学生的发散性思维,丰实其文化积淀,提升其写作水平,是十分重要的教育教学任务。

学生写作需要发散性思维,发散性思维能够拓宽学生的写作思路,使学生思考问题更多元、更全面、更缜密,进而克服写作中的单一性和封闭性。例如下面的作文材料:

古希腊神话中有这样一则故事:安泰是众所公认的英雄,所向无敌,地神盖娅是他的母亲。安泰在格斗时,只要身不离地,便可源源不断地从大地母亲身上汲取力量,因而能够击败任何强大的对手。不幸的是,安泰克敌制胜的奥妙,被一个叫赫拉克勒斯的对手发现了,于是安泰被弄到空中扼死了。

根据材料,联系实际,自选角度,写一篇不少于800字的议论文。

作文材料分析:

根据因果关系,推理如下:材料中写了三个人物,先要弄清他们的关系,安泰和盖娅是母子关系,安泰和赫拉克勒斯是敌人,一向无敌的英雄安泰被赫拉克勒斯弄到空中扼死。究其原因,是安泰离开了力量之源——大地母亲。

立意:从安泰的角度探究他失败的原因,一向无敌是因为不断从大地母亲身上吸取力量,而被扼死是因为离开了大地被弄到空中,没有了力量之源。可见一个人要成功,要依靠自己的力量,发展自己,自立自强,不依赖他人,才能有所作为。

从母亲的角度看,她给予安泰力量,却不给予安泰自立的能力,对安泰的悲剧她负有责任。所以适当的给予是必要的,但更重要的是培养孩子的自立能力。

从赫拉克勒斯的角度来看,他能打败安泰,关键在于他掌握了对手的致命弱点,所以只有知己知彼,方能百战不殆。

该作文材料具有较丰富的文化性,对人的启发很大。从不同的人物出发,通过发散思维,可以有多种思考角度,写作角度也很灵活,这样就不必将学生的写作思维拘泥在某一点上,从而促进学生写作思路的多维化。材料的立意,无论是主张"人应该自立",还是"应培养孩子的自立精神",或是"知己知彼,方能百战不殆",都具有很强的文化性,思想内涵丰富,在培养学生发散思维的同时,彰显了写作的文化性。

学生发散思维水平的提升,需要有丰富的知识作铺垫,只有知识丰富,才能找到较多的思维发散点。写作中生成学生的发散性思维,还应掌握有效的写作方法。发散思维会让学生的作文在审题、立意、行文、结构等方面有更多较新的实践,不断提升学生的文化、思维和写作水平。

2. 以写作点的发散,培养学生思维的多向性

发散性思维使文章的写作呈现出多向性,从本质上看,思维的多向是发散思维的结果。思维的结果不唯一,令人产生遐思,是发散性思维的主要特点。发散性思维本质上是全方位、多角度的思维,这种思维在写作中可以让学生呈现出写作内容的文化性,将思想性、文化性与写作思维的多向有机结合起来,为创新性思维的生成打下基础。

学生多向思维的写作,会使其在写作过程中对思维的结果进行判断筛选,在判断、推理、质疑中持续发展发散性思维,培养质疑意识。在此期间,学生会拓展出更加丰实的写作内容,从历史到现实,从中国到外国,从个人到社会;拓展写作内容是学生深入思考的过程,由表及里、由浅及深的思考,使写作者能够更加深入地认识事物的本质,写出立意更加深邃的文章。这样,学生的思维就摆脱了束缚,思维水平和文化水平均得到了提高。

例如,在完成莫泊桑《项链》的教学后,围绕课文组织学生进行读后感的写作以及作品结尾的讨论。《项链》戛然而止,其留白给读者留下了诸多想象的空间,其中涉及作品结局的续写。组织学生续写结尾,对结果不作具体要求,合乎逻辑和情理即可。学生充分延展自己的思维,写出了很多合乎逻辑的结尾:有的设想佛来思节夫人把真假项链的差额返回给了路瓦栽夫人,路瓦栽夫人拒绝了,继续靠自己的勤劳辛苦,还了债,并走向了富裕幸福的生活;有的设想路瓦栽夫人接受了原本属于自己的钱,并很好地利用这些资金,实现了幸福的生活;有的设想路瓦栽夫人把这笔钱捐献给了福利院,之后自己以勤劳智慧奔向幸福快乐的生活。学生的续写各不相同,很多同学是在自己设想的多个结局中选择了一个,这种续写使得学生对各种可能性结局进行思考,从而选择自己认为最为合理的一种,在思考中实现了思维多向性的练习,促进了自身思维的发展。

《项链》的读后感涉及对主人公路瓦栽夫人的评价,则又是一次多维思维的培养练习。传统的评价大都倾向于路瓦栽夫人爱慕虚荣,小资产阶级思想中爱慕虚荣、贪图安逸的特点较为突出。多维思维下的作品评价则更全面、更多向,比如有同学赞扬了路瓦栽夫人的品质,认为她勤劳、诚信、守约,并且根据文章中的内容进行了证明;当然

也有部分同学持传统的评价态度。对路瓦栽夫人的两种不同评价,培养了学生的多向性思维,提升了学生的思维品质。

（四）写作中基于文化的创造性思维能力培养

1. 结合文化性打破思维定势,生成创造性思维

写作是思想、文化的呈现,思维逻辑与语言是写作的形式。中华传统文化中有丰富的历史人文典故和关于思想、文化的故事,这些故事融合儒、道、释等诸多思想流派的人文理念,充实了传统文化思想,使得写作有丰富的人文资料。但这些人文思想都有固定的思想指向,主题和主旨鲜明,具有权威性和传统性,难以更改。这些就是思维的定势。利用这些经典内容进行思维多维的训练,有利于学生思维的发展。

例如"班门弄斧"是指在鲁班门前舞弄斧子,比喻在行家面前卖弄本领,不自量力。该成语典故出自唐代柳宗元的文章《王氏伯仲唱和诗序》。鲁班是战国时代的鲁国人,是善于制作精巧器具的高手,民间把他奉为木匠的始祖。在鲁班门前卖弄使用斧子,在行家面前显示自己的本领,这种行为太不谦虚,即为"班门弄斧"。类似的经典成语还有"关公门前耍大刀"。但思维不应该一直成为定势,借助于文化思想内涵的拓展,也应该有更新的解读。

当然,有些文学文化典故的内容,其含义已经固化,是文化的传承,不能看作思维定势,对于承载了传统文化内涵的文化现象,我们要尊重,但作为一种思维形式,可以组织学生探究突破的路径。例如"班门弄斧",可以进行另外的思考,比如让内行发现自己的不足和缺点,以指导我们不断进步。所以这"斧"就一定要到"班门"去"弄",才能够在"班"们的指导下,不断有提高。改变思维定势,换一个角度进行思考,学生充实思维和思想的方法就能够更多元、更有效。

2. 关注逆向思维,为创造性思维打基础

在写作教学中培养学生的逆向思维,有利于学生进行逆向思考,对事物进行辩证分析,辩证地看待事物的两面性,进而生成思想的辩证性。写作中的逆向思考不仅仅是"特立独行",还是一种思维的方式和思考方法的呈现,是挖掘事物多面性的有效思维方法。教师应关注对学生逆向思维的培养,比如在作文题《近墨者黑》《近墨者未必黑》中选择其一作文,两个题目则会构成逆向思维。

逆向思维会激发学生的兴趣,唤起学生的探索热情。学生在逆向思考的过程中,所得出的结论与预设结论相反,其求知欲和探索欲就会被唤起,就会有很强的求知欲。

培养学生的逆向思维,也是形成学生创造性思维的基础。培养学生的逆向思维,对于学生综合思维能力的提升是有益的,逆向思维与常规思维相逆的思路,能够打破已有的思维形式,对人们固有的观念进行突破,赋予传统观念新的思考,为创新思维的产生创造条件。部分史实也证明,诸多发明创造与逆向思维关联密切,促进了人类科技的发展与进步。

例如下面的作文材料:

> 一头毛驴落入深坑,主人尽全力也未能将它救出,只能眼看着它死去。为了减轻毛驴的痛苦,主人就用土填入深坑,促其早死。但是每当土落入时,毛驴就向上走一层,渐渐走出了困境。

材料呈现了逆向思维,"置之死地而后生",反向的做法拯救了毛驴。写作围绕逆向思维进行论述,是较好的立意。

体现逆向思维的典型故事还有很多,比如乌鸦喝水的故事:

> 乌鸦口渴要喝水,但因瓶里水不多而够不到,乌鸦通过往瓶里填石子的方法,使水位慢慢升高,最后喝到了水。

教学中提示学生,多维多向的思维、逆向的思维对于打破思维僵局、克服困难具有重要的意义。在工作、生活和学习中,改变思维习惯,换一种思维方式,就会生成思维的灵感,收到意想不到的效果。

以上两则材料,都是具有典型意义的材料,源于传统文化故事,以此为作文题或者作为作文素材,也能培养学生基于文化的创造性思维,为培养学生的创新能力打下良好的基础。

青年学生往往对教师的想法具有高度的信赖性,这是一种思维定势,多数学生很难打破传统的理念。当然,这有合理的一面,尊其师方能信其道,但如果在这种思维下丧失了自己的思想,也是不可取的,因为这不利于学生逆向思维和创新思想的形成。包括学生在内的人们,其思维特性中有从众心理,一味地从众会导致个性思维受到遏制,延续固有的思维模式,影响创新思维的发展。因此,教学中基于文化的角度鼓励学生逆向思考,审视固有的思维模式,努力实现思维与思想的创新,对于学生的发展与进步十分有益。

3. 鼓励学生质疑问难,培养其创造性思维

质疑是深入思考的表现之一,有疑问且深入思考,是生成创新思想的基础。在质疑中,综合已经拥有的知识,对现有的思维思想进行审视和思考,就有可能生成新的意识和思想。写作教学中的质疑,还能使写作内容和形式都更加新颖,并在符合逻辑的前提下,完成有说服力的写作。

例如,对于"邯郸学步""螳臂当车"两个成语的传统文化意义,我们都是认同的,但如果对成语的内涵进行质疑,则可能产生新的思想和意识。从相反的角度去考虑,"邯郸学步"可以理解为有学习借鉴精神,有虚心求教的意识;"螳臂当车",不从传统的意义上去理解,可以考虑螳螂不服输的精神、敢于作为的意识。质疑,让学生写作的思路更加开阔,有机会产生更加新颖的思考,这些写作思维,对于学生以后的学习、工作和生活,或许会有诸多启迪。

第三章　语文文化与教学实践

第一节　朗读与学生自信心关系的研究

一、问题的提出

在竞争激烈的社会形势下,每一个人都面对着巨大的压力,因此也就需要有一定的技能,去解决问题并消除压力。而人接收信息的条件和能力是不同的,处理外部事物和内部矛盾的成功率也就不同,进而造成了人们对自身能力的评估不够准确,部分人因为解决问题不成功概率较高,久之则失去了自信心。在学生学习过程中,自信心对于学习能力的提高至关重要,无自信则无进步。因此,提升学生的自信心,是提高教育教学水平、促进学生进步的重要环节。

二、问题的分析

(一) 学生缺乏自信的负面影响及表现

信心是成功的保证,学生自信心的不足,导致学生缺少开拓精神,缺少创造力。不自信实际上是因为学生对自己缺少正确的认知,当人对自己的能力或者作为不认同的时候,就会失去完成某项事业的坚定信念,其负面影响和表现大致为:

1. 精神萎靡

不自信会导致学生在学习中畏首畏尾,做事情不大胆,行事犹豫,因而失去了更多的机会。这种状况循环往复会使学生过于谨慎、不振奋,主观能动性难以激发,最终导致学习落后。

2. 情绪负面

不自信还会影响学生的情绪,常常表现出不积极、不主动、不阳光的情绪,影响与同学的交往,孤独或者是思想上孤独,对于诸多事情都表现出漠视、无兴趣,乃至作为少年的好奇心都显得不充分,这类情绪导致学生难以充分发挥个人潜能。

3. 行动消极

在行动上,由于对自己缺乏信心,不自信的学生大都在集体活动中表现不积极,或者在活动中充当配角;缺少了表现自己的机会,失去了很多实践的机会。没有了这些机会,学生也就很少有成就感,导致行动的进一步消极。

4. 效率低下

因为不自信,在各类行动中,学生经常对自己的行为目标是否能实现有所怀疑,甚至怀疑自己的行为。学生在学习中经常反复确认,失去目标感,没有成就感,创造意识难以激活,造成效率低下。

(二) 学生缺乏自信的原因分析

不同学生自信心缺失的原因各不相同,与学校教育相关的主要是学业成绩因素。当然,其他因素对于学生的自信也有很大影响,主要包括:

1. 家庭因素

学生自信心的缺乏,最初源于家庭因素。家庭教育的失当,常常影响学生的自信心。比如家长过分的期望、不切实际的期待,往往使得学生难以实现目标。学生则把目标的不能实现看作失败,久之则失去自信。部分家长对心理学知识不够了解,对学生进行不合理的批评,频繁造成学生的沮丧情绪,也会导致学生自信心缺失。家庭因素中,甚至家庭经济状况等也会影响学生的自信心。

2. 教育因素

这里重点谈的是学校教育。这种情况比较普遍,往往是学生因学业成绩不佳,在同学中成绩落后而失去自信。在教育因素中,教师因素、成绩因素、学校分类因素等,都会对学生自信心有很大影响。例如,教师言语不慎,对学生评价的负面语言过多,学生成绩在一段时期内较差,学生读高中考入不理想的学校,都会较大幅度影响学生的自信心。

3. 自身条件因素

学生自身条件也会影响自信心,包括学生本人的身高、外貌等条件,对学生的自信心有一定影响。

4. 其他因素

与家庭因素和社会因素两者都相关的,还有独生子女等因素,部分学生因孤独、较少接触外界,缺少交流,对他人甚至对自己都不了解,也会造成自信心不足。

三、解决的策略

解决学生自信心不足的方法有很多,其中能够跟学习结合在一起的,是训练学生的朗读能力。这种方式能够集学习与自信心的形成于一体,培养学生的自信心能够"水到渠成",天然、不用雕琢,且学生通过这种方式树立起来的自信心较为稳固。

(一) 朗读、表达与自信心的关系

1. 表达对于人的自信心的影响

人与人之间的交流需要表达,语言表达是每天都要频繁进行的。作为两个人或更多的人进行的一种社交活动,用于交流的语言,若有障碍或不流畅是最为打击人的自信的。表达不好、交流不畅通,甚或表达不成熟,都会让学生产生沮丧情绪,失去自信。相反,克服了交流中的不成熟,能够较大幅度提高人的成就感,进而提高人的自信力。

2. 朗读与学生正确表达的关系

正确的,特别是精彩的表达,会提升学生的成就感与自信心。作为中学生,进步都是从小到大、慢慢积累的,很少有中学生取得惊人的成就。因此精彩的表达可能就是学生获得赞许、取得成就感的途径,比如一次精彩的演讲,就很可能使学生变得自信。

朗读是表达的一种,长期的语感练习,特别是通过朗读将情感等因素贯穿于表达中,将大幅度提高学生的表达水平。表达能力的提高,则又将大幅度增强学生的自信心。

3. 朗读与学生自信心的关系

朗读是富有情感的阅读方式,可提高学生的表达能力与自信心。朗读能够促进学生交感神经的兴奋,一段时间的朗读后,朗读者表达上的进步是十分明显的。长期的朗读,可以提高学生的语言理解与表达能力,古人所言"读书破万卷,下笔如有神",既是指写作,也是指阅读的作用。能写,自然也就能言。朗读可以让人沉浸在其中,改变其他,如家庭导致的不自信、学习成绩导致的不自信等因素,都会因朗读带来的美感和成就感而淡化。由于朗读让学生神经兴奋,刺激学生的交感神经,让学生的表现欲更加强烈,故而在表现欲的影响下,有一定声效的朗读使得学生产生满足感。特别是在朗读较为成功,获得了老师和同学赞许的时候,成就感也就油然而生,自信心也就随之

形成。

(二) 具体的策略

1. 引导学生敢于读

朗读能够树立学生的自信心,但很多不够自信的学生,大都不愿意朗读,或者不敢朗读。因此,解决问题的第一步,是让学生敢于读。敢读,本身就是自信的表现。在课堂教学调查中,多数学生反映朗读中的不敢读,主要是由于顾忌太多,在意别人异样的看法。平时课堂上,稍微投入的朗读,常有同学捂嘴嗤笑,导致一些本来就不自信的学生更难以大声朗读。

针对此,首先教师要帮助学生明白,朗读是一门艺术,好的朗读是一种美,朗读有利于学生掌握文本,对于阅读和理解有很积极的帮助,在班级中树立声情并茂的朗读是一种积极学习的观念。做到这些,对于部分学生克服朗读障碍能起到积极的作用。

2. 在鼓励中让学生对朗读产生兴趣

学生的向师性很高,教师的鼓励,对于学生的积极性有极大的提升作用,教师的赞许能促使学生面对困难时坚持下去。朗读是外现的,其成绩能够立刻被呈现出来,能够在较短时间内感受到自己的成就。教师在学生朗读后及时进行鼓励性总结,对于学生继续读、树立起自信心有很大作用。

3. 教师用朗读的美感吸引学生

榜样的力量是无穷的,教师的示范往往对学生有引领和启发作用。特别是富有美感的朗读。朗读情感与内容完美结合,产生具有震撼作用的美感,在这样的震撼中,学生不自觉地受到影响,从而进行朗读模仿,教师的训练目的也就达到了。朗读的美感,让学生消除朗读的紧张,树立自信。

4. 配音乐,创设情境激发学生朗读的兴趣

人的本性就是求真、趋善、向美,美能够引起人们的兴趣和向往。音乐美和文学语言美是相辅相成的,在朗读中,配上与内容吻合的音乐,能够吸引学生的注意力,激发学生的审美情趣,最终引起学生的朗读兴趣。比如在《再别康桥》的朗读中播放和缓的钢琴曲,在《雪落在中国的土地上》的朗读中播放低沉的民族乐器演奏出的曲子,都能让听者感受到文学美与音乐美的结合,激发学生的朗读兴趣。学生的朗读兴趣会使学生对于读更积极,自信心也就随之形成。

5. 多种方式进行朗读训练

要吸引学生,多种方式的朗读较有效果。语文课堂上,在强调朗读的同时,可采取

教师范读的方式引导学生,以音频领读的方式形成朗读的美感,以学生齐读的方式形成朗读的气势,以男女生分读的形式让学生进入角色。教师在评价学生朗读的时候要宽容,但要求学生的声音必须响亮,用自己的声音激发自己的信心,让学生觉得自己行,进而让学生敢读,最终让学生有朗读的渴望。

6. 通过朗读引导学生加深对文本的理解,给学生带来自信

当学生读得越来越准确、流利,越来越精彩的时候,学生会更加关注朗读时的感情,进而通过朗读去理解文本的内容。因为有了读的自信心,也就一定有读好的愿望,也就一定会去斟词酌句,琢磨该如何去读好,对文本的理解也会随之深入。文本理解了,学生的能力提高了,语文的学习进步了,自信心也就有了。

7. 通过朗读比赛提高学生朗读的水平

举办朗读比赛,是提高学生朗读水平的好方法,因为朗读比赛能够实现师生间和学生间的互动。比赛本身也是一种互动,对学生是一种鼓舞、一种勉励。比赛可以由学生自己选择朗读内容,学生可以找到自己朗读的最近发展区,从而激发朗读欲望,实现自信心的树立。

8. 一篇文章反复读,做到读好一篇文章,树立学生的信心

如同写好一篇文章一样,读好一篇文章也是很好的方法。一篇文章反复读,读到娴熟,读到精纯,举一反三,在提高学生朗读水平的同时,能让学生有成就感。

朗读,作为语文教学中"听说读写"的环节之一,对于学生自信心的树立是重要的。教师通过语文教学中的朗读、观察、统计,记录学生自信心的变化,从学生说话表达的流畅性练起,通过教学实践,训练学生的朗读能力,从学生的大声朗读开始训练,通过经验总结,提高学生的朗读技能,形成学生的自信心。朗读能给学生带来成就感,成就感让学生自信,自信让学生对学习产生兴趣,兴趣给学生带来学习的动力。

第二节　阅读教学策略与阅读之文化性探究

《普通高中语文课程标准(2017 年版 2020 年修订)》"学科核心素养"中对于"思维发展与提升"作了如下阐述:"思维发展与提升是指学生在语文学习过程中,通过语言运用,获得直觉思维、形象思维、逻辑思维、辩证思维和创造性思维的发展,促进深刻性、敏捷性、灵活性、批判性和独创性等思维品质的提升。"根据《课程标准》提出的基本理念,在语文教学中,教师应注重培养学生的思维能力。培养思维能力,阅读教学是重

要的环节。

阅读教学与学生思维发展密切相关,学生思维水平的形成与提高,阅读是最为关键的提升方式。阅读中形成学习者的语言理解能力,进而提升表达能力和感悟能力,使学生的思维水平不断提升。在教学实践中,笔者以为以下几个方面的尝试,对于提升学生的阅读能力有一定作用。

一、明确阅读目标,培养学生的基本阅读能力

学生的阅读能力体现在识记性阅读、理解性阅读、评价性阅读、创造性阅读四个方面,且逐级递增。其中识记性阅读是通过阅读培养学生的认知、识记能力。在高中阶段,该能力已经形成。因此,高中学生的阅读培养目标,主要是形成理解、辨析和评价能力,在此基础上努力生成创造能力。

明确阅读目标的阅读训练,提升的是学生的理解能力。该阅读方式是指在阅读前,教师根据阅读的内容为学生设立阅读目标,提出阅读过程中的要求。阅读目标的设定一般包括了解阅读对象、知晓作品内容、掌握作品思路、明晰作品手法、理解作品目的、概括作品主旨等。明确阅读目标能够较好地培养学生的理解性阅读能力,这一阅读方式的初步目标,是形成学生筛选辨识信息的能力。

(一) 以目标的确定,培养学生阅读过程中筛选辨识信息的能力

高中阶段阅读的基本能力,是筛选辨识信息和理解文本内容。筛选辨识信息的阅读能力,主要是通过目标的设定,选择出文本中的重要信息,提升学生的直觉思维能力。高中生阅读,主张阅读中要勤记勤思,列出文章的关键字词和句子,关注对重要信息的筛选,整理出文本的内容架构,这样,筛选信息的能力就会在"记""思""做"中得到提升,面对文本信息的直觉思维能力也就会潜移默化地提高了。

阅读教学中执教周国平的《生命本来没有名字》,在阅读前确定基本目标,要求学生概述文章的中心主旨。阅读的方法是通过读标题了解要义,通过读内容概述重点,通过关键句突破理解。学生在阅读中,关注了"生命本来没有名字吧,我是,你是""'生命本来没有名字'——这话说得多么好! 我们降生到世上,有谁是带着名字来的? 又有谁是带着头衔、职位、身份、财产等等来的",读到这里,通过对关键句的关注理解,有一定阅读能力的学生均能够掌握文章的中心,直觉思维能力也就相应获得了提高。

(二) 以围绕目标的问题性阅读,培养学生对文本内涵的理解能力

阅读理解能力是认知发展的深入和提升,理解是阅读的关键环节,理解过程即思

维发展的过程,其中包括了形象思维和逻辑思维。如果只认读、不理解,就失去了阅读教学的意义。理解能力的发展要求学生能概括、分析、综合问题,概括出文章主旨与作者的意图。围绕目标的问题性阅读能够完成理解能力的提升。

围绕目标的问题性阅读首先是结合文章设定目标,阅读中的主要方法是提出问题和解决问题。因文本的特点不同,虽然也有一些个性化的阅读目标,但大多数阅读目标是基础性的和固定化的,通常包括如下问题:1.文章写了什么内容? 2.文章是用什么手法写的? 3.作者写这篇文章的原因是什么? 4.作者的写作思路是什么? 5.文章的写作目的是什么? 6.文章的主旨是什么? 这些待解决的问题,也是在文章阅读过程中通过解决问题实现的阅读目标,问题的解决能促进学生对文章的理解,使学生在不自觉中形成理解能力,对学生形象思维和逻辑思维能力的提高有很大的提升与促进作用。

高中阶段的部分文学作品,手法上较之以往更加艺术化,有时候文学类文本的主旨并不显明,表达得较为含蓄,在主旨含蓄的写作环境下,写作的手法、思路、目的等,都需要通过品读方能理解;因此,设立阅读目标,以提出问题的形式促进学生的思考,对于提高学生的阅读效率、形成学生的形象思维和逻辑思维能力,都是十分必要的。教材中郁达夫的散文《故都的秋》、朱自清的散文《荷塘月色》,如果不对其设定阅读目标,学生在阅读后,很可能会对文本的主旨及想要表达的情感感到模糊,造成作品理解的不全面和不深入。一旦设定了阅读目标,学生就会有意识地围绕作品的对象、内容、思路、手法、目的、主旨等进行思考,有意识地带着目标去阅读,就能够解决以上问题。在阅读《故都的秋》和《荷塘月色》时,有目的地探究文本的内容和主旨,就能够把握现代文阅读中的作者生平与主旨的关系,把握作品内容与主旨体现的关联,进而实现对文本全面准确的理解。

二、归纳整理,培养学生的辨析能力

在高中学生的阅读中,有计划地对各类文本进行归类、总结、概括、辨析,关注不同文本的陈述对象、内容呈现、行文思路、表现手法、成文目的、主旨表达等六个方面,通过有意识、有目的的分类,通过对作品的归类辨析,引导学生在分类后对作品进行辨析和鉴赏评价,对于提升学生的逻辑思维和辩证思维能力有很大作用。归类后的阅读比较,更加有系统性,得出的结论更加全面、客观、辩证。这种归纳性阅读能够提升学生阅读的辨析和评价能力,提升学生语言运用中的逻辑思维和辩证思维能力。

（一）对不同文体进行归类并分析其特点，培养学生的概括能力

归类阅读主要是对不同作品的体裁、内容进行归类，分析作品在陈述对象、内容呈现、行文思路、表现手法、成文目的、主旨表达方面的不同。高中现代文教学中，通常通过文章内容和表现形式将文本区分为散文类、记叙类、议论类、说明类、小说类等不同文体。文言文教学中，可以通过标题、内容和表现形式确定文章不同的体裁。例如标题中带有"论""说"，内容上阐述某个观点的为论辩类文体；标题中有"传""记"，记叙事件的为记叙类、传记类文体；标题中带有"序""跋"的作品为序言和后序；标题中带有"表""疏"的为公文类，包括公文、书信等；此外赠序类、书信类、铭文类等也各有文题的标志和内容的不同。

通过对不同文章体裁的归类及总结分析，能够发现不同文体的特点，归纳出不同的阅读侧重点。引导学生归纳这些不同，感悟不同的语言特征，进行多类型的语言建构，关注不同的主题表现和思想呈现，对于形成学生的阅读能力乃至思维能力，作用十分明显。面对风格温婉的、直抒胸臆的，关注生活的、关注政治的、关注教育的、关注经济的、关注文化的等不同文本，可以通过归纳，掌握不同文体、不同内容的阅读要素。例如史论类文章通常采用的手法是借古讽今，根据这一手法并且结合作者生平，结合文章的内容，可以概括出文章的主旨。在阅读《过秦论》《六国论》等作品时，以此方法可以较准确地归纳分析出文章的写作目的和中心。

无论现代文还是文言文，不同的体裁体现了不同的写作目的，决定了不同的主旨。因此，学生在不同文体的阅读归纳中，进行一定的分析，对于生成概括和分析能力有很大的作用。

（二）归结不同文体内容上的特点，辨析文章内容间的联系，培养学生的辨析能力

不同文体的文章，对学生思维能力培养的侧重点是不同的。对于散文，需要关注的是笔法、内容和情感之间的有机联系以及由此突出的主题；对于议论文，需要关注的是论点与论据间的关联、论证的逻辑性以及由此证明的观点；对于小说，需要关注的是人物的塑造、作品环境、故事情节之间的有机构造以及由此反映出的社会意义。其他不同文体也各有其关注点。

现以散文为例作阐述。

上海市 2010 年高考阅读文章《天目山》，能够很好地培养学生的思维辨析能力。略读该文可能会忽略文本的内涵，但关注文章内容间的联系，就能够归纳理解文章的内蕴，学生的逻辑思维、辩证思维能力就能得到提升。该文第一段到第十二段，都有能够体现文章内容间联系的句子：

① 去天目山，是心里积存已久的一个念想，不是为了观光，是为了那些大树。

② 去天目山，于是变成一种夙愿和仪式，无论是为了树，还是为了人。

⑤ 他究竟倒在哪一棵树下了呢？鲜血从他年轻的胸膛里流淌下来的时候，他或许就靠在了那棵大树的树干上。

⑥ 那个无风无雨的春日，那些被父亲无数次赞颂和崇仰的天目山大树，就这样从漫山飘忽的浓雾中，和那个叫萧洪明的故人一起，若隐若现地走来。

⑫ 世事变迁，惟有天目山的树，是永远的。为着他们那一代人的理想，半个世纪之后我们依旧对他们深怀敬意。

五组句子都是在说树，以树写人。阅读中需要看文章内容间的联系和作品中的情感：文章的内部关联是树与人，通过作品能够看出其要表达的内涵，但深刻的内涵主旨还需要挖掘。根据文章内容间的联系对文章内容进行归纳，《天目山》以树写人，表达对烈士的崇敬和纪念。更深层的含义，是表达对理想信念的坚守，对某些人淡忘历史、遗忘先烈历史现象的担忧。

由此可见，通过对文章内容间关系的归纳和对情感的关注，可以深刻挖掘文章的主旨和内涵，在充分理解作品的基础上提升逻辑与辩证思维水平。

小说阅读，关注人物塑造、典型环境、故事情节之间的有机结合，就能准确分析作品主题和反映出的社会意义。

以《项链》为例，小说的三个要素包括：

典型环境：《项链》反映了法国资产阶级占据主导地位时期，社会道德沦丧，上流社会生活糜烂、唯利是图，人们爱慕虚荣、追求享乐。

人物形象：主人公路瓦栽夫人爱慕虚荣，追求高雅奢华的生活，但也诚实守信，勇于承担生活重担。

故事情节：小说情节围绕项链展开，路瓦栽夫人借项链、丢项链、还项链，最后知道项链是假的。

由三要素分析人物形象、典型环境、故事情节之间的逻辑关系，可看出三者之间的有机结合，由此分析出作品的主题与社会意义。由典型社会环境的影响，看人物的特征；由环境和人物形象，看故事情节的发展。小说通过路瓦栽夫人形象的塑造，揭示那个时代某些人的性格特征,描述了那个时代的浮躁,表现了人性的复归,体现了路瓦栽夫人对尊严的追求,也张扬了人性之美。小说的主题,在告诉我们一个事实:人们应该抛弃浮躁、脚踏实地、务实求真、从小做起、从身边做起,方能使人生更加有意义。

由以上分析还可以看出其现实意义。《项链》向人展示的诚实守信、勤劳俭朴、宽容大度等人性美,是市场经济时代所需要的人格特征。重新评价《项链》,认识它揭示的人性美,对于重建信用是很有益处的。

议论文阅读关注论点与论据间的关系和论证的逻辑性。现以《劝学》为例,分析论点与论据间的关联与论证的逻辑性,以及由此证明的观点。

荀子的中心论点是"学不可以已",围绕中心论点设立了三个分论点:一是学习具有重大的意义;二是学习具有重要的作用;三是学习要采取正确的态度和方法。

论述学习的意义时,用"青""冰"的比喻论证了学习可以提高人的水平;用"轮""木""金"的比喻论证了学习可以改造人的品性;五个比喻论述了学习的意义在于能提高人的智能、改造人的品性,使人智慧明达,不犯过错,所以"学不可以已"。

论述学习的作用时,以"吾尝跂而望矣,不如登高之博见也"等比喻,强调凭借外界条件的作用,有力地论证了学习的作用——可以弥补人的不足,所以"学不可以已"。

课文论述学习的方法和态度分为三层,即学习要积累,学习要持之以恒,学习要专一。

中心论点"学不可以已"下面分出三个分论点,从不同的侧面证明中心论点,比喻、举例等论证形式,为观点提供事实上的证明。把握议论文的以上特点,分析论点与论据、论证之间的联系及论证的逻辑性,就能够较为准确地把握议论文。

归结不同文体在内容上的特点,辨析文章内容间的联系,对于培养学生根据内容进行辨析,有十分明显的作用。

三、深化思维式阅读,培养学生的创造能力

学生创新思想的产生,通常与三个维度有关,即生发积极的学习动机、运用科学的学习策略、产生精彩的思想观念。阅读教学能够对此起到重要作用。阅读教学本身就是要把知识转化为能力,最为关键的是学生思维能力的培养。多数学生有汲取新知识的渴望,这是学生的天性,因而也就喜欢阅读。只要教师和学生一起找到适合学生的科学的阅读方法,就会让学生产生精彩的观念,生成新思想。

(一)批注式阅读,准确理解、深入感知作品

批注式阅读是学生在阅读过程中,用线条、符号、文字对文章内容进行标注的读书

方法。通过批注,更加具体深入地感知语言,理解文章的内容与层次,把握作品的思想感情和手法。批注式阅读,有利于学生阅读能力的巩固和深化,对于提升学生的阅读能力具有很重要的作用。

教学中,辅导学生作批注式阅读在形式上宜宽泛,不必要求学生一定围绕写出感受、进行点评、产生联想、进行赏析等固化形式进行批注,采取比较灵活的方式更有效果。以阅读文本为基础,结合自己的感受与感悟,需要点评则点评,有了感悟就标注出来;也可以根据阅读的主题,结合文本的体裁,确定标注的内容是理解或是感悟,是点评或是赏析等。这样就能使学生的批注式阅读有一定个性,学生就能够体验阅读的成就感,体验到与作者名家对话的感觉,生成深入感知作品的能力。

批注式阅读强化了学生阅读的基础感知,使得学生的阅读能够更加扎实,夯实了阅读根基,强化了阅读中的理解,在归类式阅读的基础上,让学生阅读理解的思路更加清晰,能够较为全面地把握作品的艺术手法、内涵和主题。批注式阅读还为学生写作能力的提高奠定了一定基础。

(二) 评价性阅读,生成学生的鉴赏能力

阅读教学是"引导学生把知识转化为能力的一种特殊形式的认识过程",教师要"站在高处认识培养和提高学生语文能力的重要意义"。把学生的知识转化为能力,关键是思维能力的培养,而培养学生的思维能力,重要的环节就是在探究性阅读开展的过程中,让学生有思想、有思维;所谓"站在高处",就是要让学生自信地评价名家的作品,进行评价性阅读,鉴赏作品。学生对文本表现出的手法、内容、思想等进行主观评价,即评价性阅读;该阅读方式能够生成深入的感悟和思想,促成思维能力的形成。

阅读教学中,目标性阅读是让学生知道课文写的是什么,归纳性阅读培养学生懂得为什么这样写,探究性阅读中的评价性阅读,让学生懂得作品写得好不好并作出评价分析。

评价性阅读对学生思维的影响,使得学生"站在高处"认识阅读材料,对阅读文本的手法、内容、主题、情感等进行冷静思考并表达观点,有利于学生思维的深化。

在《六国论》的阅读教学中,将苏洵的《六国论》和苏辙的《六国论》进行比较阅读,在疏通文意、理解文本的基础上,组织学生对两位作者的观点进行评价。苏洵认为:"六国破灭,非兵不利,战不善,弊在赂秦。"即六国以用土地赂赂秦国的方式求自保,削弱了自身的国力,失去了可依靠的互助国,导致了灭亡。苏辙认为,六国灭亡是因为没利用好能与秦国相抗衡的力量,即韩、魏的国力。

学生们根据自己的理解对两篇文章的观点进行评价,并进行简单论述。由于学生之间观点不同,彼此质疑,部分学生也对苏洵和苏辙的观点和论述进行质疑。这种评价性阅读,使得学生的思维更加活跃,思考更加全面,逻辑思维更加准确,思维水平与能力获得提升。

(三) 探究性阅读,生成学生的多向与逆向思维,为创造性思维奠定基础

探究性阅读,能够培养学生的质疑精神。事实上,批注式阅读和评价性阅读也是探究性阅读的一种表现形式,这里所说的"探究性阅读"是狭义上的,指的是学生在阅读过程中,对阅读内容、手法和主题以及由此产生的问题,进行多角度、多侧面的多维思考。

探究性阅读能够让学生在思考问题的时候,避免单向的思维,思考问题更加全面,由此作出的判断更加准确。一段时间后的探究性阅读,能够培养学生的思维能力,使学生产生多向思维、逆向思维,从而为学生创造性思维和创造力的生成奠定基础。

在《合欢树》的阅读教学中,组织学生就合欢树的象征意义进行探究。学生起初认为合欢树象征母爱;后经合作学习研讨,补充为象征"我"的成长经历;再次研讨,部分学生认为是母爱结晶的象征。最后,所有学生进行总结,认为合欢树代表了母爱,象征了"我"的成长,象征了"我"与母亲的感情。探究性阅读的特征之一,是对于部分问题并不得出绝对化的观点,就问题本身进行可能性的探讨。这样,学生的思维就不会被固化,就能够保持灵活。教学中就合欢树的象征意义继续探究,引导学生思考"文章的题目是合欢树,为什么文章写了一半,才写到合欢树,且文章后半部分没有直接描写合欢树"这一问题,由此分析史铁生这样写的理由。学生从感情导线的角度,思考到文章主要是写对母亲的思念,思念的导线是"我"的小说获奖,之后想到母亲对"我"的期待,然后想到合欢树,感情由合欢树流露出来。也有的学生从感情凝聚的角度,认为作者对母亲的思念都凝聚在合欢树上,使得抽象的感情具体化,文章后半部分出现的合欢树,自然就成为思念的承载物。至于文章没有直接写合欢树,是因为合欢树是一种象征,没有可能,也没有必要直接写。

在不拘泥于某种固化答案的探究中,学生的思维更加趋于多样化和发散,这对于培养学生的创造性思维能力,是十分有益的。

第三节　合作文化与学习策略探究

一、合作学习的特征与意义

（一）合作学习的特征

作为一种教学方法和组织形式，从特征上看，合作学习鼓励学生独立思考、积极参与，在独立思考的基础上进行积极参与式的学习合作，并在学习的过程中形成独立思考能力和合作能力，进而形成创新能力。

传统教学在形式上一般为教师讲、学生听，课后辅以练习巩固学生对知识的掌握。这种传授型教学法，能够使学生对较大量的知识进行吸收性消化，其优点是课堂教学知识容量较大，完成教学任务和目标有可验证性，凸显教学中"教"的重要。但这种传授式的教学对学生的发展有一定的束缚，学生在学习中善于接受，缺少在具体学习环境中的自主学习能力，探究学习能力薄弱，很难培养创新意识，更难形成创造力，与当前的社会需要和人才需要脱节。

建构主义学习理论认为：摒弃单一传授知识的方式，通过学生自主学习，以自主与合作的方式，主动进行知识的意义建构，对于学生的成长更加有益。

合作学习中，通过交流、互助、互补、分享、共进的方式实现共同的教学目标，是较为典型的知识与能力建构，更是有效学习、高效学习的重要途径。

合作学习也适合基础知识薄弱的学生。发挥集体智慧，有利于提升学生个体的学习效率。

（二）合作学习的意义

合作学习有利于培养学生的合作能力，形成学生的思维能力和创新能力，对教育产生的积极影响包括如下方面。

1. 更新教师"教"的理念，彰显教师主导与学生主体的科学教学特质

传统的课堂教学，教师讲，学生记笔记；教师提问题，学生思考。教学和评价方式比较单一，学生的学习较为呆板。合作学习则是以学生为主体的学习，作为学习行为的主动者，学生由被动接受到主动汲取，学习的积极性得到激发。教师作为主导，引领学生的学习，提供学习支架；学生进行自我知识建构，构成和谐高效的学习模式。

合作学习中的语文教学，教师不再是一个人孤独地分析课文，而是由学生讨论、研究、呈现。笔者执教《项链》一课，在进行文本分析时，学生不再是听教师给主人公下结

论,而是自己进行研讨分析。例如:路瓦栽夫人是不是一个有责任心的人? 她是不是有积极进取的一面? 这些问题,拓展了学生的思维,使学生对人物的评价更加立体。正如刘再复先生所言,"人物评价,应该由扁形到圆形",使得评价者更加全面地观察事物,进而正确认识世界。在合作学习中,学生不再单一接受教师的思想,而是在教师引导下,生成自己的思想。教与学中的教师主导与学生主体,为学生思维能力、创新能力的生成奠定了基础。

2. 改变学生的学习方式,培养学生处理、解决问题过程中的合作精神

随着当代社会的发展,解决问题靠个人力量很难奏效。社会工作的多维分工,决定了今天的社会活动必须依靠合作,因而教育应该重视培养受教育者的合作意识,提升其合作能力。

在《谏太宗十思疏》这篇文言文的教学中,部分学生觉得语言比较生僻,难以理解。通过分工合作与分享研究式的合作学习,学生一起解决注解中没有注明的生僻文言知识,分工协作,协作后共享,提高了学习效率。特别是学生之间通过历史知识进行了情境性假设,并通过这种假设理解文本,取得了很好的学习效果。由于是自主探究合作完成的,学生掌握得也更加牢固,处理问题和解决问题的能力乃至于合作精神,均在学习中明显生成。

3. 改变课堂上关注点的不均衡,培养有利于学生学习和发展的平等意识

考试是衡量学生成绩的主要手段。在学校里,每个班级中都存在关注点的不平衡。学生成绩、能力的不同,都会使课堂关注点有差别。

合作学习以小组的方式进行,学习能力、兴趣、性别、个性不同的学生形成学习社群,学生在学习的过程中相互启发,分享学习成果,每一位同学都有表现的机会,每一名同学都是重要的学习组成员。这样,学生之间的关系会更平等,学生的表现和锻炼机会基本均等,特别是语文学科,学生在表达、思维等素养的提升上也就增加了机会,班级的学习氛围更加民主,良好的学习风气会逐渐形成,学生的学业也就不断进步。

4. 改变学生学习上的不主动现象,激励学生主动学习

合作学习的特征,是合作成员之间制定共同的学习目标,并把该目标在每一名成员中的学习实现作为考核整个学习小组的要求。

出于维护集体荣誉感的目的,为了不拖其他成员的后腿,小组内的学生在学习上的合作更加积极,实现目标的愉悦感和荣誉感的驱使,提升了学生学习的主动性和积

极性。主动学习更加有利于学生语文素养的提升。语文是语言、文学、文化的载体,学生在出于兴趣前提下的学习,尤其会取得理想的效果。

二、合作学习的主要策略

(一)确立明确的合作学习目标

学习需要有明确的目标,有了目标,随之而制定计划、确定方法、设置检测形式,就能够构成完整的学习与评价环节。

学习目标要根据教学内容来设置,同时要结合《普通高中语文课程标准(2017年版2020年修订)》的要求。设置中要关注语文学科"学科核心素养"所包括的"语言建构与运用""思维发展与提升""审美鉴赏与创造""文化传承与理解"四个方面,考虑到语文课程的综合性、实践性。

在《石钟山记》的学习中,教师可以根据教学要求,把"分析苏轼和郦道元关于石钟山命名的不同观点,并就此提出自己的看法"作为切入点,把提升学生的思维水平作为学习目标。教学中要求学生分析鉴赏课文写作逻辑上的严密性,仔细研读文本,分析《石钟山记》中郦道元、李渤的观点的来源及理由,进行合作学习,在小组内分享自己的观点,互相评价各自观点逻辑的严密性。在学习中筛选信息,进行内容比较,小组成员讨论各自观点与文本的契合度及合理性,归纳思考解决问题的方法,思维品质得到一定提升,语文课程的综合性、实践性得以体现。

(二)选择适合学生的合作学习主题和内容

1. 合作学习,要做到学习主题和内容明确

明确的主题能使学生的合作学习有清晰的思路。例如作品主旨的探究、散文阅读中作品艺术性的探究等,都是适合合作学习的主题。明确的合作学习主题与内容,通常可以围绕语文学科素养提升来设计,在"语言建构与运用""思维发展与提升""审美鉴赏与创造""文化传承与理解"四个方面,考虑学生的进步需求。

2. 选择主题形式开放的学习内容

开放的内容能够培养学生的发散性思维和逆向思维,适合学生进行讨论、合作,能够激起学生思维的触点,使学生对合作内容形成更加深刻的认识,进而为形成其思维能力奠定基础。

苏轼的《石钟山记》中,石钟山的命名原因这一问题具有一定的开放性,可以组织学生进行合作学习的讨论,各抒己见,探究命名的真正原因。在探究中,学生还会有兴

趣了解有关地理、文化等方面的知识,促进学生知识体系的完整,生成其思维能力。王安石的《游褒禅山记》,关于作者最终想要阐述什么哲理,可以进行开放式合作探讨,这样既能提升学生的语言归纳与分析能力,又能提升学生的思维品质。

3. 主题与内容能激发学生的学习兴趣且与学生的知识能力基础相匹配

学生对主题和内容有兴趣,问题设置与学生能力相匹配,学生有预期的成就感,参与度就会提高,合作学习的效果也就会更加明显。《普通高中语文课程标准(2017版2020年修订)》中指出:"思维发展与提升是指学生在语文学习过程中,通过语言运用,获得直觉思维、形象思维、逻辑思维、辩证思维和创造思维的发展,促进深刻性、敏捷性、灵活性、批判性和独创性等思维品质的提升。"

执教《项链》一课,让学生续写结尾,可以充分调动学生的学习兴趣。学生想象出的不同结尾,具有开放性;不同学生的续写,具有多样性。这种做法对于激发学生的兴趣、调动学生积极思考的作用很明显。

合作学习中适合的合作学习主题,通常都有利于培养学生的多维思维、发散性思维和逆向思维,在提升学生普通逻辑思维的基础上,产生思维的广阔性和多向性,激发学生思维的触点向创造性思维过渡,使学生形成对合作学习内容的多维认识,固化学科素养之积淀,为创造性思维的生成打下良好的基础。

(三) 把握适宜的合作学习时机

1. 选择学习任务比较复杂而且有争议的时机

学习任务复杂,个体学习的效率就比较低下,采用小组合作学习的形式,合作分工,共同探究,有利于实现学习目标并完成学习任务。在执教《回忆鲁迅先生》一课时,就作者萧红写作的选材,教师提出了如下问题:"鲁迅是一位伟人,作者为什么选择了一些小事描写鲁迅,而且描写中多细节?"问题看似难度不大,却需要结合作者生平,关注文本的主题,分析作品的写法。问题难度不大但又比较复杂,创造出较为恰当的合作学习时机。针对该问题,学生通过合作学习探究,掌握了作品的写作手法,懂得了"知人论事",拓展了思维的广度与深度。

2. 选择学生个体思维受阻的时机

当学习内容出现难点、疑点、争议点,学生的求知欲和困惑感能够激发其强烈的学习需求,面对难点的阻碍,学生会比较自然地产生合作学习的需要。学生在合作中探究,在探究后归纳,在归纳后交流,最终达成思维的发展,实现问题的解决,达成学习目标。

（四）教师要做合作学习的主导者

1. 教师须为学生的合作学习提供支架

根据建构主义理论，在学生合作学习的实施中，教师应充分发挥主导作用，为学生学习提供学习支架，完成对学生学习的支持。

影视、音乐等手段，是合作学习较好的支架。在执教《回忆鲁迅先生》的过程中，笔者播放了电影《黄金时代》中与文本有关联的内容，使学生了解更多与文本相关的背景，为学生理解文本提供了支持；执教《蒹葭》，笔者以歌曲《在水一方》引入，烘托学习情境。这些做法，为学生提供了环境和情感支架，引发了学生的思维触点，在理解文本等方面产生了积极的效应。

2. 教师在学生合作学习前应进行引导

这些引导包括限定（通常为较为灵活性的限定）学生即将学习的主要内容、提示学习的顺序、提供学生学习所用资料、确定学习的组织形式、规定须掌握的知识和提升的技能、公布学习后的考核办法等。

3. 为合作学习营造适合的学习氛围

合作学习更加需要师生之间、生生之间的有机合作，从而形成和谐、平等、民主的学习与研讨氛围。教师应该通过科学的评价方式，在合作学习中营造和谐的学习氛围，进而实现高效的学习。

（五）关注小组发展并使小组间基本平衡

合作学习在几个小组间进行，保持小组间发展的平衡是必要的，教师需要控制小组差异。小组成员的组成应该有机多元，组内成员可以在各个方面有互补性。这样，学生在合作学习的过程中即可接触不同观点，扩大知识面，实现互补共享。

教师还应关注是否每一个小组成员都享有同等的学习机会和展示机遇。对于游离于小组合作学习之外的个别学生，教师要及时进行提醒，保证小组成员合作学习的参与度。

《普通高中语文课程标准（2017版2020年修订）》中的"课程目标"涵盖了不同的层级："根据具体的语言情境和不同的对象，运用口头和书面语言文明得体地进行表达与交流"，一般学生都能够达到；而"将言语活动经验逐渐转化为具体的学习方法和策略，并能在语言实践中自觉地运用"则有一定的难度了。教师在这种情况下应发挥主导作用，可以根据学生的不同基础，选择适合学生的层级，让每一名学生参与到合作学习中来，实现学生整体的共同进步。实现这一目标，就需要关注小组间的平衡发展，关注小组内成员在不同层级的进步。

（六）进行公正科学的学习评价

教师应对小组在学习中获得的成绩进行公布并对成绩优秀的小组进行表扬,给予完成合作学习任务、成绩突出的小组实质性的表扬与鼓励。合作学习任务完成后,教师要指导学生进行分析总结,包括:1.小组学习目标完成情况;2.学习中小组成员的合作情况;3.小组下一次合作学习的增长点。

学习评价应该有书面记录,记录每次合作学习的情况,定期进行学习总结,对先进的学习小组进行表扬鼓励,以激发学生学习的积极性。

三、关于合作学习的反思

（一）合作学习的实施须选择适合的条件

并不是所有的学科、任何形式的课,都可以高效实施合作学习。诚然,在任何课堂上实施合作学习,都会取得一定的效果,但是,还需要考虑教学的投入与收效。逻辑性较强课程的起始课、知识和技能方面难度大的课程,一般需借助于教师的分析。

所以,合作学习须选择时机和内容。为了形式的华美,在校园内形成规模宏大的合作学习之风,未必可取。因此,因材施教、因时施教、因课施教,是必须的,也是必然的。

（二）组织合作学习须实现教学时间的高效运用

合作学习需要讨论,需要学生展示,要为学生提供表达的机会。这样,教学时间经常显得紧张。而展示和讨论,又是合作学习的重要环节。欲实施合作学习,在规定的时间内实现教学目标,高效完成教学任务,还需要加强小组建设,形成固定的或者相对固定的小组合作模式,那样教学效果会更好。

（三）合作学习中须努力使小组成员发展平衡

合作学习使部分小组成员得到了更多的锻炼,却经常出现另外一部分成员游离于合作学习之外的现象。所以,合作学习需要进行有效组织,教师的主导作用应发挥得更好,发动小组全员参与,实现小组内所有成员的提高。加强小组建设,完善小组内合作分工,是合作学习的重点。

（四）合作学习中须做好教学秩序的管理

合作学习中的讨论、展示活动,与常规教学不同,在学生讨论和展示的过程中,会出现课堂秩序与常规课堂不同的情况。教师需要加强课堂秩序的管理和调控,不能因为讨论等活动，使得课堂秩序不利于学习。

（五）合作学习需要师生进行更加细致的课前准备

合作学习须避免随意性。教学准备不充分，教师在课堂教学中随意组织合作学习，缺少教学设计，放开后收不回来，这种低效乃至无效的合作学习必须摒弃。加强教学设计，是提高合作学习课堂效率的关键。

（六）避免合作学习形式上热闹、学习效率低下

很多合作学习流于形式，表现为学习形式热闹、学习内容空洞、学习效率低下。其中的原因之一是教师的教学设计缺乏预设性，课堂上，学生表现欠佳，经常讲话，参与度不高，学习效率低下。

第四节　影视资源支架作用的实践与探究

一、影视资源在语文教学中的作用

高中阶段的语文学习，涵盖了语言文字、语言文学、语言文化等多个方面的知识与能力建构。根据《普通高中语文课程标准（2017 年版 2020 年修订）》，工具性与人文性的统一，是语文课程的基本特点。语文课程应引导学生在真实的语言运用情境中，通过自主的语言实践活动，积累言语经验；发展思辨，能力提升思维品质。《课程标准》的第二部分"学科核心素养与课程目标"，在语言建构与运用、思维发展与提升、审美鉴赏与创造、文化传承与理解等方面提出了要求，这些要求有一个较为明显的特点，即要求学习者利用情境主动对知识进行学习建构，实现对知识的掌握，进而形成运用能力。

影视资源对于"引导学生在真实的语言运用情境中"培养提升理解能力、想象能力、概括能力、运用能力、思维能力，有着十分积极有效的作用，作为语文学习的"支架"，其立体多维的展示手段，对于培养学生在情境中建构语言的能力具有极佳的效果。

二、影视资源的概念界定

影视资源是电影资源和电视资源的统称，是现代声像技术与文学艺术相结合的产物。影视作品通过画面、声音、蒙太奇、故事情节等来传达表现作品的内容与主题。

广义上的影视资源，是指以电影和电视剧为表现形式的信息资源，主要包括电影、电视剧以及故事片、专题片、电视栏目等。

教学意义上的影视资源，指通过音乐、声响、蒙太奇等手段，以视觉与听觉的形式影响、启发学生的理解能力、思维能力、鉴赏能力的影视作品与形式。

三、理论依据

1. 建构主义教育理论：认识是由学习者主体主动建构的，而不是从外界被动地吸收的。学习是学习者主动建构知识的过程，学习者以自己的方式建构对事物的理解。

2. 支架式教学理论：为学习者建构知识提供支架，该支架有利于情境的创设，使学习者自然进入情境，并结合情境完成学习，实现学习效率的最大化。

由瑞士心理学家皮亚杰提出的建构主义，强调学生的主体地位和主观能动性，主张教师是学生建构知识的引导者和促进者，学生是知识的积极建构者。在维果茨基社会建构理论及最近发展区理论的基础上，布鲁纳提出了支架式教学理论，即以学生目前所处的水平为基础，教师帮助学生建构支架，提升学生的知识水平和能力水平。

四、影视资源在语文教学中的支架作用

(一) 利用情感支架，形成情感共鸣，深化作品理解，达成教学效果

1. 以影视作品为情感"支架"，形成学生的准确认知

根据建构主义观点，认识是由学习者主动建构的，而不是从外界被动地吸收的。影视作品能以"支架"的形式，作为外界刺激性信息提供给信息加工主体，作为加工信息主体的学生，整合自己的原有认知，在影视情境和文本内容的共同作用下，通过意义建构的方式获得对语文文本内容的理解与认知，生成新的更高一级的认识。这就是所说的影视作品帮助学生理解文本和生成认知能力的"支架"作用。其"支架"作用，较为明显的是影视作品能够引起学生情感上的共鸣，使学生在情感体验中产生准确认知。

时代的不同使得学生对于《阿 Q 正传》中阿 Q 形象的理解，难以生成准确认知。部分学生认为，阿 Q 是一个无赖、流氓，充满了对阿 Q 形象的不屑和厌恶。影片《阿 Q 正传》让学生对文本和人物形象的认知更加贴近作者的刻画，严顺开先生主演的《阿 Q 正传》经典地再现了主人公所处的年代，演绎了阿 Q 这一人物被欺压、无居所、生活无着落的现实。影视作品直观立体，阿 Q 服饰的破旧，住所土谷祠的破败，阿 Q 周围人的眼光，在音乐的烘托、场面的描绘中，构成了便于理解的直接视觉影像，营造了一个易于理解作品的气场。在影视展现过程中，学生自然产生了对阿 Q 的同情，在情感基调的影响下，教学中的文本、语言与影视元素形成共同作用力，让学生的情感受到冲

击,对学生的学习认知建构产生了明显的作用。

2. 以影视作品为情境"支架",深化学生的体验与理解

影视资源带来的情感体验,能促进语文学习并提高教学效率。影视资源所创设的情境,能激发学生理解与体验的潜意识和主动性,直接作用于学生的理解。影视作品以"支架"的形式作用于语文学习,其优势是在情境感染的前提下,形成较大程度的直接理解与认知,把学生的潜意识在感受、体验的前提下引入"显意识",沉淀后把感性直觉生成为理性直觉,最终获得理性认识,这就是学生理解能力提升的过程。影片《阿Q正传》对作品内容的展现、对人物的刻画,能让学生生成理解作品主题的"显意识",最终明晰该作品是在揭示更加深刻的文学与历史主题。

(二) 利用内容支架,关注体悟鉴赏,形成想象能力,生成概括能力

1. 以影视作品的赏析,培养学生的想象力

想象力的产生,源于内容。影视作品立体化、直观化的手段,加之音乐、场景、对话、环境渲染等多种表现形式,有利于学生借助于影视作品产生想象力。

引导学生体验感悟影视作品的内容,有利于学生想象力的生成。教学中要求学生通过影视作品的场景进行描写联想,生成想象力。课文《回忆鲁迅先生》中作者与鲁迅先生对话的场面描写,与电影《黄金时代》中萧红与鲁迅、许广平相聚的场景接近。教学中,赏析电影时关闭影片声音,通过影片中人物对话时的表情、动作等场景,由学生想象对话的内容,之后打开声音进行播放,进行想象分析,对于学生想象力的生成有明显的正面作用。

2. 以不同文学语言的转换练习,生成学生的概括能力

较之于普通文学文本,影视作品有很强的概括性。在语文教学中,以文本为依据,结合与文本相关的影视内容,训练学生的语言概括能力,是较为有效的教学手段。借助于影视内容,要求学生把影视语言转化为普通的文字语言;或者把教材文本内容以课本剧的形式表现出来,是较为有效的方法。这时,影视内容就是一个参照的"支架",根据这个"支架"上所展现的内容,学生可以学习模仿影视语言,进行高度凝练的概括,提升概括能力。

选入教材的《雷雨》是戏剧节选,教学中需要了解整部剧的大致情节,以克服作品节选带来的对作品内容理解的不全面。传统的语言概述介绍剧情,比较难以达到预期的效果。为此,选用《雷雨》影视作品作为"支架",由学生来概述影视作品的内容,能使学生有效地做到整体把握人物形象,全面准确地理解作品。

教学中,学生按照影视作品的内容,结合剧情分步进行总结概括。在遇到与教材文本内容不同的地方时,教师要求学生进行对比、鉴赏与评价,使学生在提高概述能力的同时,分析、鉴赏作品的能力也有一定提升。

在语文教学中利用影视作品,能够更加高效地提升学生的语言表达与内容概括能力。这是在影视作品中植入语文意识,并以此提高学生语文水平的较为有效的方法。

(三)利用语言支架,结合影视语言,训练语言运用,形成运用能力

1. 结合影视作品,模仿、体悟、训练语感,提升语言运用能力

《课程标准》"学科核心素养与课程目标"中的"语言建构与运用"要求学生"积累较为丰富的语言材料和言语活动经验,形成良好的语感";"通过梳理和整合,将积累的语言材料和学习的语文知识结构化,将言语活动经验逐渐转化为具体的学习方法和策略,并能在语言实践中自觉地运用"。

影视作品对人的语言影响是较为明显的,人们的日常语言,经常会不自觉地模仿影视作品中的人物语言,甚至语调、语气、语言节奏等都会在模仿中尽量保持与人物相似,因而影视作品对学生形成良好的语感,作用是十分明显的。教学中指导学生有目标地模仿影视作品中的人物语言和独白,对于培养语感、固化语言运用能力有明显作用。学生在体味影视作品语言的过程中,借助于其"支架",通过模仿感悟,实现语言能力的不断提升。

2. 通过品味与对比,鉴赏语言的魅力,提升语言运用能力

对文学语言的品味,有利于学生语言表达能力的提高。由于影视作品中的语言都是经典语言,耳熟能详、耳濡目染之后易于背诵,学生在学习模仿影视语言的同时,不自觉地就会品味这些语言,实现提升语言表达能力的目的。《阿Q正传》中阿Q的语言"我要什么就是什么,我喜欢谁就是谁",《哈姆雷特》中王子谴责其母亲、批判新国王的一段精彩独白,《安娜·卡列尼娜》中"幸福的家庭的幸福都是一样的,而不幸的家庭却各有各的不幸"等一系列语言,精彩凝练,经典易记,能让学生在品味中提升语言能力。

教学中,组织学生将影视作品中的人物语言对白与文学文本中的文字语言进行对比,分析对白语言与文本中的文字语言在表达上有何异同,这些异同导致了怎样不同的表达效果,关注两类作品中个别语词的变化,分析作者如此设计的思路,这样对作品的理解与感悟就会更加深刻。而这一过程,就是品味语言、鉴赏文学作品的过程,对于学生理性化掌握语言规律、深入运用语言,有很大的作用。学生对语言的感悟与品味,

还能使他们在学习中感悟其中的道理,提升记诵经典语言段落的兴趣,进而提升语言表达能力。

(四) 利用不同形式,寻找思维契点,构建思维支架,深化思维能力

1. 以不同文学形式的转换训练,进行思维联结,提升思维水平

根据《课程标准》,"语言的发展与思维的发展相互依存,相辅相成。思维发展与提升也是学生语文核心素养的重要组成部分,是学生语文素养形成和发展的重要表征之一"。语文教学中培养学生创意与创造力的方式有很多,其中,保持学生思维的流畅与灵活,帮助学生发展隐喻和类比的能力,对已有事物及表象重新进行想象与语言组织,能够较深层次地拓展学生的思维。通过将影视作品引入语文教学,能较好地实现以上训练,将影视作品以语言表述及文学文本的形式表达出来,进行语言形象再造,这一学习内容再创造、再建构的过程,是很好的思维发展过程。

课文《雷雨》中周朴园与鲁侍萍对话一节,写了两个人三十年不见,偶遇相认。课文是剧本的形式,生动而又鲜明地塑造了两个人的性格,推动了故事情节的发展。教学中,笔者首先播放了影视作品《雷雨》的片段,又组织学生分组阅读教材中《雷雨》的内容,之后要求学生写作,以小说的形式写出周朴园、鲁侍萍相认对话的片段内容。由影视作品到文学剧本再到小说,学生将带有声、影的影视作品与文字描述的剧本进行对照,先分析两者艺术表现的不同,再以小说的形式写出。这期间,由影视作品到剧本,再到小说,同一内容的三种文学样式,让学生在思维发展上经历了三种形式,潜意识里就会比较三者给自己带来的文学审美感受,在这个过程中,学生的思维一直活跃着,这对其思维的激发、深化以及多层面思考产生了积极影响。

2. 对不同形式的同一文学内容进行比较性鉴赏评价,通过比较进行思维建构,提升思维能力

不同的文学形式表现主题的方式是不同的,通过对同一内容的不同文学形式作品的比较、分析、鉴赏和评价,练习思维的多维性,能够发展学生的思维水平。

教学设计中围绕同一个内容,训练学生对形式不同、内容相同的作品进行比较,比较其语言形式、方法选择、主题凸显等方面,以此训练学生在对文学作品进行比较前提下的鉴赏和评价。这一过程能够使学生的想象能力、分析能力、归纳能力都得到发展,从而形成学生更高一层的思维能力。

在学习小说节选《边城》时,笔者为学生播放了影片《边城》的片段,然后在阅读课文的基础上,要求学生进行上述练习。学生在影视资源基础上的想象、比较、分析、鉴

赏和评价,促进了思维的多向建构,提升了思维水平。

五、结语

影视资源作为一种有效的教学"支架",对语文教学有着十分积极的促进作用。作为一种较为综合的文学形式,影视作品在唤起学习热情、培养审美情趣、深化作品理解、形成各种语言与思维能力等多方面,都影响着学生。因此,关注语文教学与影视资源之间的关联,架构有效的教与学的"支架",对于提升学生的语文水平,是一个较为有效的策略。

第五节　利用微课实现学科知识与能力的自我建构

一、问题的提出

《普通高中语文课程标准(2017 年版 2020 年修订)》"语文学科核心素养"中,对"语言建构与运用"作了如下阐释:"语言建构与运用是指学生在丰富的语言实践中,通过主动的积累、梳理和整合,逐步掌握祖国语言文字特点及其运用规律,形成个体言语经验,在具体的语言情境中正确有效地运用祖国语言文字进行交流沟通的能力。"这其中,"主动的积累、梳理和整合",对于提升学生的语文能力,是十分重要的,关系到学生的积累、运用,更关系到学生学习能力的提高。"语文学科核心素养"对"思维发展与提升"的阐释,是"指学生在语文学习过程中,通过语言运用,获得直觉思维、形象思维、逻辑思维、辩证思维和创造思维的发展,促进深刻性、敏捷性、灵活性、批判性和独创性等思维品质的提升"。对"审美鉴赏与创造"的阐释,关注了学生在语文中体验、评价、表现和创造美的能力及品质。在"文化传承与理解"中关注了继承和弘扬中华优秀传统文化,以及在语文学习过程中表现出来的文化视野、文化自觉的意识和文化自信的态度。

综观四个方面,语文学科核心素养,提到了"主动的积累、梳理和整合""在语文学习过程中获得""在语文学习中体验、评价、表现、创造""在语文学习中拓展文化视野、增强文化自觉、提升文化自信"。在学科素养的阐释中,应该注意到,语文学科素养强调了学生的主动学习、主动积累,能够在学习中获得、体验、评价、表现、创造,在学习过程中表现出文化视野和自信。

为培养学生的学习能力,课堂教学中更加强调合作学习和自我学习。但是,并没有达到最佳效果,学生之间发展不均衡,自我学习的意识尚待加强。

在此种情况下,微课的出现,对于培养学生的语文学习能力、提高学生的语文水平,起到了积极有效的作用。

二、微课的概念及特点

微课,也称为微课程,根据教育部教育管理中心的定义,微课是"微型视频课程"。

一般来说,普遍认同的微课概念是:利用视频技术,将某个学科的某个知识点或者教学环节录制成视频形式的新型网络课程资源。微课以教学视频为主要表现形式,围绕某一具体知识点、具体问题、实验操作等教学要求来设计制作,体现了以学生为本的教育思想。

此类课程称之为微课,首先是时间上"微",一般在5—10分钟;其次是教学内容上"微",一般为单一的知识点或教学环节,短小精悍,集中解决某一个问题;第三是视频课程的容量"微",容易存储,能够在手机和电脑等信息终端上使用。

微课是在线教学视频,也可以下载观看学习,具有学习效率上的便捷性、高效性;具有知识点上的具体性、针对性;具有学习形式上的可重复性、研读性。微课学习可以让学生利用零散的时间,集中学习某一个知识点,学生在学习过程中,遇到问题或者理解不及时,可以反复观看,既适合个体性学习又适合群体性学习。

三、微课教学的现状

对部分教师使用微课的情况进行的调查显示,对微课作用的认识左右了教师的微课教学实践,教师的研发时间和研发能力影响着微课使用的广泛性和有效性。具体而言,微课的教学现状可以归纳为:

(一)教师和学生对于微课的作用、认识还不够科学,认为是可有可无的教学形式。

教学时间的紧张、教学任务的繁重,导致教师更倾向于使用与考试直接相关的教学形式进行教学,对于未知领域或者不熟悉的教学形式,认为其教学效果尚未得到科学验证,故而在尝试过程中十分谨慎。

(二)对于微课教学,缺少热情和信心,更缺少科学运用上的钻研,这对于微课教学的创新应用有一定不利影响。

部分教师觉得微课可有可无,自然在运用的投入上就不充分。对于如何运用微课,不去研究,缺少科学使用微课的理论认知和实践总结,只是把微课作为并不重要的教学补充,或者作为学生课外学习的一种补充形式。

（三）微课的研发,关注了形式的华美,启发学生、提升学生思维的设计较少,多为公开课或者参赛设计,不利于学生自主学习的深入。

微课本应在学生知识建构、学习能力形成、学习方法改善等方面起到积极的引领作用,然而,由于部分微课的开发出于参赛的目的或者执教公开课时添"一抹亮色"的需要,往往在启发学生思维等本质性目的上考虑得不够,结果造成设计目的的偏差,进而影响了学生自主学习能力的提升。

（四）微课的主要作用仍然处在较为初级的阶段,大多是帮助学生进行知识学习前的预习或者学习后的复习补充,缺少思维的启发和知识的系统化,在思维的促进上考虑较少。

四、微课教学的理论依据

建构主义学习理论认为,知识不是通过教师传授得到的,而是学习者在一定的情境及社会文化背景下,借助他人（包括教师和学习伙伴）的帮助,利用必要的学习资料,通过意义建构的方式获得的。建构主义学习理论认为"情境""协作""会话"和"意义建构"是学习环境中的要素。

建构主义学习环境包含的要素"情境""协作""会话"和"意义建构",与微课技术特性和功能有着十分密切的关联。建构主义学习理论强调创设真实情境,把创设情境看作"意义建构"的必要前提,微课及其技术是创设情境的重要工具,微课形象直观的学习情境,有利于学生的自主学习探索,所提供的文字、影像、声音有利于学生摄取到语文知识间的内在联系,建立联想、想象及知识体系的联结,形成较为系统科学的认知。

建构主义学习理论提倡在教师指导下、以学习者为中心的学习。教师是意义建构的帮助者、促进者,而不是知识的传授者与灌输者。学生是信息加工的主体、意义的主动建构者,而不是外部刺激的被动接受者和被灌输的对象。

微课及其技术能够成为学生建构意义的帮助者,激发学生的学习兴趣,帮助学生形成学习动机,微课还可以通过创设符合学生认知心理的情境,通过联想想象建立新旧知识之间的联系,帮助学生建构当前所学知识的意义,提升学生语文学习的能力,通过学生的学习过程深化其学习思维。

五、利用微课实现学生知识、能力、思维自我建构的策略

(一)以课前预习,实现课堂教学前自主知识建构

课前预习,是语文学习自我建构的重要过程。学生根据已经学到的知识,对未知知识进行拓展,对新知识进行可能性的学习建构。这对于之后课堂上文本的理解、把握及提升学习能力,有十分积极的意义。

在执教《回忆鲁迅先生》一课时,笔者使用了微课进行教学。微课内容包括作者萧红的生平简介、鲁迅先生的诗歌选读、课文内容概括以及人们心目中的鲁迅等相关材料,同时还包括一段节选自电影《黄金时代》的与课文密切相关的视频。

教学的目标很明显,知识与技能目标是"了解鲁迅作为普通人平易近人、真诚待人的人格魅力"及"学习作者通过朴实的语言、生活琐事和细节描写来展现人物性格的方法";在过程与方法方面,是"以问题探讨的形式学习知识、提高能力"及"以讨论的方式锻炼学生合作学习的能力";在情感态度与价值观方面,是"学习鲁迅平等待人、真诚待人、热心帮助青年的品质"。使用微课的目的是让学生结合教学目标,进行预习性学习,实现教学前围绕教学目标的自主知识建构。

微课中萧红的生平简介、鲁迅先生的诗歌选读、课文内容概括以及人们心目中的鲁迅等相关材料,与教学目标的实现紧密联系。作者的生平、鲁迅先生的诗歌是知识与技能目标中了解鲁迅先生性格的有效学习"支架","人们心目中的鲁迅"与电影节选,对于"学习作者通过朴实的语言、生活琐事和细节描写来展现人物性格的方法",能起到推进作用。学生根据微课内容,结合以往学习过的知识,能够较为自然地运用微课完成教学目标中的学习任务。通过观看电影节选,观察影片中人物的刻画,审读文本内容,达成教学目标。

(二)以微课的针对性,深化学生语文能力的建构

语文的工具性作用,决定了作为工具性学科的语文在知识的学习上、能力的积累上具有一定的针对性。作为工具性学科,需要具有工具性作用,就需要针对性地解决问题。微课教学中,围绕文言文中的语法现象制作微课,一课一个专题内容,一个内容解决一个问题,以微课的针对性契合语文工具性学科的针对性。笔者制作的文言文语法现象"宾语前置""词性活用"等微课与语文学科的工具性特点的契合就十分明显。关于宾语前置,七分钟的微课,以文言例句和文言朗读以及与内容相关的场景,重点解读了文言知识,概括了宾语前置出现的几种情况,包括:疑问句中疑问代词作宾语时,宾语前置;否定句中,代词作宾语,宾语前置;结构助词"之"所标志的宾语前置;固定句

式"唯……是"所引领的宾语前置。微课中,还举出了"大王来何操""沛公安在""古之人不余欺也""句读之不知,惑之不解"以及"唯吾马首是瞻"等经典、容易理解的句子。

根据建构主义学习理论,"情境""协作""会话"和"意义建构"是学习环境中的要素,形象直观的学习环境有利于学生的自主学习探索。微课所提供的文字、影像、声音有利于学生摄取到语文知识间的内在联系,建立联想、想象及知识体系的有机联结,帮助学生形成较为系统科学的认知。

学生在"宾语前置"微课的学习中,能够反复观看,结合例句揣摩宾语前置出现的语言环境,在教师的指导下,调动以往的知识储备,找出其他宾语前置的句子进行比照,分析各类宾语前置出现的语境的不同,归纳宾语前置都出现在哪些语言环境中。这样,学生在不知不觉中进行了语言分析,完成了对"宾语前置"的理解与辨析,实现了语文知识能力的建构。

（三）以微课的情境性,契合语文学科的文学性与鉴赏性、开放型与多样性,实现学生的思维建构

微课教学的特点之一,是具有情境性优势。语言、文字、音像构成一个综合的情境,作用于学生的思考,促成学生思维的活跃。语文学科的特点,主要体现在基础工具性、人文思想性、开放多样性等方面。这其中,开放多样性与微课教学中的借助于情境激发学生的思维与思考,有着密切的契合与关联。微课教学的情境与语文学科的开放多样性相吻合,决定了微课教学有利于学生的思维建构。

在《回忆鲁迅先生》一文的分析中,微课设计选用了电影《黄金时代》中与课文相关的片段,呈现了结合影片内容促进思维的系列问题,包括:问题1.根据影片和课文,谈谈对鲁迅先生的性格特点有何新的认识。问题2.课文中哪些内容描述了以上性格特点? 问题3.说说作品中的细节描写与作用。问题4.鲁迅是一位伟人,作者为什么选择了一些小事描写鲁迅,而且描写中多细节? 问题5.作品看上去是一个个片段,读起来却浑然一体,原因是什么? 问题6.人与人之间的交往很平常,为什么与鲁迅的交往会给萧红留下深刻印象? 问题7.作品中写了海婴、许广平和"我",除了情节的需要,还有没有其他作用? 问题8.结合电影片段和作者生平思考,作者为什么会写这篇文章? 问题9.文章的语言有什么特点? 文章在选材上有什么特点?

学生循着微课呈现的问题,结合微课中的电影片段,逐步将思维延伸到更高一层的范畴。结合文本设计的问题在电影片段的呈现中针对性地出现,鲁迅先生的音容笑貌、作者与鲁迅先生的交谈、影片中细节描写和表现与问题相结合,促成学生以问题为线索,以影片片段为细节表现形式,让思考更加细致缜密,让思维不断深入,从而使思维结合语文知识,达成有效建构。

六、微课用于语文教学的反思

(一) 微课的制作尚需对教学内容进行有效整合

有些微课制作,仅仅是将教材内容或者教学设计内容复制在微课上,或者在网络上搜集素材,简单复制拼凑,其作用仅仅是直观显示,缺少实际应用性,未能有效结合学生实际,更谈不上创造性。这类微课教学内容的整合性差,缺乏有效性。

也有些微课制作过于注重形式美,实际运用效果欠佳,微课的制作过于关注形式,添加的装饰过多,忽略了微课对教学目标实现的作用。有些微课甚至因此分散学生注意力,华而不实,影响效果。

因此,实现微课对教学内容的有效整合,延展微课的深入性功能,显得格外重要。

(二) 多罗列知识点,能够烘托情感、引起共鸣的作品较少

多数微课是为课堂教学补缺,或者帮助课堂上没有理解的同学进行更多次数的反复学习。教学中利用微课进行思维启发的较少。这造成了微课的使用目的单一,使用效率较为低下,多数是个体知识点的呈现。

因此,微课运用还应该向深层次、多侧面的角度作更有效的研讨。

第六节　基于人文性的学习支持策略探究

课堂教学中,为学生提供学习支持,对于提高学生的学习效率、培养学生的学习能力有十分积极的作用。提供学习支持,能够促使教师由关注"教"向关注学生的"学"转变,对于改变教学形式、培养学生的学习能力有较为直接的作用。当然,在提供学习支持的过程中,教师也应注重学情,采用有效的形式和方法。

一、建立学习社群,形成学习文化,提升学习效果

(一) 学习社群建设的理论依据

建构主义学习理论认为,学习是学习者在原有的知识基础上,主动对新信息进行加工处理,建构内部心理表征的过程。学习者不应被动地接受外来的知识信息,而应主动地对知识信息进行选择加工。学习者不是由教师统一引导完成同样的加工活动,

而是在教师和他人的协助下,通过独特的知识信息加工活动,建构起对知识的理解和应用。

事实上,建构主义学习理论强调的是由学习者自己进行知识的架构,且对学习者的主动性提出了要求。从这一维度来说,教师应根据学生实际,选择适合学生的知识与能力架构方式,以培养学生的学习能力,不断扩大学生的知识存储。教学实践中发现,建立学习社群、培养学生学习过程中的互助与合作能力、形成学生互助自主的学习文化,进而形成学生知识架构的能力,是目前课堂教学中提高学生学习能力较为有效的方法。

(二) 学习社群的建设

首先是学习社群的组织结构建设。学习社群的建设关系到社群的学习与合作效率,故社群内的成员组成要合理,人数要适中,一般为 2—6 人,适当的社群人数在合作学习中能实现效果的最优化。优化学习社群的组织结构,尽量做到社群成员之间学科知识情况互补,有利于互助资源的调配。

社群内部分工须明确合理,做到所有社群成员都参与活动,并且在活动中起作用。学习社群设有组长,由组长做好组织分工,活动的组织工作由社群成员轮流进行。活动内容根据轮值组长的学科特长或其他优势来确定,充分发挥学科特长。轮值组长负责每次活动的分工,组织成员有序地开展讨论交流。组内可设置展示员和记录员,承担展示和记录问题的工作,组长和组内成员的工作均实行轮换制。

其次是进行社群的文化建设。社群文化建设的重点,是培养社群成员的合作与互助意识,在分工基础上的合作与互助,是共同完成学习任务的基础。社群学习目标的驱动也是社群文化建设的重要内容,有了学习目标,学习的驱动力就会更加充分。社群的文化建设还包括学习规则的制定、学习氛围的形成、学习资料的共享等。

(三) 人文性学习支持及效果

作为一种学习支持,基于人文性的学习社群能够较为显著地提升学习效果。根据建构主义学习理论,学习者通过已知知识建构新的知识,生成新的能力。因此学习社群在合作的基础上,以探究的形式,通过互助互补来实现学习目标。教师在组织学生进行合作探究前,通过设计问题、控制节奏等方式,保证探究具有有序性和面向需要解决问题的针对性。学习社群可以通过一个人的独学、两个人的对学以及社群探究学习三个阶段,解决不同层次的问题。简单的问题个人独学解决后分享,难度大的问题社群内讨论分析解决,无法解决的问题由组长进行组与组之间的交流,然后进行社群内的学习分享,班级内普遍疑惑的问题,则由课代表汇总后与教师沟通,由教师集中讲解。

例如在苏洵《六国论》的教学中,笔者采用了从传统文化入手进行思想内涵分析的教学方法,结合传统文化,一是进行横向文本对比分析,二是进行历史纵向深入分析。横向对比是将苏洵的《六国论》和苏轼的《六国论》、苏辙的《六国论》进行对比分析。三篇同一题目的文章,表现不同的主题,呈现了父子三人、三位作者的不同观点,表达了三位作者不同的思想,且这些思想都秉承了儒家思想"仁""仁政""爱民"等主张。

比较苏门父子的三篇文章,有如下相同点:一是题目相同;二是父子三人所持的立场一样,都是助六国反秦;三是在艺术手法上,三篇文章都运用了比喻的手法进行论证,形象生动。

不同点:首先是观点有别,苏轼的《六国论》明确了"士"的作用,作者认为六国诸侯争养士是国家久存的根本,"士"的作用举足轻重;苏辙的《六国论》则指出六国相继灭亡的原因是不团结,灭国是咎由自取;苏洵借题发挥,警告宋朝统治者勿蹈六国灭亡的覆辙。其次是文风不同,苏洵的文章论点鲜明,论据有力,借古讽今,语言犀利,纵横恣肆,具有说服力;苏辙的文章淡泊俊雅,纵论六国与秦争天下中的成败得失,论证深入,说理透彻;苏轼的文章汪洋恣肆,明白畅达,又不乏严谨的结构特征。

课前,根据全班学生的学习情况,分成若干学习小组,以自主学习的形式对父子三人生平、主人公的事迹,进行较为详细的了解,在已经有一定"知人"的基础上,由学生分组探究以上问题。学习小组成员在课文学习前,已经通过学习社群的合作学习进行过一些知识准备,包括苏家父子的生平和经历及经历对他们创作的影响;父子三人写文章时的背景;三篇文章的中心,三个人写文章的目的等。根据合作学习已经掌握的知识,该分析很直接地作用于课文的主题分析,对于学生理解课文、实现学习目标具有积极作用。

在上述问题的解决过程中,学生借助于学习社群,借助于已经掌握的知识,解读课文并解决预先设置的问题。学习社群中,每个成员都被分配了任务。在信息查找、信息筛选、信息整理、信息运用的过程中,每个成员分别发挥自己的特长;在分析、解决问题的过程中,各个成员通过讨论、同伴互助完成学习任务,其过程充满了趣味性,解决问题的好奇心与动力得到充分激发,学生在潜移默化中深化了思维,提高了分析问题、解决问题的能力。

通过学习社群为学生提供学习支架,实现学习支持,也应注意一些问题。其中,最主要的是社群成员所起的作用不平衡,有些成员完成的任务较多,有些成员在任务完成过程中不积极,任务完成量较少。有时候,学习任务集中在少部分社群成员身上,以至于小组合作学习的作用受到了影响。

根据建构主义学习理论,教师应善于引发学生观念上的不平衡,充分注意每个学生在认识上的特殊性,努力培养学生的自觉意识和认知能力。

(四)寻找恰切的社群合作学习契机

教学中的学习模式是多样的,并非所有的学习内容都适合合作学习。发挥学习社群的作用,需要找到合适的时机。学生个体学习能够解决的问题,一般就不必通过学习社群合作解决,在学习遇到下列情况的时候,可考虑合作学习解决问题。

一是遇到有争议的问题,通过合作探究拓展学生思维的深度和广度。例如在《项链》一课的教学中,要分析主人公路瓦栽夫人的形象特征,可以通过合作探究发现其人物形象的多维性,避免将其完全看作具有小资产阶级虚荣心的代表,也应该认识到路瓦栽夫人诚信、守诺的一面。二是需要实现学习深度的问题,通过合作探究寻找到作品隐含的思想内核。在分析《兰亭集序》一文时,可以通过合作探究分析文章的情感表达及变化,分析作品的思想内涵及所蕴含的批判现实主义特征。从广度和深度两个不同的维度,发挥学习社群合作研究的作用,分析作品中的传统文化与思想,挖掘作品中的哲学思考,这是形成学习文化、提升学习效果、深化学生思维思想的极好途径。

二、创设人文性学习情境,促进学生思维的发展

人文性学习情境,是语文学习中重要的学习支持。创设人文性学习情境,能够使学生按照知识的线索和脉络完成学习,形成学习过程和知识系统的层次性和逻辑性,深化学生的思维。在课堂教学中创设学习情境,主要是构建有利于学生思考的环境,为学生的学习搭建平台。情境的创设,能使学生找到适合自己的学习方法,形成探究能力和自主学习能力。

杜威认为,思维活动可分为五个阶段,即问题阶段、观察阶段、假定阶段、推理阶段和检验阶段。在日常教学中,问题的合理设计是情境创设中重要的手段,通过问题设计,为学生提供学习台阶,提供学习支持。应该说,没有问题设计的教学,很难引起学生强烈的探索热情和求知欲,甚至会抑制学生的学习热情。在教学苏轼《念奴娇·赤壁怀古》的过程中,笔者设计了如下问题:

1. 阅读本词,分析其意象的主要特征是什么。

2. 了解写作背景和苏轼的人生经历,分析词中蕴含了怎样的感情。

3. 作品中是如何表达作者的情感的?

4. 根据词作的内容和情感,分析、理解作者的创作意图。

5. 结合词作内容分析词作写景、咏史、抒情融为一体的特点。

6. 根据写作背景、作者生平和词的内容,思考词中寄托了怎样的生命感悟与人生态度。

7. 从"千古风流人物"到"一时多少豪杰"再到"三国周郎赤壁",人物范围逐渐缩小,作者为什么要这样写?

8. "人生如梦,一尊还酹江月"一句,表达的是积极的人生态度,还是消极的?

9. 结合本词评析苏轼旷达洒脱的词作风格和豁达从容的人生品格。

九个问题循序渐进地分析了作品中的意象、情感、艺术特点、创作意图、词作风格、人生态度等。问题的设计先从诗词最基本的意象特征开始,结合作者的生平和创作背景分析词中蕴含的情感;由作品的内容和情感,概括作者的创作意图;从表现手法的角度分析,理解写景、抒情与咏史结合在一起对诗词表现力的影响;在知人论世、作品背景、诗词内容的基础上,分析作品中体现的人生感悟和人生态度;从人物分析,到结合诗词重点句子所表现的人生态度分析,感悟作者的词风和人生品格。

问题设计由浅到深,由形式到内容,层层深入地启发学生的思考,把学生的思维引向深入,从而实现通过问题设计的教学形式培养学生深刻思维的教学目的。

教学情境设计的核心,是让情境与知识相对应,通过情境发现知识、掌握知识、形成能力。因此,在问题的设计中,最重要的步骤,是将各个问题有机联系起来,做到各个问题层次之间相关联,并且尽量使这种联系性更密切。问题设计还需要通过设计的相关性,帮助学生在深刻理解学习内容、掌握学习内容的同时,发展思维能力。在《念奴娇·赤壁怀古》一课的教学中,问题设计能够激发学生的思维,循序渐进的问题设计,更能使学生的思维能力得到锻炼,并在此基础上形成较为深刻的思维能力。

由于问题是由浅入深的,本节课情境的创设,激发了学生学习的积极性与主动性,使学生更有热情参与到学习中,让学生的思维更加活跃。学生有了充分的展示机会,表现欲得到了张扬,思维得到了深化,思维能力也就得到了发展。

本节课通过问题设计创设教学情境,在问题解决的过程中,问题的设计还帮助学生顺利实现了知识的迁移和应用。这些问题不仅帮助学生梳理了文章的内容,加深了对文本的理解,还让学生清晰地感知到学过的知识能解决什么问题。

没有问题的教学不能引起学生强烈的探索和求知欲望。以问题设计创设情境，以问题设计引发学生思维，以问题设计的层次性为学生学习搭建台阶，促使学生思维深化，形成学习能力，的确是一种有效的学习支持。

三、以逻辑分析为工具，提升学生的分析与综合能力

逻辑知识的运用是较为重要的学习支持。逻辑知识的运用能最大限度保证思维的正确性和思维品质的深刻性，使人思维清晰，有条理，有规则。人在运用概念进行判断推理的过程中，按一定逻辑关系进行推理，能够产生新的思想认识，形成正确、合理的逻辑思考能力。正如黑格尔所言，逻辑思维能力能教人认识思维的形式和规律性。在语文学习中，建立学生的逻辑思维点，培养其逻辑思维的习惯，引导学生积极运用逻辑进行思考和推理，能帮助学生克服语言表达的呆板、碎片化，提高语言表达和阅读理解的准确性，提升学生的语言表达能力和思维水平。思维能力，特别是逻辑思维能力的培养，还是提高学生创新素质与创新能力的重要方法。

语言作为思维的载体，语文学科作为工具性学科，有诸多条件将逻辑思维和非逻辑思维有机统一。关注逻辑思维尤其是现代逻辑思维，并将其作为一种工具，能大幅度提升学生的分析与综合能力。

现以高中语文写作教学之材料作文的审题，对上述观点作简单阐述。

作文材料：一只蜗牛，很想做成一番惊天动地的大事业。开始它想东游泰山，一直爬到山顶，可一计算，要实现这个计划，至少需要3000年时间，只好忍痛放弃这个打算。后来它又想南下爬到长江边上，看一看奔腾的江水，可一计算，至少也需要3000年时间。蜗牛知道自己的生命非常短暂，不禁十分悲哀，于是什么也不肯做，最终死在了野草丛中。

材料分析：这是一则寓言故事，根据逻辑思维的方式，我们用因果关系的逻辑思维形式，对材料进行分析。首先看材料的叙述对象。材料的叙述对象是蜗牛，我们应关注主人公蜗牛想做什么，它做了没有，最终是什么结果。其次看事件，通过材料分析，我们发现，蜗牛想干"惊天动地"的大事，可因为两个目标都太遥远，计划没有实现。放弃了大目标后的蜗牛十分悲哀，什么也不肯做，一蹶不振，死在草丛中。第三看原因，蜗牛的悲剧一是因为立志不切实际，好高骛远；二是因为不肯脚踏实地，从平凡的小事

做起。第四看延伸,蜗牛的悲剧对人来说,应该吸取的教训是确定目标要恰当,勇于拼搏,永不放弃;做事情要从小事做起,行动比设想更重要。

我们结合原因进行逻辑推理,由作文材料中的结果,推导产生这一结果的原因,过程如下:

蜗牛死在草丛中——没有实现目标——因为蜗牛没有行动——即使行动也不能实现目标——没有行动的原因是目标难以实现——要制定切合实际的目标才能够取得成功。

作为一种学习支持,本质上是因果关系法的寻根法就是由材料的结果推导原因,最后进行整理,得出论点。运用过程中主要是分析材料之间的因果关系,是比较严密的逻辑思维形式。

与作文材料密切相关的逻辑分析,大都是对社会现象或者含有一定哲理的寓言、典故等进行分析,也有的是对名人名言进行分析思考,这一过程大都蕴含了丰富的文化性和思想性,对学生的教育和影响也十分积极。

总之,学习支持的形式是多种多样的,可以是内容上的支持,也可以是形式上的支持。学习支持往往带有一定的文化性,能够丰富学生的知识,提升学生的能力,深化学生的思维,实现学生较为全面的成长进步。

第七节　基于人文素养的学生创新能力提升策略

创新能力是一个人的核心能力。当下,学校和社会都注重创新能力的培养,在培养过程中,部分人乃至部分教育者往往忽略了人文素养对创新能力的积极影响,提到创新,则想到自然科学发明。事实上,一个人创新能力的生成,与其个人的人文素养有密切联系。本人现就学生创新能力的生成与人文素养的关系,谈谈自己的看法。

一、人文素养的概念

"人文"在《现代汉语词典》中的解释是"人类社会的各种文化现象"。一般认为,人文包括文化、艺术、美学、教育、哲学、国学、历史等;具体而言,文学、美术、电影、音乐、神话故事与传说、美学思想、学术研究、科学原理与知识、礼仪素养与品德、宗教思想、人权思想、法律条文、政治主张、经济发展与经济制度、军事、中国古代诸子百家的学说主张、易学、中国与世界历史等,均在人文概念之列(为强调计,以上概念有交叉)。人文的集中体现是重视人，尊重人，关心人，爱护人，以人为中心。概言之，人文即重视人的文化。

"人文素养"是指在人文氛围、人文科学、人文精神滋养熏陶下而形成的思想观念、价值取向、人格模式、审美情趣、思维方式、学识才华等精神层面的收获，人文素养的核心是人的世界观和人生观，内容包括人生的意义、追求、理想、信念、道德、价值等；人文素养的灵魂，不是"能力"，而是"以人为对象、以人为中心的精神"，道德精神、科学精神、艺术精神均包含其中，其核心内容是对人类生存意义和价值的关怀，即"人文精神"。

我们在学校教育中强调的人文素养，主要是人文学科的学习与研究能力、人文学科的知识水平、以人为对象并且以人为中心的精神（人的内在品质），通常包括语言、思维、逻辑、情感、仪态、文艺鉴赏能力等。学校人文素养的教育，其基本点是珍惜生命、同情心、耻辱感和责任感的教育，培养学生的意志品质，使学生能运用母语，思维顺畅清楚，并努力形成逻辑能力，在事物判断中有个人见解，在日常生活中言行得体，懂得一些文艺知识；并且在此基础上，关爱生命和自然（包括自然环境），积极乐观，热情助人，热爱生活，有较强的责任感，有明确的奋斗目标和自制力，诚信忠实，能准确、熟练运用母语，有外语交流能力，言行得体优雅，思维清晰、灵活，逻辑严密，见解独到且基本正确，有一定的艺术鉴赏力。

很明显，从以上人文素养的范围看，如果人文素质低下，例如在准确熟练运用母语、有外语交流能力、思维清晰灵活、见解独到且正确、逻辑严密等方面存在问题，就一定会影响个人乃至整个人类的发展。由此也可看出，缺少人文素养，很难形成创新能力。

二、人文素养在人类社会发展中的作用

通常情况下，可以将人文精神与人文素养看作等同的概念，这是因为人文精神是人文素养的根本特征。每一个人的人文素养的提高都是其个人发展的结果；整个社会人文素养的提高，是一个社会不断归结自然规律和社会规律、积累文明成果的结果。

从人文素养的概念可以看出，人类社会的进步与发展，不能与人文精神相背离。否则，科技的进步、经济的发展、军事力量的壮大、社团组织的拓展等都会成为人类社会的灾难。所以我们说，以创新为依托的人类社会的发展，必须遵从人文精神，符合人文精神，否则其发展则是反向的。缺乏人文素养，失落了人文精神，必然会造成个人乃至社会、国家、民族的巨大退步、巨大灾难。从这个角度来讲,人文在先,之后才能谈创新。可见,人文素养在人类社会中的发展是决定性的、重要的。简单举一个例子,核武器的出现,可以说是军事史上的"创新",但是,这一创新就缺少人文性,我们现在就可以断言,核武器的出现对于人类是一个灾难。

人文素养对于个人发展以及个人创新能力的提升有积极的推动作用。著名的物理学家爱因斯坦被认为是 20 世纪的哲学家之一,科学家杨振宁深厚的人文功底为其创新能力的提高提供了很好的铺垫。相反,人文精神的缺失,必然导致科学思想的匮乏。人类的思想在产生之时是不分类别的,各种思想之间是互通的,彼此之间也能互相启发。在人文思想缺失的前提下,科学思想的产生就会遇到困难,创新能力也就难以形成。

三、人文素养与传统文化的关系

从第一部分的内容,我们知道,人文素养与文化有密切的关系。文化是指一个国家或民族的历史、地理、风土人情、传统习俗、生活方式、文学艺术、行为规范、思维方式、价值观念等。作为人类社会特有的现象,文化的力量是强大的,文化中蕴含着人类的智慧、价值追求和审美情趣,进步的文化能使一个民族精神振作,有丰蕴的底气,使一个人群产生精神归属,促进人类社会的发展。在人类社会的发展过程中,先进的文化能有效地解决人类社会生存发展中的各种困难。一个民族的文化关系到人的道德与行为,决定着一个民族的价值取向,对自然科学的进步起到一定的指导作用。正因为如此,所有的国家都重视自己的文化建设,我国正致力于振兴哲学和社会科学,也证明了这一点。

中华传统文化是人文素养的一部分,中华民族精神立足于有几千年历史的优秀传统文化,推动了中华民族走向繁荣,是中华民族之魂。孔子所创立的儒家思想和儒家文化,不仅塑造了中华民族的基本性格特征,而且超越时代和国界,成为东方文化的重要标志和世界文化宝库的重要遗产。以儒家思想为代表的中华传统文化作为一种社会意识,一直对社会发展起着积极的推动作用。

当然,我们民族的传统文化也有一定的局限,但也不是如某些学者所说的那样,成为培养创新能力的桎梏。某些学者认为:中国传统文化轻个性、重共性的教育特征,制约了创造性人才的培养;儒家思想压制了人的创新潜质,压抑了人们的创新精神,束缚了人们创新品质的形成;以儒家思想为主体的重政务、轻自然、斥技艺的传统文化忽视人的个性，过于烦琐的伦理规范不利于创新精神的培养。

我们认为，任何一种文化形态，在其形成的过程中，都不可能没有缺点，文化本身就是发展的，文化在发展中需要补充、完善，乃世界各民族文化发展过程之必然，以儒家思想为主体的我国传统文化，自然也不例外。

但是，认为儒家思想影响被教育者创新能力的生成，乃牵强无稽之谈。中国古代诸多发明创造，就证明了这一点，在此亦无须多论。而且，孔子的教育理念和执政思想，在其产生之时，对于当时的教育环境来说，本身就在创新，可谓前所未有，何谈其为影响创新的文化？中华文化中所特有的书法，其发展本身，也就是一部求变创新史。由殷商时代的甲骨文到金文、大篆、小篆、隶书、章草、今草、楷书、行书，中华书法的发展史，一直在证明中华文化的发展与创新。中华文化本身就是创新的文化，怎么会成为创新能力生成的障碍呢？

教育评论家熊丙奇指出，中国当代教育的行政化、功利化、同质化、空心化是当前中国文化创新的四大困境。我们应当这样理解：影响创新能力生成的，不是中国的传统文化，而是某种教育形式或者说教育方法，这种方法不是受传统文化影响的。所以，我们应该摒弃那些一味批评传统文化的做法，要认清影响创新能力生成的真正原因。

四、如何提高人文素养

既然人文素养对创新能力的生成有着积极的影响，那么我们就应该关注提高人文素养的手段。

提高人文素养，首先要学好母语。

熟练运用母语是人文素养高的重要标志，语言运用能力，是一个人思维顺畅清楚并进一步形成逻辑思维能力的前提，没有语言的应用，人的情感形成与表达都会受到影响。语言也是一个人提高人文素养和科学素养的工具，没有了这一工具，一切都无从谈起。

然而，当代教育却存在着比较严重的轻视乃至忽略母语的现象，更有甚者，出于功利的需要，将外语凌驾于母语之上，母语的被忽视，导致人文教育严重缺失，偏离教育的本质，正如前文提到的教育评论家熊丙奇指出的那样，中国当代教育的功利化现象严重。

第二，重视整个社会的品德教育，包括知耻、守信和气节教育等。

不诚信，已经严重影响了中华民族的发展，社会上近期出现的一系列事件，大都与不诚信有关。包括食品安全在内的系列事件,向整个民族敲响了警钟。无诚信,立足已经很难,何谈发展与创新? 进行品德教育,教育他人者应为楷模,不然,亦难收效。我想,如果我们能做到孟子所说的"富贵不能淫,贫贱不能移,威武不能屈",或者说基本做到,人文素养也就基本具备了。

第三,培养正确对待人生的态度。

儒家的思想比较实在:"穷则独善其身,达则兼济天下。"在这里,笔者不想对这种主张作评价,倒是觉得这种理念很是达观。任何人在人生中都会遇到坎坷,能够在逆境中不消沉、不迷茫,在取得一点成就的时候不忘乎所以,做事情持之以恒,正确评价自己,堪称君子之博学深谋,也可以将其看作正确的人生态度。

第四,摒弃功利教育,认清成人与成才的关系。

成人比成才更重要,成人在先,成才在后。要摆脱功利教育的影响,明确教育的宗旨,确定教育的重点,真正实现教育的目的。这一点,几乎是共识,不再赘述。

第五,提高人文素养,不仅仅是掌握人文知识。人文素养不能仅仅停留在理论层面。

多读了些人文方面的书籍,多学了一点人文方面的知识,不一定是人文素养的提高,人文精神以人为根本,人文素养的提高,更重要的是体悟人生,懂得我们的生命价值,并正确合理地去实现生命的价值;懂得如何对待人生,懂得如何对待生命。

这里举一个例子。哥伦布航海发现美洲大陆,是航海史上的"创新"甚至"创举",然而,关于哥伦布其人的看法却大相径庭。有人认为哥伦布是一个伟大的航海家,创造了人类航海史上的"壮举",是一个英雄;有人却认为哥伦布是一个杀人犯,是刽子手。历史学家记录,哥伦布在发现美洲大陆后,疯狂屠杀土著居民、虐杀海豹等生物,其对土著人和其他生物的残忍,令人发指。在这里,我只想说,人类认识一个人、一个集体或者一个事件,是有标准的,那就是对生命是不是尊重,明白了这一点,其他的我们无须评价。

由此,我们可以说,提高人文素养,不仅仅是掌握人文知识,更重要的是要去评价人的实践活动。所幸的是,我们有坚持真理的勇士在,哥白尼、牛顿把颠倒了的"地心说"颠倒过来,建立了"日心说";洛克则把颠倒了的"君本位"颠倒过来,建立了"人本位"的伟大学说。

第六,读书是提高人文素养的重要方法。

读书的确能使人进步,当然也能使人的人文素养得到提高。据 20 多年前的一次调查,以色列 14 岁以上的国民人均每月读一本书,全国 450 万人,100 万人办有图书证。几十年来,犹太民族取得了诸多成就,诺贝尔奖可谓创新能力的衡量标准之一(我们姑且这么认为),犹太人获奖的比例要比其他民族高。饱尝战争之苦、险些被灭种的犹太民族,在政治、经济、科学和艺术等方面为世界贡献了一大批杰出的天才:马克思、达尔文、弗洛伊德、爱因斯坦等。

我们要反思我们的浮躁,回味我们每天的作为,不用去统计全民的读书状况,统计一下国内知识分子的读书状况,我们或许会有所感悟。当然,感悟是必要的,通过读书感悟历史、感悟人类智慧、感悟人类文明的结晶,去建构自己的人文素质并提高自己的人文素养,的确是必须的。

五、通过人文素养的积淀,生成并提升创新能力

人文素养是创新能力产生的重要条件,因为人文素养促进了人的思考,而思考则是人进步、产生创新能力的前提条件。我们可以这么推断:思想产生创新。牛顿在物理学上的伟大成就证明了这一点,具有重要创新标志的英国工业革命也发生在欧洲文艺复兴之后,这些都能证明思想的重要作用和意义。

(一)使单一的文化底蕴多元化,不断丰富文化底蕴,吸收新思想,形成人文学科创新的触点

重视人文素养中的多元性,缩短普通求知者与大师之间的距离;在学校里,缩小师生之间的距离,力争师生间距离为零,让每一名学生都能够自主自由地发表自己的主张,制造更多创造性思维产生的机会。

(二)以人文素养的提高,培养学生的专注力

诸多具有发明创造能力的大家,都是先从小处开始的。他们首先是做事情专注,能够集中注意力。这一点,对于学生来说十分重要。对于处于基础教育阶段的学生,养成良好的习惯和品质是十分重要的,在此基础上,才有可能产生创新能力。史学家司马迁曾以其锐利的观察,作如是叹息:"天下熙熙,皆为利来;天下攘攘,皆为利往。"莎士比亚也曾借麦克白之口怒曰:"生命中除了声音与狂热别无他物!"狂热与逐利,都不可能使人产生创新能力。因为,这样的行为过于浮躁了。

很显然,想要摒弃浮躁和逐利,想要拥有创新能力,在社会科学和自然科学等领域有创新,一定要有人文基础,有一定的修养。否则,就会失去创新的条件。人文素养提高的基本方式是阅读。好的阅读习惯,在提高学生人文素养的同时,可以使学生更加

专注,更加善于思考。

(三) 以人文素养培养学生,使之思想活跃,为创新能力的形成奠定基础

人文素养的提高,有利于人们思想的活跃,人的思想大多是通过多思考变得活跃的。马克思剩余价值的揭示、牛顿物理学领域的贡献、爱因斯坦相对论的发现,首先取决于观察之后的思考与分析。观察之后的思考与分析,能够产生较为成熟的思想,创新才成为可能,而一个人的人文素养是其有高质量思考的基础。"认识你自己",相传是刻在古希腊阿波罗神庙的三句箴言之一,也是其中最有名的一句。人们普遍认为这句话的阐释是劝人要有自知。而我觉得,这句话更多的是在劝导人们多进行思考。因为,认识别人大概更多依靠观察,而认识自己,可能更多是要思考了。可见,思考的作用古已被哲人们重视。思考,能够启发人们的创造想象,特别是年轻人异想天开的想象,更是创新能力生成的基础。

(四) 通过人文素养的提高,培养学生的团队意识和自信心,以此提升学生的创新能力

以人文素养的提高、人文精神的培养,来培养学生的交往沟通能力和协作精神,注重团队意识的形成,能够为学生创新能力的形成作一些准备。沟通和协作,能大幅度提高学生的思维水平,实现思维内容、思维方式和思维角度的共享,特别是一些研究性学习,能为创新能力的生成提供更多的可能。

通过提高学生的人文素养,对学生进行自信心的培养也十分重要。学生需要不怕风险、勇于探索的精神,摒弃跟风的错误倾向。

当下学生的创新能力不够理想,主要是缺少创新的兴趣,不想尝试,不敢尝试,懈于努力,担心失败的风险,缺少创新的毅力和兴趣,安于现状;对创新有曲解,认为创新必须是大的发明,这些都是人文素养缺失的体现。

(五) 以人文素养影响学生,鼓励学生参加社会实践,注重实践能力的培养,生成创新能力

当代学生受应试的影响,对于实践较为轻视,只注重知识的掌握,仅仅关注积累。而创新能力的生成是需要感悟的,感悟必须不断实践,反复实践,在实践中感悟,才可能有效果。可以想象,牛顿、阿基米德等人对于自然科学的贡献不可能仅仅靠苦思冥想,也不可能是在某一次的实践中就突然有了巨大收获。激发学生的创造潜能需要关注平时的积累(反复实践),不断拾取贝壳,方能有最后的突破。鼓励学生参加社会实践,实现人文素养与自然科学、社会科学的触类旁通,是促使学生产生创新能力的

源泉。

（六）注重通识教育，形成综合能力，促进创新能力的生成

创新能力的提升，是一个综合的过程，单一学科、单一门类的教育，都会影响学生思维的碰撞，影响其创新思维的形成。所以，进行通识教育，是形成学生综合能力，进而形成学生创新能力的重要手段。创新能力的提升，需要实证精神、探究精神、理性精神和审美精神的有机结合，需要树立求实求是、崇尚真理、孜孜不倦的情操，需要拥有理性思维，需要多门类的知识。科学精神与人文精神的内在结合，才有可能产生创新能力。

爱因斯坦不仅是一位伟大的物理学家，也是一位哲学家；马克思是一位伟大的革命家，发现了剩余价值学说，同时也是一位数学家。这些，都证明通识教育的重要作用。

我们走得太远，忘记了出发的原因。据说，纽约地铁卖唱的流浪汉与百万富翁的幸福指数是一样的。这让我们进一步思考生命的意义：人类来到这个世界，是为了追求幸福的。创新能力的生成也好，自然科学的发展也罢，最终都应该为了人类的幸福生活服务，如果违背了这一点，忘记了我们为什么"出发"，我们也就没有必要出发了。

第八节　文化智慧与学生能力培养

一、发挥语文学科的人文性作用，重视学科德育的立德树人

（一）发挥语文学科人文性作用的必要性

语文学科的人文性作用，最重要的是砥砺人的品德、完善学生的人格。古人云"文以载道"，以语文教材为"本"，将学生品德教育融于语文学科的课堂教学，能收到较好的效果。

专题的、专业的思想品德教育，对于学生的教育效果也是明显的，但学生思想品德的提升，学生正确科学的世界观、人生观、价值观的形成，需要多角度、多维度、多侧面的影响与熏陶。教育教学的实践证明，在学科教学中渗入思想道德教育，"润物细无声"，对学生良好品德的形成有积极作用，进而形成学生积极向上、健康的世界观、价值观和人生观。语文学科的美育，还能陶冶学生的情操，培养学生良好的审美情趣。

教学中，以教材为"本"，对教材中的篇目进行整理，分年级、分单元将思想品德教育融于语文教学的各个章节，可使思想品德教育分步骤、有层次、成序列。在语文教学

的阅读教学、写作教学中结合思想品德教育,从不同侧面阐释求真、诚实、友善、仁义、爱国、忠诚等思想品质,是一项将知识、技能、思想、品德融于一体的极佳尝试。

中华民族是一个求真、诚实、友善、仁义、爱国、忠诚的民族,历史上有作为的人都有很高的道德水平。在社会转型时期,由于利益的驱使,部分社会成员的道德意识淡薄,失去了做人的诚实诚信,影响了社会道德风尚,影响了社会经济的发展。食品安全问题、社会经济活动中的欺诈问题,都显示了某些人的思想道德水准在滑坡。诚信、友善、爱国、忠诚是学生应该具有的重要品质,是重要的道德要求,是弘扬传统道德与文化的必需,有了这些品质,就能够稳定社会根基,促成良好的社会风气。

(二) 发挥语文学科人文性作用的尝试与做法

在具体教学中,我们通过整理、归类、分析高中语文教材,对语文教材中的课文进行提炼,通过分析论证,选择了《边城》《老王》《回忆鲁迅先生》《项脊轩志》《变形记》《守财奴》《陈情表》《傅雷家书》《合欢树》《我们是怎样过母亲节的》《最后的常春藤叶》《生命的节日》《论语七则》《孟子二章》《训俭示康》《项链》《哦,香雪》《指南录后序》《苏武传》《左忠毅公逸事》《生命本来没有名字》等四十篇作品,并将这些作品进行了归类,分为"亲情、友情、真诚与诚信""求知、求真、相处与诚信""爱国、忠诚、真理与诚信"三个系列,在教学过程中,又分为"情感教育""理性归纳""写作巩固"三个阶段,在有针对性地对作品内涵进行提炼后,落实到教育教学中,对作品进行分析与升华,形成学生"求真、求实、诚信、爱国、忠诚"的情感体验。在此基础上,通过学生讨论、小组合作学习、学生发言、小组展示等进行落实,在情感培养的基础上,进行理性归纳。

在具体教学中,兼顾阅读与写作,理性归纳后有针对性地进行写作教学,以巩固通过教材内容进行思想品德教育的效果。

二、发挥语文学科的工具性作用,重视学生思维能力的培养

(一) 以平等的交流激发学生的思维,保持学生思维的活跃性

人的思维来自思考者个人,他人的思维与思维结果,只能给思考者以借鉴。在学校教育中,培养学生的思维能力是教育的重要环节。教学中,如果教师完全将自己的思维方式"灌输"给学生,那么对于形成学生的思维能力是无益的。因此,培养学生的思维能力,应使学生的头脑中产生源于自己的思想火花,教师应该避免"牵引"学生的思维,而应平等对话、交流,才不至于遏制学生思维火花的产生。

在《荷花淀》"夫妻话别"一节中有一段细节描写,当水生妻知道水生将参军到大部

队作战时,"手指震动了一下,想是叫芦眉子划破了手,她把一个手指放在嘴里吮了一下"。这一细节描写生动传神,"震动""吮"等词语描绘了人物动作,勾画出人物内心复杂的情感活动。教学中,教师不应进行输入式分析,而应进行引导,不直接讲出自己的理解,而是让学生进行个体化体验,或者以课本剧的方式进行模仿,再结合情与景思考,对主人公内心冲撞矛盾的心理就能体会得更深刻了。

教师不以先入为主的方式进行"填充",不把自己看作知识的传授者,而是用平等的形式与学生交流,能够更加深入地激发学生的思维,使学生产生更为活跃的思想活动,逐渐形成思维能力。

现代教育观念注重引导、不灌输,就是让学生自己读懂,进行个体体验。但教师依然需要对学生进行指导,发挥教师的主导作用,阅读中准确把握作品的中心内涵,不能一味任凭学生按照自己的思路去理解,在平等交流的同时,也要正确理解文本。

(二)培养学生的思维品质,在阅读中深读、真读、用心读

高中阶段是学生思维品质深入时期,培养学生深刻的思维,是这一阶段语文教学的重要任务。由于现代信息技术的应用、自媒体的影响,学生每天都要进行较大量的碎片式阅读。读微信、阅读其他自媒体上的信息,成为学生们热衷的事情。这些自媒体,出于商业化目的编辑一些热点问题,诸如健康、娱乐等"脍炙人口"的消息,娱乐大众,将众多青年人——包括青年学生牢牢吸引在他们的媒体上。

这些阅读呈现出独立性、娱乐性,一些消息甚至是不准确的,阅读的形式为碎片化阅读,简短,无需思考,对于学生思维品质的深入基本无帮助。

鉴于此,语文教学的任务就显得更加艰巨,培养学生的思维品质,特别是培养学生深入的思维品质,也就显得格外重要。

阅读要深。作为母语,虽然出于考试的目的,有时候也要速读,但汉语言文学承载的语言文字功能、文学功能、文化功能,决定了语文教学的阅读教学必须在深入阅读中对学生进行思维品质的培养。

深读的第一要求是"知人",做到对作家有所了解。对作家的了解,不能仅仅限于生平,而要关注其思想感情。以课堂教学为例,当今的文言文教学出于应对考试的需要,大都重视文言知识的记诵和对作品的表面理解,对于作品的内涵分析、理解相对少一些。例如在《前赤壁赋》的教学中,苏轼在作品中有失意与哀伤,有人生短促的感叹,有逆境中的达观洒脱,也有一丝消极的情绪,如此复杂的情感,学生仅仅凭课文注解中的简短文字,难以领会其中内涵。而文学作品的理解与鉴赏,需要"知人论世"。只有

"知人"，深入了解了作者的思想感情，才能全面把握作品。若要全面理解《前赤壁赋》，教师在教学中需要向学生介绍儒、释、道三家对苏轼人生观的影响，使学生知晓古代知识分子非儒即道、自我安慰的性格特征。学生了解了苏轼思想性格的形成原因，对于《前赤壁赋》作品中情感的复杂性，对于作品的深层内涵，就能较好地把握了。这些了解还能帮助学生认识苏轼，更加深入地分析其选入教材的《水调歌头》《石钟山记》等作品。

深读的第二要求是以合理设计的问题，对作品进行深入理解。因学段的不同，高中教学与初中、小学教学在问题设计上有明显不同，高中教学的问题设计，需要在紧紧联系作品主旨和思想感情的前提下，体会其文学性、艺术性和文化特征。例如在《项脊轩志》一文中，作者借项脊轩的兴废，写与之有关的家庭琐事，表达了人亡物在的变迁、感慨，以及怀念祖母、母亲和妻子的感情。但学生在阅读中，可能会想到项脊轩的修缮、叔伯们分家等边缘化问题，这些问题就不是深入的问题，不利于学生思维品质的培养，对于作品的理解也无太大帮助。因此该文的问题设计，应该围绕作品最后一段为什么要加以补充等来进行，这样会更为深刻一些。

深读的第三要求是在阅读理解中把作品与生活相关联，让文学回归生活。把阅读局限在象牙塔内，学生是缺少实践感悟的。阅读理解应该与学生的生活关联，否则嗅不到生活气息，无生活情理，乏生活智慧，就会概念化、诗意化、经典化地阅读作品，使学生远离生活，难以准确阅读。在阅读教学中，单纯地通过教学告诉学生什么是语言描写、动作描写、心理描写等，从概念到概念，从理论到理论，难以加深学生对作品的体验与感悟。所以，阅读中的深入阅读应把作品与生活相关联，回归生活。例如《守财奴》关于葛朗台抢夺梳妆匣片段的人物描写，在动作行为的刻画上很出色，教学中可以让学生结合生活，以片段展示的方式进行阅读理解，对人物的把握就更加全面了。

(三) 培养学生的思辨能力，形成更高层次的思维能力

学生的思辨能力源于对事物的全面观察与分析，避免偏执、摒弃绝对、综合考虑，是形成学生思辨能力的基础。教师也可以从教学的角度为学生思辨能力的形成创造条件，进而使学生形成良好的思维品质。

1. 利用教材中的课文，对学生进行思辨能力的培养

教材中的课文，往往是有利于思维品质培养的文本较多，而能够作为思辨能力培养的文本较少，教师需要挖掘文本材料进行拓展，方能对学生进行更深层思维品质的培养。例如在《廉颇蔺相如列传》这篇课文的教学中，需"知人论世"，对作者司马迁的

生平进行了解分析,在分析中结合屈原的生平。屈原和司马迁对待人生的态度不同,屈原宁死不肯同流合污,司马迁受刑之后隐忍苟活。作为讨论题目,教师指导学生进行讨论,同样是伟大的文学家,对待命运的态度却不同,但都得到了后人的尊重。不同人生态度的相同评价,能够使学生的思维更加全面而辩证。

教材中有选自《红楼梦》的课文《香菱学诗》,在该课的拓展课上进行《红楼梦》主要人物分析,其中对于林黛玉和薛宝钗形象的对比分析,学生有了一些争议。林黛玉对贾宝玉的爱情让人感动,薛宝钗对贾宝玉的爱也充满真情,学生分别从古代人的观点和当代人的看法出发,对林黛玉和薛宝钗的行事进行了探讨和分析,其观点与传统的评价不完全相同。有学生认为,薛宝钗鼓励贾宝玉读书考取功名没有什么不好,林黛玉的做法也未必全对,也有可探究之处。这种带有部分逆向思维的思考形式,能够激活学生的思维,改变完全接受式的思维方式,为学生创造性思维的产生提供可能。

2. 利用写作教学,对学生进行思辨能力的培养

写作教学中的思辨,在立意和论述中体现得比较明显。其表现形式往往是从论述的另一个角度,进行比较全面的论证内容补充。在教学中只要论题适合,就可以通过写作体现出思辨,至少能够体现出思辨的形式。

写作中,关于"做听话的学生"这一内容,就可以形成较为清晰的思辨。听话的学生守纪律、认真做事、努力学习,但也可能在发现问题上存在不足,所以任何事情都是相对的。这种辩证的分析与理解,本质上是从内容中进行辩证论证,有利于学生思辨能力的形成。

第四章　基于文化的教学思考

第一节　在实践中感悟　在自然中怡情
——《石钟山记》教学反思

《石钟山记》与以往的游记略有不同,重点是说理。作者以精彩的描写、层层深入的分析,揭示出基于山水自然的人生与治学哲理,呈现了作者有疑必察、重视实践的精神,给学习者带来深刻的启发和思考。教学中,在借助于文本内容激发学生思维的同时,对文本进行深入分析,通常还能够使学生生成多维思考;在赏析景色描写妙处的同时,更能体会文章中蕴含的哲思,思考作者写此文的真正意图和情怀。

游览石钟山的苏轼,寄情于自然,忘却了自我,在情感上与自然合一,将自己的旷达超脱以描绘山水、感悟自然、生成哲思的形式表现出来,这恰与传统文化中文人们在自然中感悟、在山水中怡情的情感表达形式相一致。文中的苏轼,旷达、洒脱,超然物外,让自己的性情与哲思徜徉在山水间,留给后人深深的思考。

一、教学归结:厘清结构、理解内容,关注要点、赏析手法,感悟实践性与哲思

(一)厘清结构、理解内容,整体把握作品

1.把握文章结构,理解文本内容

《石钟山记》主要是探究石钟山得名的原因。文章三个段落中,第一段为质疑,以记叙和议论的方式揭示石钟山的命名原因,并对两种命名原因表达了怀疑,此段是在写游石钟山之原因;第二段写考察,以记叙和描写的表达方式记述游石钟山之经过,考察石钟山因何得名,写作者与长子冒险夜探石钟山;第三段为游览后的感想,以议论的方式揭示了对石钟山得名的看法,表达了核心观点,即"事不目见耳闻,而臆断其有无,可乎",由所记之事阐述理,因事说理。

文章在结构上层层推进,环环相扣,结构自然严谨。

2. 抓住关键语句,掌握文章脉络

文章中作者有"三笑"。第一次,"余固笑而不信也",苏轼笑而不信寺僧扣石发声为石钟山得名的原因,此一笑,成为作者探究石钟山得名由来的动因。第二次,"因笑谓迈曰:汝识之乎? 噌吰者,周景王之无射也;窾坎镗鞳者,魏庄子之歌钟也"。作者认为基本探究到了石钟山命名的原因,得意之中告诫苏迈,要想认识事物,获得真相,还需要有文化积累。第三次,"盖叹郦元之简,而笑李渤之陋也"。苏轼游览探险后思考并总结,提出"事不目见耳闻,而臆断其有无,可乎"的观点,遗憾士大夫不肯"以小舟夜泊绝壁下",叹息"渔工水师虽知而不能言",同时对郦道元和李渤的观点进行了评价,整体上看,这些内容为探险后的思考。

教学中,可把作者的"三笑"作为一条脉络来理解文章的内容,构成"因——察——悟"这一探究线索,这样在理解文本方面会更加清晰。

(二)分析文章艺术特征,关注语言建构运用

1. 说理兼有写景,形象生动传神,动人心魄

作者和儿子苏迈夜探石钟山,描绘了一幅神秘、惊悚的石钟山夜景图。绝壁陡峭且附近山石外形狰狞,"大石侧立千尺,如猛兽奇鬼,森然欲搏人",夜间观之,让人惊悚。作者大概觉得形绘似乎还显得单调,在视觉的描写之后,又用听觉来写,"而山上栖鹘,闻人声亦惊起,磔磔云霄间",视觉、听觉相结合的描写,令人更感恐怖;而"又有若老人咳且笑于山谷中者",更是将视觉之后的听觉描写得出神入化。为呈现山水游记的特征,作者还是在石钟山景色描写之后,打消了读者的疑虑,写出了声音的来源,告诉人们这声音乃鸟类所发,"或曰此鹳鹤也"。至此,叙事、写景、描摹,展示了古代文人专情于山水、借助于大自然的超脱的境界,揭示了古代文人崇尚自然、可以将自己与自然融合的写作境界和思想境界。事实上,作者描摹声音并非单纯写景,也为后文揭示石钟山命名源于声作了铺垫。

苏轼对于夜色下石钟山的描写,在写实之外,还有瑰丽的想象,"如猛兽奇鬼,森然欲搏人"将想象、描摹结合在一起,将自己对自然的感触融于充满瑰丽的浪漫主义想象中,为其现实主义文风增添了无穷魅力。

2. 记叙、描写、议论、抒情相结合，以议论为核心内容点题

多种表达方式并用是文章的重要特点，夹叙夹议，叙中有议，在描写中运用多种艺术手法，使得文章生动形象。

作品开篇就在记叙中描写了石钟山，记叙后发议论、提出问题。文章开篇即言彭蠡之口有石钟山，随即引出郦道元的观点，"郦元以为下临深潭，微风鼓浪，水石相搏，声如洪钟"，在文章的叙述中写了"声"的来源与声音之大小，即"微风鼓浪，水石相搏，声如洪钟"，然后指出"是说也，人常疑之"，继而反驳该观点，"今以钟磬置水中，虽大风浪不能鸣也，而况石乎"。文章一开始就语言简洁地直入主题，简短的几句话，记叙、描写、议论浑然一体；提出问题，表达看法，让读者感受到了东坡居士关注的正题，也展示了其游记散文的写作笔法。文中的议论虽未呈现为议论的表达方式，但其观点却十分鲜明："至唐李渤始访其遗踪，得双石于潭上，扣而聆之，南声函胡，北音清越，桴止响腾，余韵徐歇。自以为得之矣。"此处表达形式上是记叙，但记叙中的"自以为得之矣"已经明确表明了观点。之后作者笔锋一转，"然是说也，余尤疑之。石之铿然有声者，所在皆是也，而此独以钟名，何哉"，则更加清晰地以叙代议，且观点清晰。文章第三段"事不目见耳闻，而臆断其有无，可乎"亦是将议论与抒情结合在一起，在抒情中表达核心观点。

可见文章融记叙、描写、抒情、议论于一体，而在这多重表达方式的融合中，议论则成为点题的重点内容与核心。

3. 品味作品语言——意在弦外，增强感染力

作为大师，苏轼的语言可谓生动传神，有时不经意间的一语，就耐人寻味。看似隐晦婉曲的表达，增添了无尽的语言魅力。文章的第二段，为探寻石钟山命名原因，苏轼前往探访石钟山，"寺僧使小童持斧"，在乱石当中选择了几块石头敲击，以证明李渤之说，东坡的态度是"余固笑而不信也"。"固"，坚定地表达了作者的主张，呈现了苏轼科学严谨的治学精神。

文章第三段，作者对其考察作结论，对于"士大夫终不肯以小舟夜泊绝壁之下"、疏于调查研究的态度，表达了遗憾。"渔工水师虽知而不能言"，表面上是一个客观陈述，并无感情色彩，细细品味，苏轼作为士大夫，对于没有学识、没有文化的"渔工水师"，还是有一种不够重视，甚至轻视的态度。

仔细品读，大师的语言于"悄无声息"中，很自然地体现出他的情感与观点。有些妙处，需要"品""读"，方能体味。

二、教学反思：文化性哲学思考与对作品弦外之音的分析应加强

(一) 作品的文化特征、对传统文化的诠释需加强分析

寄情山水，借游览山水抒发情志，是中国古代文学的重要特征。大凡文人在山水中怡情，多源于对山水的喜爱，借山水可抒发情怀，在山水美景中抛却一身疲惫和仕途的失意。《石钟山记》重点在说理，然而说理中也有充分而精彩的写景，这些景物描写，除山水游记中必要的胜景展示外，更展现出作者苏轼超然物外的心志和寄情山水、融己于自然的达观情怀。

教学中对于写景的分析是必要的，这对于学生表达方式的丰实、更加准确地理解游记帮助很大。

(二) 作品分析中体现哲学文化的思考尚需深化

教学中分析文章的哲学思想，还不够充分。课堂教学中，对于苏轼前往石钟山考察，进行调查研究，寻觅石钟山得名原因等的分析，重点是强调哲学思想中实践的观点，批判唯心主义。

根据教学的需要，作品所体现出的哲学思考需在教学中深入分析，不能仅仅停留在实践的观点这一概念上，还应该有更加具体而深刻的哲学分析。这样才能够让学生有深刻的哲学思考，形成深度学习。

(三) 对文章现实意义的分析，需要更加系统地明确

教学中关注文言知识、文章结构与内容、文章的主旨、艺术手法等比较多，对于作品的现实意义，谈得相对比较少。语文是一门综合性、实践性课程，其人文性作用应该受到重视，语文教学中的树人意识需要加强。教学的现实性，也是提升学生学习兴趣、促使教学与生活结合，形成学生正确世界观、人生观、价值观的重要途径。

苏轼这篇文章，对于当代学生性情的陶冶、正确观念的形成有十分积极的意义，在学习、生活乃至人生指导中，均有较大的借鉴价值。当然，这种借鉴，需要教师在教学中进行有机提炼和科学引导。

(四) 作者暗含的写作目的，尚需较为明确的揭示，以此激起学生由表象到本质的思考

文章的观点性句子是"事不目见耳闻，而臆断其有无，可乎"，然纵观全文，郦道元也好，李渤也罢，都未见有"主观臆断"的行为，作者所批驳的李渤，也曾"始访其遗踪"，作过积极的实践与考察。至于郦道元，作者只是"叹郦元之简"，并未完全否定之。那么，作者所提出的核心观点，是针对谁的呢？

有疑必察,作者已经为我们做了表率,在本文的教学中,必须回应这一问题,同时培养学生通过表象分析本质的能力。

三、教学重构:探究作品的文化、哲学与现实意义,激发学生思维与思想的生成

(一) 深入分析景色描写,揭示作者寄情山水的文化特质

教学中对文中景色描写已经有比较细致的分析,包括叙事、写景、描摹的结合,比喻等手法的运用,作者具有浪漫主义风格的绮丽想象等。但上述分析仅限于作者以描写景色来写探访的艰险,或为石钟山得名与"声"有关蓄势,以突出作者实地考察的实践性作用,对于山水景色与古代文人情怀之间的分析尚比较简单。

自然给古代文人的启示,是人属于自然。正因如此,古代的士大夫才能在自然中感悟,在山水中怡情,在山水的欣赏中摆脱世俗羁绊,显现出豪放、旷达与洒脱,直至摒弃功名利禄,实现自身与灵魂的自由。传统文化中对自然的特殊情感,源于中国古代哲学中自然与人合一的主张,人来自自然,是自然的一部分。因而,士大夫们才崇尚自然,进而超然物外。

这种对自然的特殊感情,使得文人们在困惑的时候,到自然中去寻求答案,进行实地考察,天然地就产生了实践意识和实践精神,山水于是成为其精神寄托,成为他们释放情怀之所。

教学重构可展示古代文人专情于山水、借助自然超脱的境界,揭示古代文人崇尚自然、将自己与自然融合的写作境界和思想境界。

景物描写展现了苏轼的超然物外,展示了其寄情山水、融己于自然的达观情怀。教学重构中的写景分析,可抓住古代作家表现传统文化的方式进行教学,对于学生表达方式的丰实、更加准确地理解游记帮助很大。

(二) 深入体会文中的哲学内涵,由概念深化到对认识论原理的理解

在文章哲学思想的探究上,之前的教学主要明确了实践这一概念及郦道元、李渤、苏轼积极实践的精神。

教学反思后的教学重构,应强调认识需要实践。通过分析郦道元、李渤、苏轼考察石钟山命名的实践活动,将认识来源于实践这一哲学思考引向深入,对实践的作用进行深入分析,并在此基础上证明"实践是认识的来源"这一道理。

苏轼在文中主张认识事物要目见耳闻,不可主观臆断,符合辩证唯物主义认识论原理,有机呈现了实践与认识的关系。根据认识论,实践是认识的来源,人的正确认知

以及由此而形成的正确思想,只能从社会实践中来。苏轼与长子苏迈实地考察石钟山,体现了对实践的重视,是科学合理的。

实践是检验真理的唯一标准,检验认识的方法是实践。苏轼在文中批判了主观臆断的唯心主义,主张用实践检验真理,这在现在也是极具进步意义的。只是其观察的角度、思考的角度不尽准确,得出的结论未必是最科学的,但无论如何,这种积极实践的行动是可嘉许的。

之前的教学中,也分析了文章中的哲学思想,但还停留在概念性阶段。经过对教学的反思,认识到哲学思想是激发学生深入思考的重要工具,进行哲学相关的理论分析还是十分必要的。文中哲学思想的分析,对于学生形成独立的思想,生成创新性思维,具有十分积极的意义。

(三)分析文章内容与作者精神品质,探究作品创作的现实意义

一是探究文本对学生世界观、人生观、价值观的积极影响。苏轼为探究石钟山得名原因,亲身实践,夜游石钟山的做法很值得赞赏。其积极意义可以概括为:一是要有探索精神,求真务实,不畏艰险。夜探石钟山,在当时士大夫中是少见的,从习俗上看,这不是官员们的本职;从石钟山的环境看,还是给人带来了惊悚。苏轼与其子夜探石钟山,确实是冒险、孤寂的行为,在当时是一种积极可取的做法。

二是苏轼的做法告诉我们:要有质疑意识,不能相信浅见,不能相信旧说,甚至不能完全相信权威。要勇于探究,身体力行,敢于质疑。质疑才能引起思考,思考才能形成思想,有思想特别是有新思想才能形成创新意识。要摒弃当今部分人的浮躁、盲从行为,注重调查研究,掌握第一手资料,为创新思想的形成奠定基础。

三是苏轼父子的对话耐人寻味。苏轼对其子说"汝识之乎?噌吰者,周景王之无射也,窾坎镗鞳者,魏庄子之歌钟也",由此我们认识到,正确地认识事物,必须有文化积累。作者在文中谈到"渔工水师虽知而不能言",也证明了这一点,即苏轼是在强调文化底蕴对于人认识事物的正面影响。

上述三点,对于教育而言有十分积极的意义。有探索精神、有质疑意识、注重文化积累,对于当代学生而言,依然十分重要。

(四)深入探究成文目的,分析体味作家生平对其创作的影响

细读全文发现,苏轼对郦道元、李渤观点的反驳,似乎并没有太用心,而自己的石钟山命名之说,亦未脱出郦道元的窠臼。这就有理由证明,如同其泛舟赤壁之下一样,苏轼只是借此机会,表达自己暮夜泛舟是对心灵自由的向往,是对生命自由之美的向往。

文章的核心句是"事不目见耳闻,而臆断其有无,可乎",这一反问形式的议论句,细细品味是带有抒情意味的,似乎情感还比较浓烈。到底是谁"臆断其有无"了呢?"郦元以为,下临深潭,微风鼓浪,水石相搏,声如洪钟",李渤也没有臆断,"得双石于潭上,扣而聆之,南声函胡,北音清越,桴止响腾,余韵徐歇",无论李氏的结论是不是正确,其是实践中的摸索,是考察中的总结,不是臆断。所以,李渤没有臆断,郦道元也没有臆断。那么,苏轼在这里批评谴责的,就另有其人了,这里包含石钟山命名原因探究的弦外之音。乌台诗案让苏轼险些丧命,被贬黄州,而给苏轼所定罪名"攻击新法",完全是杜撰的,系罗织罪名。东坡这一问,很明显有对自己冤屈的申诉和感叹。

拓展开去,"事不目见耳闻,而臆断其有无",也是对当时社会现象的批评,不仅仅是在批评某一现象、某一件事。

（五）质疑文中内容,生成学生多维思维方式

1. 作者讥讽否定郦道元和李渤的不可取

郦道元是北魏时期著名地理学家,他的观点应该被尊重,李渤也是当时重视实践的官员,作者的评价"盖叹郦元之简,而笑李渤之陋也",显得不够中肯。从《石钟山记》的内容看,苏东坡的观点与郦道元有一些重合,甚至可说是借鉴了其观点,如此讥讽就显得过于唐突。至于"李渤之陋","陋"字尤其贬低人的尊严,用于评价一名重视实践、有作为的官员,不够公允。且郦道元"下临深潭,微风鼓浪,水石相搏,声如洪钟"的得名由来,已道出了石钟山命名的原因,苏轼借鉴别人的成果,而讽人"简",确实有不厚道之嫌。

2. 积极实践可取,但不应放弃间接经验

凡事要亲身参加实践,通过亲眼看到、亲耳听到的事情去分析归纳,这种主张是合理科学的。但要注意,不能放弃间接知识。当代教育中的知识多数为间接知识,应该重视学习。学习书本知识这一间接经验是必要的,所以,阅读苏轼的文章,赏析他的观点,也不可以过于绝对。教学中可通过上述分析帮助学生学会辩证地分析问题,有意识地培养学生从不同角度思考问题的能力。

第二节　基于传统文化的仁政思想与哲学思考
——《过秦论》教学反思

《过秦论》以富有气势的语言,通过铺陈、排比、夸张等手法,从秦王朝的崛起、扩张、统一写到灭亡,论述了秦统治者所犯的过失,分析总结了其灭亡的原因,并根据对史实的分析,明确了"仁义不施而攻守之势异也"这一中心论点。

教学中,首先梳理了文章的结构内容,在此基础上分析了作品的语言、论证和思想,教学效果较好。但经过教学后的反思,意识到本课教学在传统文化思想的传承、作品哲学思想的挖掘、学生多维思维的激发等方面,依然有提升的空间。现从《过秦论》教学的可取之处、教学中需要加强的部分以及教学重构三个方面,对《过秦论》的教学进行反思。

一、教学归结:厘清文章结构,赏析文章语言,归结文本思想

(一) 归结文章内容,厘清文章结构

1. 归纳文章的内容

教学中,首先引导学生进行内容归纳。根据文本内容,文章分为两部分:第一部分记叙秦的兴亡,包括四个历史阶段,即崛起、发展、统一全国和王朝覆灭。第二部分论述秦灭亡的原因,围绕"仁义不施而攻守之势异也"这一中心展开。该部分有两层,第一层作了力量对比,先指出天下没有变小变弱,秦还是以前的秦,明确秦的优势还在;第二层从领导者地位、武器装备、军队素质、指挥能力四个方面将九国之师和陈涉之众作对比,指出陈涉远不如九国之师,成败的结果相反,由此自然而然地引出论点。

2. 分析文章的结构特征

教学中重点分析了文章的结构特征。文章在结构上的特征首先是层次分明,结构清晰。前四段是第一部分,表达方式以记叙为主,叙述秦由盛到衰的过程;第五段是第二部分,表达方式为议论,分析了秦王朝灭亡的原因。

文章结构特征的第二点是叙述部分以时间年代为序,叙事清晰。文章起始就描述了秦的野心:占据崤山和函谷关,拥有雍州,窥视周室。第一段末尾,还提及了秦人拱手夺取西河之外这一战绩。接着写到惠文王、武王、昭襄王继承原有的基业,沿用前代遗留下的策略,东南西北四处征战,不断扩张,攻取汉中、巴蜀,割占肥沃的土地和重要的郡县。为了使记叙的脉络线索完整,作者对于因"享国之日浅"而未能开拓疆土的孝文王、庄襄王两位君王,也进行了记述。记叙到秦始皇时期,作者渲染性地描述了其"奋六世之余烈,振长策而御宇内,吞二周而亡诸侯,履至尊而制六合,执敲扑而鞭笞天下,威振四海"的功绩,秦达到了强盛时期,统一了天下,肆无忌惮地奴役天下百姓。秦始皇死后,其影响力依然能至边鄙之地,直至陈涉起义,秦王朝灭亡。

（二）赏析文章表达，体味语言气势

1. 铺陈叙其事，以之蓄其势

教学中，赏析文章语言是重要环节。文章以铺陈叙事的方式，为其论述服务，在传递论证力量的同时，增强语言的气势，为论述蓄势。作者在开篇叙述秦的野心，"有席卷天下，包举宇内，囊括四海之意，并吞八荒之心"，此处的铺陈叙事，可用一句话概括为"秦有吞并天下的野心"，然而如此铺陈的目的，是蓄势，是将此时秦的强大、秦军的所向无敌与后文秦的衰败作对比，揭示其颓败的原因。在第二段论述秦的扩张时，用了"南取汉中，西举巴、蜀，东割膏腴之地，北收要害之郡"；在谈到六国人才济济的时候，作者记叙为"齐有孟尝，赵有平原，楚有春申，魏有信陵。此四君者，皆明智而忠信，宽厚而爱人，尊贤而重士"，这些铺陈的句子为后文的对比分析和形成语言气势，奠定了基础。

作者在叙事中，以史实为论据，通过叙事阐释道理，以记叙的形式说理，效果十分明显。

2. 排比增语势，叙事促思考

文章的句式特点，对增强说服力起到了重要作用。首先是排比增强全文的语言气势，显得文章气势恢宏。文章中，强调六国人才多的"齐有孟尝，赵有平原，楚有春申，魏有信陵"，阐明四君子道德的"皆明智而忠信，宽厚而爱人，尊贤而重士"，分析六国各方面人才齐全的"于是六国之士，有宁越、徐尚、苏秦、杜赫之属为之谋，齐明、周最、陈轸、召滑、楼缓、翟景、苏厉、乐毅之徒通其意，吴起、孙膑、带佗、倪良、王廖、田忌、廉颇、赵奢之伦制其兵"等句子，在记叙的表达形式下就已经气势磅礴、大气恢宏，充满了论证力，十分生动地展示了六国的力量。即使拥有这样的强大力量，结局仍然是"秦有余力而制其弊，追亡逐北，伏尸百万，流血漂橹；因利乘便，宰割天下，分裂山河。强国请服，弱国入朝"。此处的排比句，道出了悬殊力量下的作战结果：六国败逃，秦获大胜。这使读者在记叙表达中就能感悟到，强大的六国难以战胜秦国，足见秦的强大；秦之灭亡，又可见陈涉等起义军的"强大"；进而引人思考，导致秦王朝灭亡的原因是起义军的强大还是其他。

3. 行文多整句，表达增活力

《过秦论》的语言堪称经典。其中整散结合大大增强了行文的活力。文章谈到秦始皇时期秦的发展，有如下叙述："及至始皇，奋六世之余烈，振长策而御宇内，吞二周而亡诸侯，履至尊而制六合，执敲扑而鞭笞天下，威振四海。"整句含于散句中，整散结合,语言富有节奏感,铿锵有力,于叙述中带有议论的特点,使得行文避免了单调呆板,增强了表现力。

再如文章第四段,以比较的形式分析陈涉的地位:"然陈涉瓮牖绳枢之子,氓隶之人,而迁徙之徒也;才能不及中人,非有仲尼、墨翟之贤,陶朱、猗顿之富;蹑足行伍之间,而倔起阡陌之中,率疲弊之卒,将数百之众,转而攻秦;斩木为兵,揭竿为旗,天下云集响应,赢粮而景从。"中间为整句,前后均为散句,整散结合,揭示了地位低的陈涉使得秦王朝灭亡。上述语言,对于理解秦王朝灭亡的原因起到了提示作用;不用议论,仅仅读这些记叙,就能感受到文章中心论点的合理性。

(三) 对比述其理,论证增其力

1. 六国与秦对比,突出秦国力量强大

六国与秦的对比,主要出现在第二段。在人才方面,六国有四君子;在军事方面,有九国之众;在军事指挥方面,有诸多带兵名将;在谋划与策略方面,有众多谋士。六国在资源与土地面积方面占有优势,与秦相比,六国有十倍于秦的土地、上百万的军队。凭借这些优势,六国叩关攻打秦国。虽力量相差巨大,秦依然开关迎击敌人且获得胜利,最终使得各路诸侯"请服"或"入朝"。此处之对比,强调了秦在各种资源不占优势的情况下一举战胜六国,突出了秦国力量的强大。

在内容上,此处的对比重点写的是六国;在表达形式上,此处为记叙,作者没有作过多的评论,读者却能体会到作者的观点,力量强大的六国在征战中处于劣势,以此突出了秦的强大。作者用记叙的方式,自然而然地让读者明白其阐述的道理,那就是军事力量强大不是长治久安的第一要素。作者没有通过议论,而是通过记叙的形式让读者明白了道理,更增强了其论证的雄辩力。

2. 陈涉与秦王朝对比,突出陈涉的弱小

文章在陈述陈涉方面的力量时,主要通过对比的方式突出了陈涉的"弱小"。文中提到陈涉出身低微,家境贫寒,才能不如普通的人。作者将陈涉与孔子、墨子、陶朱、猗顿作了对比,强调陈涉在贤、富等方面均与之有差距,率领的军队疲敝,数量也少。作者的描述没有突出秦王朝的强大,通过写陈涉的力量,让读者感受到其从出身到才能及军队的数量和作战能力,都可谓不堪,推翻秦王朝的可能性微乎其微。极强与极弱的强烈反差,证明弱小战胜了强大,为文章末尾中心论点的提出提供了基础。

3. 陈涉与六国力量对比,引发读者思考

文章末尾的议论,将六国与陈涉进行了对比,以引起人们对强弱的重新认识,思考秦灭亡的本质原因。"陈涉之位,非尊于齐、楚、燕、赵、韩、魏、宋、卫、中山之君也",从社会地位的角度比较了陈涉与六国君王的悬殊;"鉏櫌棘矜,非铦于钩戟长铩也",从武器装备的角度比较了陈涉与六国的差距;"谪戍之众,非抗于九国之师也",从作战能力的角度对比了陈涉率领的"疲敝之卒"与六国军队的差距巨大;"深谋远虑,行军用兵之道,非及向时之士也",从人才能力的角度突出了陈涉是十分落后的。"然而成败异变,功业相反,何也",作者在段末提出了疑问,引发读者思考,为中心论点的归结作好了铺垫。

4. 秦国自身发展中强弱力量对比,指向中心论点

文章从秦孝公时期开始叙述,历惠文、武、昭襄三位君主的"蒙故业",到孝文王、庄襄王的"享国之日浅",直至秦始皇,共七代国君。从秦穆公时期开始,秦就有吞并天下的野心,军事力量不断壮大,能够轻易夺取西河之外。此时的秦国,处于发展上升期。"蒙故业,因遗策"的惠文、武、昭襄,在秦穆公的基础上继续发展壮大,四方征战,开疆拓土,为秦的统一奠定了坚实的基础。之后秦与六国的作战,结果是秦"追亡逐北",六国"伏尸百万"。秦国趁机"宰割天下,分裂山河",其结果是"强国请服,弱国入朝"。至此,秦已经为统一奠定了必要的基础。作者渲染性地叙述了秦始皇时期的功绩:"奋六世之余烈,振长策而御宇内,吞二周而亡诸侯,履至尊而制六合,执敲扑而鞭笞天下,威振四海。"至此,秦的国力达到鼎盛时期,势力向南到了"百越之地"的桂林、象郡,向北,"蒙恬北筑长城而守藩篱";秦军还击退匈奴,使得"胡人不敢南下而牧马,士不敢弯弓而报怨"。然而秦的强大并没有确保王朝维持久远,不久,秦帝国就轰然崩塌了。

读文发现,秦国不是在弱小时期覆灭的,而是在强大时期灭亡的。这就不由得令人深思什么才是国家长治久安之策。接着,文章卒章显志,揭示了论点。

(四)分析文本中心,归结文本思想

1. 论证了实施仁政的重要性

文章论述秦之过,在内容上层层推进,批评了统治者的残暴,置百姓生死于不顾,导致民不聊生,揭竿而起。由于秦统治者"仁义不施",以致"攻守之势异也",揭示了暴政的缺点,突出了"仁政"的重要。作者还欲抑先扬,看似在"扬"秦之强盛,实则暗含对秦统治的"抑"。作品渲染了秦军事上的强大,在秦强大的军事力量之下,统治者似乎忘记了国家的根基是百姓,"于是废先王之道,焚百家之言,以愚黔首;隳名城,杀豪杰;收天下之兵,聚之咸阳,销锋镝,铸以为金人十二,以弱天下之民"。统治者信奉军事力量的作用,忽视了对百姓的仁爱,最终导致了王朝的覆亡。

2. 为统治者的稳定统治提供借鉴

贾谊撰写此文的目的，就是告诫汉朝统治者，要借鉴秦亡的教训，实施仁政，以图实现长治久安。

文章极力铺陈渲染，一再突出秦的强盛，秦自穆公以来历经多位君主，一路发展壮大，终在秦始皇时期统一中国。本以为自始皇帝起，可传二世、三世乃至万世，却在二世时导致了帝国的终结。贾谊试图通过此文，归结秦帝国灭亡的教训，告诫汉统治者，帝国无论多么强大，若失去了民心，最终将导致灭亡。根据汉朝初年的形势，国家需要休养生息，朝廷需要以仁爱的思想来稳定统治，作者因此撰写此文，反对暴政，反对横征暴敛。

二、教学反思：传统文化、思想性分析与哲学思考需要加强

（一）思想性分析应关注与传统文化的联系

教学中，结合文章内容分析了文章的思想意义，对于文章的写作目的也进行了分析。根据作者的主张，任何朝代的统治者都应该实施仁政，关爱百姓，这才是实现社会稳定、长治久安的正确途径。教学中通过分析对比的方法，阐明了文章的中心论点"仁义不施而攻守之势异也"，并阐释了作品的思想意义。

但教学中只是单纯地分析文本内涵和主旨，没有把文章的中心放在传统文化的角度去分析，这使得分析缺乏与传统文化的联系，有一种割裂感，政治性较强，文化性薄弱，语文教学的特征没有得到凸显，课堂教学未能实现分析的深入性。

（二）学生思维激发特别是多维思维的激发不够充分

整个教学过程还是过于"循规蹈矩"，完全认同整篇文章的语言、结构、思想等，对文章完全处于欣赏、赞美的层面，学生在学习过程中也没有提出对文章的批判性思考，教学中激发多维思维的方法也不够充分，这对于学生创新思维的生成是不利的。

教师应该在教学中引导学生积极思考，生成学生的多维思维，为创新思维的形成奠定基础。

（三）哲学思考尚需深入，以引导学生深入思索

语文学习中对文章中哲学思想的分析，能够使学生更加深刻地理解文本。将文学与哲学结合起来的学习，对于活跃学生的思维、生成学生的思想有重要作用。因此，教学中应注意引导学生挖掘文学作品中的哲学思想，体会作品中的哲学内涵；引导学生在哲学思想的指导下阅读、学习文章，充分发挥语文学科的人文性特征，实现语文教学

的实践性、综合性特点。

三、教学重构：探究作品的文化内涵，分析其哲学与现实意义，激发学生思维

（一）关注基于传统文化的儒家思想内涵，引导学生理解并运用传统文化

1. 传统文化的理解、继承与发扬

《过秦论》的中心论点是"仁义不施而攻守之势异也"，从作者期待统治者实施仁政这一点来看，其仁政思想十分明显。文章中列举了秦统治者治政的弊端、对人民的错误态度，批评了愚化民众、防止民众抗争、试图通过削弱百姓抵抗力量巩固其统治等错误做法，对于秦压榨、压迫人民的不道义行为，进行了不遗余力的揭露和批判。作者以记叙的方式，揭示了统治者的思想本源就是把人民看作为其服务的工具，通过愚化、弱化、奴化人民来实现二世、三世乃至万世的统治，并天真地以为这是最佳策略。统治者错误的思想和行为，使失去民心的秦王朝在弱小的反抗力量下就土崩瓦解，以致二代而亡。作者的论述强调了以民为本的思想主张，强调了仁政爱民对于国家长治久安的作用。

文章的论点与儒家思想体系中的"爱人""仁政治国"是一脉相承的。"仁""仁义""仁爱"思想是儒家思想的核心，也是民族传统文化的核心理念。基于这种文化理念，统治者为了实现国家的发展和统治的长治久安，一般都以"仁政"治国。教学中，在归结作品思想内涵的基础上，应该分析作者的观点产生的文化基础，分析文化传统对文人的深远影响，引导学生理解儒家思想，理解传统文化，在学习中生成人文素养，提升对古代文学作品的理解能力和鉴赏能力，生发思维，感受传统文化的魅力。

2. 文章思想内涵与现实意义的揭示

教学中还应了解作者的生平，了解儒家思想在西汉时期的地位，了解那一时期有作为的知识分子为人处世的准则，体会他们不顾危险撰文劝谏的忠诚。通过分析作品的清晰层次、有序论述，使学生理解作品的文化深度，生成缜密思考，从而实现教学的现实意义，即：弘扬传统文化，传承传统文化，挖掘传统文化中的精髓，体会人民是历史的主人这一客观真理，明晰"人民就是江山，江山就是人民"这一当代思想主张。

（二）体会文中所含哲学思想，深化学生的思考

作者论述了秦之兴亡并分析了原因，提出"仁义不施而攻守之势异也"这一中心论点，目的是为当朝统治者提供治理国家、改革政治的借鉴。作者阐释了秦由盛到衰的历史事实，指出秦之过在于不施仁义而遭到天下人的反对，最后导致国破身亡，以此暗示汉代统治者要以秦为鉴,广施仁政。

文章的中心论点"仁义不施而攻守之势异也",符合哲学上对立统一的原理。秦国的灭亡有重要的原因,是主要矛盾与次要矛盾的关系没有处理好,秦国与六国争霸天下之时的主要矛盾是在外攻取的战事,国内的安定是次要矛盾;取得政权后,秦没有施行仁义的策略,没有安抚希冀过上稳定生活的百姓,反其道而行之,"废先王之道,焚百家之言,以愚黔首",焚书坑儒,大兴土木,实行愚民政策,使得国内的次要矛盾升级为主要矛盾。

作者希望汉朝在建立之初,应吸取前人经验来发展自己,不能走前人走过的弯路。贾谊的论述符合对立统一规律。根据对立统一规律,矛盾双方互相依存,一方的存在以另一方的存在为前提,双方共处于一个统一体中。矛盾双方依据一定的条件,各向自己相反的方向转化。成功需要抓住主要矛盾、矛盾的主要方面。秦在征战时期,国力强盛,军事力量是重要支撑,秦国的军事力量与六国的对比是主要矛盾;统一后,恢复经济、解决人民的生活问题是主要矛盾。不同发展阶段的事物是有其特殊性的,沿用固定的思路解决问题,不对具体问题进行具体分析,不去抓主要矛盾,一定会导致失败。秦的统治者没有认清此规律,一味穷兵黩武,大兴土木,一直把军事强盛看作主要矛盾,缺少对社会矛盾的清醒认识,最终造成帝国的灭亡。

教学中,分析文章中的哲学思想,能够使学生掌握观察世界、了解世界、分析世界的方法,培养正确科学的思维,生成深邃的思想。

(三) 激发学生的多维思维,关注学生思维能力的提升

1. 鼓励学生思考文章的核心概念,大胆质疑,不迷信名家

围绕文章的中心论点"仁义不施而攻守之势异也",作者进行对比分析,指出军事力量强大并不是稳定统治、长治久安的根本,实施仁义、以民为本才是实现社会发展、百姓富足、王朝稳定的基石。

文章以对比的形式论证了中心论点,却自始至终没有界定"仁义"的概念。这里的"仁义"包含哪些要素,秉承哪一思想学派的理念,具体到统治者的施政中该如何做,作者都没有解释。在教学重构中,教师可先从仁义的概念开始解释。儒家思想大家们认为"仁"的核心是爱人。子曰,仁者,爱人。孟子也指出,得民心者得天下。儒家思想对于人达到仁的境界很看重,认为"仁"标志着人的智慧,更是治国的根本。儒家的"仁",在治国理念上呈现为仁政和德治,国家的安定、富强和发展,需要土地、人口和耕地。要使江山恒久,必须实施仁政,使人民生活无忧。儒家关于"仁"还有更加深入的拓展,

孟子主张"民为贵,社稷次之,君为轻",他还认为"三代之得天下也以仁,其失天下也以不仁"。

2. 鼓励学生思考文章论点的周密性,大胆质疑,提升思维能力

文章的论点是"仁义不施而攻守之势异也",作者认为秦统治者不仁义而致秦王朝灭亡。但就本文来讲,所提及的事例就与作者的观点相悖。一是秦王朝统一前后,基本上不实施仁政,即其不仁义的行为并没有改变过,那么为什么在秦统一之后仅仅两代,秦就灭亡了呢?为什么在统一之前以及统一的过程中,秦王朝没有覆灭呢?还有,战国四君子可谓仁义之人,六国的君主也有采纳贤臣建议、比较仁义的,但是他们的国家也都灭亡了。由此,"仁义不施而攻守之势异也",不是文章最严密的论点。

那么,秦灭亡的原因究竟是什么呢?教学中可以引导学生关注:同样是军事力量强大的情况,同样是"仁义不施",为什么秦帝国会在秦二世的时候走向灭亡?通过求同法和求异法得出结论:秦王朝之所以灭亡,是因为没有抓住主要矛盾,忽略了矛盾的特殊性。

关于秦灭亡的原因,教学中不必给出过于明确的观点,可以使学生在有依据的条件下,自由阐述自己的主张,这对于学生多维思维的生成更有意义。

第三节　基于传统文化的责任意识与哲学思考
——《谏太宗十思疏》教学反思

《谏太宗十思疏》富有现实针对性,说理严密,唐太宗称其"言穷切至",读后很有启发。文章开篇即以比喻的形式展开,分析了创业难守成更难的道理,对历史经验进行了概括总结,从人心向背等方面论述了"居安思危,戒奢以俭"对于国家长治久安的作用,进而提出了劝谏太宗"十思"的具体内容。

文章写作上的艺术特色明显,比喻、排比、类比等手法使用准确,语言生动、有气势,骈散结合,表达灵活;论述中正反两方面结合,辞工文畅,铿锵有力而又亲切,警示明显、振聋发聩的同时,容易让人接受。

教学中,从文章结构内容的分析开始,先整体阅读,在此基础上对文章的语言特征、艺术手法和思想内涵进行了分析,收到了较好的教学效果。执教后反思本课教学,意识到在挖掘传统文化思想、传承传统文化方面,做得不够充分,在挖掘作品时代意义方面还有进步空间。为提升以后的教学效果,现从《谏太宗十思疏》教学中的可取之

处、教学中需要加强的方面以及教学重构三个方面，进行教学后的总结与反思。

一、教学归结：分析文章内容结构，赏析语言与论证艺术，归结文本思想内涵

（一）厘清结构内容，把握逻辑关系

1. 文章各部分的主要内容

文章开篇即树立了"思国之安者，必积其德义"这一观点。

文章以比喻开始，强调"居安思危，戒奢以俭"是国家长治久安的根本。作者先正面用"求木之长者，必固其根本；欲流之远者，必浚其泉源"引出"思国之安者，必积其德义"这一主题。然后从反面谈"源不深而望流之远，根不固而求木之长，德不厚而思国之理"是不可能的。正反三组句子形成排比，使得文章开篇即清晰、有论证力。接着，作者明确君主若"不念居安思危，戒奢以俭"，实现国家长治久安是不可能的，如"伐根以求木茂，塞源而欲流长"一样。

开头用了比喻的修辞手法，以排比句这一特有的力量型句子，提出了"思国之安者，必积其德义"这一主张。

文章第二段紧承第一段的观点，论述了"居安思危，戒奢以俭"的道理。第二段先总结历史经验与教训，概括了历代君主行事的不足，"凡百元首，承天景命……有善始者实繁，能克终者盖寡"，即能创业不能守成。之后以设问引出分析，发出"岂取之易而守之难乎"的疑问和"昔取之而有余，今守之而不足"的思考。接下来的分析指出"殷忧"与"得志"的不同结果：殷忧，则竭诚待人；得志，则纵情傲物。而"竭诚"与"傲物"的结果更引人深思。君王对民众态度的不同，其结果反差很大，如果失去了民心，则百姓对于君王来说是"覆舟"的水，以水和舟的关系比喻民和君的关系，切中要害，令人警觉。文章关注到了人民的力量，明确国家的兴盛存亡由民心而定，君主竭诚待下方能使民怀其德，由此论证了君主须"居安思危，戒奢以俭"方能长治久安的观点。

第三段指出了"居安思危"的做法，即"十思"。"十思"阐述了文首提出的"积德义"。"十思"内容各有侧重，主要包括戒奢侈扰民、戒骄傲自满、戒私欲、戒轻信人言、戒赏罚不公等，从生活、执政、为人、处事、个人修养等多方面劝谏君主，"十思"的核心内容是正己安人。"十思"之后正面论述做到"十思"的优势，描绘了"垂拱而治"的盛世理想。

2. 文章各部分之间的逻辑关系

文章三个段落之间关系密切，逐层深入，逻辑关系紧密。文章开篇主张"思国之安者，必积其德义"；第二段紧承第一段的观点，论述了"积其德义"须"居安思危，戒奢以

俭",方能长治久安的观点;第三段是"积其德义"和"居安思危"的具体做法,即劝谏君主的"十思"。

文章从治国理政入手,先论述"积德义"乃治国强国之必需;再言"积德义"须"居安思危,戒奢以俭";最后论述如何"积德义",即须"十思",做好十个方面的理政工作。

文章环环相扣,三段的内容紧密相承,在论述中关注了问题的提出、分析和解决,最终水到渠成地证明了中心论点。

(二) 分析文章的语言特点,赏析文章的论证艺术

1. 骈散结合的语言,整齐、富有节奏感

文章的语言骈散结合,讲究对偶,句式整齐,增添了文采。概述帝王行为的"有善始者实繁,能克终者盖寡",揭示以不同态度对待臣民会有不同结果的句子"竭诚则吴越为一体,傲物则骨肉为行路",揭示用威风怒气恐吓百姓会带来危害的句子"终苟免而不怀仁,貌恭而不心服"等,都是对偶形式的整句。句中也夹杂了"昔取之而有余,今守之而不足,何也? 夫在殷忧,必竭诚以待下;既得志,则纵情以傲物"等三字短句和较长的句子,使得文字表达灵活多变,骈散结合更具文采,节奏鲜明,整齐错落,酣畅淋漓地把正误得失揭示得鲜明清晰,增强了文章的表达效果。

2. 丰富的修辞手法,使表情达意更加生动

文中运用了比喻、对比、排比等手法,使说理更生动、更透彻、更充分。文章开篇第一段就用了比喻,一正一反比喻论述,形象生动地表达了观点,即君主应"积其德义"。

文中的对偶句、排比句更是鲜明凝练地表达了观点,字数不多,节奏明显,读起来朗朗上口,如"有善始者实繁,能克终者盖寡""竭诚则吴越为一体,傲物则骨肉为行路"等对偶句,"念高危则思谦冲而自牧"等八个排比句,概述了君王执政的缺点,强调了爱护百姓的重要,为提出"十思"的具体做法作了铺垫。多种修辞手法的运用,增强了文章的语言气势,提升了表达的艺术性,增添了文采,使得论证效果更加突出。

(三) 使用多种论证方法,生动形象地证明观点

1. 比喻论证,生动形象地阐释道理

作者开篇并没有先论治国,也没有提出观点,而是先以生活常识设喻,"求木之长者,必固其根本;欲流之远者,必浚其泉源",然后引出"思国之安者,必积其德义"的主张。之后从反面论述,依然采用比喻的形式,指出"源不深""根不固""德不厚"不能实现"国之安",以比喻的形式从反面论证君主须"积其德义"。接着承上文,明确帝王不居安思危、戒奢以俭,是伐木之根以求树木茂盛、堵塞水流的源头而求其源远流长,从更加深入的角度,否定了不"积德义"的做法,提出了正面主张。

2. 正反对比论证,增强文章的说服力

文章列举两种不同做法,将"求木之长者,必固其根本;欲流之远者,必浚其泉源;思国之安者,必积其德义"与"源不深而望流之远,根不固而求木之长,德不厚而思国之理"进行对比,以此论证治国安邦应"积其德义"。从"木之长""流之远"等日常生活说起,使用大家所熟知的常识,使得论证容易接受且更有说服力。

在论及古代帝王"功成而德衰"之现象时,作者认为"有善始者实繁,能克终者盖寡"。"繁"与"寡"的对比,能触动太宗回顾历代帝王不同的政绩及结局,深刻打动太宗的内心。之后通过"取之易"与"守之难"、"在殷忧"与"既得志"、"竭诚则吴越为一体"与"傲物则骨肉为行路"等系列对比,提示"载舟覆舟,所宜深慎"。

二、教学反思:对传统文化内涵、哲学思想与作品现实意义的分析需加强

(一)加强传统文化与思想意义的分析,传承优秀的传统文化

课堂教学中,关于作品主旨、文章结构内容、语言特征、论证手法等的分析比较充分。在教学反思中意识到,对作品的现实意义、作品中传统文化内涵及哲学思想的分析需要加强。

受儒家思想的影响,中国古代士大夫在思想和行为上,都明显体现出儒家学说的主张。作者在文中提到的"百元首""既得志,则纵情以傲物",以及"虽董之以严刑,振之以威怒,终苟免而不怀仁,貌恭而不心服"等内容,均体现出了儒家思想,特别是"载舟覆舟,所宜深慎"的分析,在教学中更应结合传统文化,进行分析。

揭示文中关键句子蕴含的思想,分析作者的思想与传统文化的关系,阐释作者思想的积极意义,发掘传统文化中的优秀思想内涵,对于学生思维的激发、积极思想的生成,有十分明显的积极意义。

对于富有文化积淀的中国古代文学作品,教学中单纯进行文本内容的分析,即使主题分析十分清晰,也有一种无源之水、无本之木的感觉。结合传统文化思想的学习,对于学生思维与思想的系统性生成,对于学生的文学积累和文化积淀,都有明显的正面意义。

(二)探究文章蕴含的哲学思想,使学生形成科学分析事物的意识

作品的思想内涵丰富,作者的主张蕴含了丰富的哲学思想,这些思想对于学生的成长具有十分积极的意义。对作品中的哲学思想进行分析理解,对于学生深入理解作品和形成深刻的思想,用正确的方法看待世界、分析现象,有较大的意义。

用哲学思想分析古代文学作品，能够加强语文教学的实践性，促进学生语文学习方式的科学化，将文学作品的阅读引向深入，提升学生的思维能力、审美能力，将语文学科的人文性和工具性作用以及实践性、综合性特点发挥出来。

（三）揭示作品的现实意义，彰显作品的时代性

《普通高中语文课程标准（2017年版2020年修订）》要求语文教学注重现实性，使学生语文素养的发展提升适应新形势的需要，主张语文教学应挖掘古代文学作品的时代意义。在本课的教学中，对于作品时代意义的挖掘还不够，对于文章中所论述的以民为本、居安思危、忧患意识等，还应该进行深入的分析，并作具体归纳，使其时代意义得到彰显。

三、教学重构：探究作品的文化内涵，分析作品的哲学思想，反思作品的现实意义

（一）分析作品中的文化思想内涵，传承优秀的传统文化

1. 基于"仁"的以民为本、以德治国思想

《普通高中语文课程标准（2017年版2020年修订）》中"学科核心素养"的第四点，是"文化传承与理解"。传承中华优秀的传统文化，是语文教学的重要任务。《谏太宗十思疏》一文中作者的主张，反映了以民为本、以德治国、戒骄戒躁等传统文化思想。作者关注到古代帝王功成业就后会"功成而德衰"，就此提出疑问："昔取之而有余，今守之而不足，何也？"作者设问启发帝王，之后作了分析回答："夫在殷忧，必竭诚以待下；既得志，则纵情以傲物。"对于君王在不同时期对待臣民的不同态度，作者在文中呈现了以民为本的思想，揭示了百姓在国家中的地位，这与孟子"民为贵，君为轻"的思想有相同之处。作者将民本思想推而广之，希望太宗以德治国，关爱百姓，以免百姓生怨，避免百姓"终苟免而不怀仁，貌恭而不心服"。作者从君王对百姓的态度、管理人民的方式等方面强调了以德治国的重要性。为使论证更有说服力、易于接受，作者又用比喻的手法作了阐释："怨不在大，可畏惟人；载舟覆舟，所宜深慎。"该句话对后世文学和文化影响很大，水能载舟，亦能覆舟，这道理几乎为所有受过教育的人所熟知，作者警示太宗若得不到百姓的支持，国家将如"覆舟"。文章告诫太宗戒骄戒躁，对待人民应始终如一，薄赋税，轻徭役，宽刑政，使人民得以休养生息。

"以民为本"、以德治国的传统文化思想，源于儒家思想的核心"仁"，在"仁义"思想的影响下，关爱百姓、实施仁政就成为历代有作为的统治者理政的策略。

文章第三段是作者对太宗所谏的具体内容，即"十思"。"十思"中戒奢侈扰民、戒

骄傲自满、戒赏罚不公等内容,从正己安人的角度将儒家传统文化之谦冲、爱人的思想贯穿于始终。

教学中,引导学生理解传统的文化思想,鼓励学生传承民族优秀的传统文化,师生一同分析传统文化中的进步性,使学生认识到关注民生、实现人与人之间平等的重要性,这对于学生的思想成熟与个人成长是十分有益的。

2. 责任意识与公正思想

《谏太宗十思疏》能够流传至今,自然是因文章有义有理有情,讽谏艺术成功;但倘若没有魏征这样有智慧、有责任感、善于进谏的大臣,没有唐太宗这样能纳谏的贤君,文章也就失去了意义。文章体现了魏征的责任意识——冒险进谏,为国为民;也体现了唐太宗的责任意识——勇于纳谏,为了江山社稷的长治久安。责任意识是儒家思想的具体表现,儒家思想主张士大夫积极入世,为朝廷效力,为百姓谋福祉,主张"修身、齐家、治国、平天下",是责任意识的具体呈现。君臣的责任意识,是唐王朝出现贞观之治的重要条件。

文章中也体现出了公平思想,这在唐代是难得的。文章末尾在谈到人才的任用时,主张"简能而任之,择善而从之",作者认为这样"则智者尽其谋,勇者竭其力,仁者播其惠,信者效其忠"。作者这种人才选拔靠能力、不同特长的人用在适当的岗位上的主张,本质上充分体现了人尽其才、选择人才以能为胜的理念。

引导学生树立责任意识和公正的思想,对于培养学生的良好品德、促进学生思想的健康成长、帮助学生树立主人公责任感,是有积极意义的。

(二)分析哲学思想内涵,使学生生成辩证思想

1. 分析文章中联系的观点,培养学生全面看待事物的意识

《谏太宗十思疏》一文中的内容及作者的观点,符合辩证唯物主义哲学思想中联系的观点。联系的观点是唯物辩证法的总特征,唯物辩证法认为世界上一切事物都不是孤立存在的,而是和周围其他事物相互联系着的,整个世界就是一个普遍联系着的有机整体,事物之间以及事物内部诸要素之间相互影响、相互制约、相互作用。君主的行为与臣民是密切关联的,君主的执政理念以及对待臣民的态度,影响臣民的生活,关系到国家的发展和前途,这就是唯物辩证法中联系的观点。世界是普遍联系的,联系的观点要求我们关注世界的联系性。君主懂得了世界之间的关联,明晰了自身行为对臣民、对国家的影响,就能够约束自己的行为,让自己的行为成为有机联系的世界中和谐的成分,实现国家长治久安的目标,出现那个时代的"太平盛世"。"故天子一跬步,皆

关民命",说的正是世界的联系性。

教学中引导学生用联系的观点认识到世界是普遍联系的,对于学生全面地分析问题、有机地思考问题、培养思维的全面性有很大的帮助。

2. 分析文中蕴含的唯物史观,尊重群众这一历史的创造者

唯物史观揭示了人民群众在社会历史发展中的主体作用,强调人民群众是社会历史的创造者,是社会实践的主体。物质财富和精神财富都是人民群众创造的,群众的实践是推动社会发展的最重要动力。《谏太宗十思疏》体现了唯物史观中以人民为中心的思想,作者在文中提醒太宗"怨不在大,可畏惟人;载舟覆舟,所宜深慎",以水比民众,指出水能载舟也能覆舟,充分体现了其对人民的重视。文中"虽董之以严刑,振之以威怒,终苟免而不怀仁,貌恭而不心服"等内容,也体现了作者对民众的关注。文中体现出的上述思想,符合唯物史观,是一种积极的思想意识。

引导学生理解、认识文中的唯物史观,有利于学生生成科学的世界观,掌握科学的方法论,对于学生理解能力、分析能力、创造能力的生成,具有十分积极的意义。

(三) 反思作品中的现实意义,实现个人进步与国家发展

1. 居安思危,积极应对可能存在的风险

《谏太宗十思疏》是一篇很好的用于反省自身行为的文章,文章给人的最大启发就是任何人都应该有居安思危的忧患意识。任何人、任何单位在发展的顺利期,均应注意到自身存在的不足,关注到可能存在的危机,对于可能存在的风险有足够的准备。居安思危,方能有长远规划,有序应对可能存在的风险。

2. 戒骄戒躁,保持自身良好的修养

作者在文章中强调,君主应戒奢靡、戒骄傲、戒自满、戒纵欲,应知足、谦恭、兼听、正身。由此推而广之,任何人拥有上述修养,对于个人进步、国家发展都是有益的。在国民经济日益发展的今天,我们仍然应该勤俭节约,养成良好的道德与修养,摒弃奢华,崇尚简约。管理者更要保持谦虚谨慎、戒骄戒躁的作风,基于民众的利益做事,严防"既得志,则纵情以傲物"等不良现象的出现,实现国家的发展、民族的复兴。

第四节　基于"忠""孝"传统文化的教学思考
——《陈情表》教学反思

《陈情表》所陈之"情",是对祖母的"孝"、对朝廷的"忠"。作品的文化呈现,是基于

传统文化的忠孝思想。学习中，从文章的结构内容、语言艺术、文化思想等多方面加以体悟，对于全面理解作品、掌握作品的艺术特征和说理逻辑，是十分有益的。

教学中，在归纳文章内容的基础上，赏析了作品的语言、论证，分析了作者的矛盾心理，结合作者的身世和文章的写作背景，引导学生深入认识了李密辞征不就的根本原因，感悟了儒家思想所倡导的忠孝文化对人的深刻影响。

教学后反思，忠孝思想作为文章的核心在教学中分析得还不够充分，对作品中所包含的哲学思想的分析尚有欠缺，使学生思想深化的教学设计还需要更加科学有效，语文教学的工具性和人文性作用需要进一步彰显。现从《陈情表》教学的可取之处、需要加强的方面以及教学重构三个部分，进行教学反思。

一、教学回顾：厘清文章结构，赏析文章语言，学习论证方法

（一）厘清文章结构，掌握文本内容

1. 身世悲苦，生活凄凉

《陈情表》"陈"的是"情"，第一段陈述的事实，透露出来的是悲情。文章开篇即陈述了自己的不幸：年幼而孤，幼时母嫁，九岁不行，门衰祚薄，祖母卧病。在叙述自己不幸的同时，作者又提到了"祖母刘愍臣孤弱，躬亲抚养"，由此表达对祖母的感激，理应精心尽孝，故而"刘夙婴疾病，常在床蓐，臣侍汤药，未曾废离"，文中陈述自己身世和祖母的身体状况，为后文"陈情"奠定了内容基础，在结构上显得自然、不突兀。

第一段所"陈"之情，是叙述事实，多为作者少时的悲苦。

2. 感恩征召，陈述矛盾

第二段以"逮奉圣朝，沐浴清化"，盛赞君主治国有方，继而言多次被征，"前太守臣逵察臣孝廉，后刺史臣荣举臣秀才"，"诏书特下，拜臣郎中，寻蒙国恩，除臣洗马"。作者对朝廷的看重表达了谢意，"猥以微贱，当侍东宫，非臣陨首所能上报"；同时也提出了出仕的难处，"臣欲奉诏奔驰，则刘病日笃；欲苟顺私情，则告诉不许"，"诏书切峻，责臣逋慢；郡县逼迫，催臣上道；州司临门，急于星火"。面对尽孝与应征的矛盾，作者向朝廷坦陈："臣之进退，实为狼狈。"作者在此段突出了朝廷征召的急迫，表达了自己面对征召与尽孝之间矛盾的无奈和焦急，为后文希望朝廷放弃对自己的征召打下了基础。

第二段所"陈"之情，依然是叙述事实，是面对征召，"忠"与"孝"的矛盾。

3. 尽心于孝，表明心声

第三、四段，"陈情"与"说理"结合在一起。陈情方面，在感谢朝廷的同时，主要表达了对祖母的深情。在当朝"孝"的治国理念之下,"凡在故老,犹蒙矜育,况臣孤苦,特为尤甚",作者为朝廷的眷顾而感动,积极回应国策,但为了尽心于祖母,收到征召后十分为难,鉴于"刘日薄西山,气息奄奄,人命危浅,朝不虑夕",作者回想过去,认为:"臣无祖母,无以至今日;祖母无臣,无以终余年。母、孙二人,更相为命,是以区区不能废远。"感激朝廷之余,尤其表达了祖孙之间的感情。为侍奉多病的祖母,作者希望朝廷撤去对其的征召。至此,作者的想法已完全申明,而且理由也得到了部分阐述。

第三、四段所"陈"之情,是表达感情,重点是对祖母的眷恋之情。

4. 明情言理,忠孝兼顾

第三、四段的说理方面,阐述了基于国策先尽孝的道理。"臣密今年四十有四,祖母今年九十有六,是臣尽节于陛下之日长,报养刘之日短也",作者率先说了尽孝祖母的紧迫,陈述了"四十有四"——为朝廷效力的时间还很久。并"愿陛下矜悯愚诚,听臣微志",那么祖母就能得到照顾,作者愿意"生当陨首,死当结草"。

第三、四段的说理方面,主要是表达了先尽孝,再尽忠,希望忠孝两全的想法。

作者在第三、四段阐明了在以孝治天下的国策之下,其作为"亡国贱俘",受到"宠命优渥",在"诚惶诚恐"之余,希望为祖母尽孝,"不能废远",这两段环环相扣,情理相兼,在言情和说理上都达到了极佳的效果。

(二) 赏析文章语言,体味作者情感

1. 多用整句,简洁自然

作者在文章的开始即陈述了自己的不幸:"臣以险衅,夙遭闵凶。生孩六月,慈父见背;行年四岁,舅夺母志。"连续四个字的整句表达,句子短,语言特征上有急促之感,简洁明了地陈述了其幼年时的不幸、成长经历的悲苦,令人油然而生同情之心。陈幼年不幸后,又言及个人健康和家族,"臣少多疾病,九岁不行,零丁孤苦,至于成立。既无伯叔,终鲜兄弟,门衰祚薄,晚有儿息",作者身世堪怜,家族人丁不兴,祖母病重无他人照顾。恰是在此时,"诏书切峻,责臣逋慢。郡县逼迫,催臣上道;州司临门,急于星火"。简洁明了的四字整句,道出了自己所面临的窘境,把尽孝与应征之间的矛盾准确揭示了出来。此处用了较多的四字句,语言表达自然,无雕琢之感,读来自然真切,生动形象,将自己孤苦无依和面临的矛盾心境表述得淋漓尽致。

2. 语言质朴,概括性强

文章中的四字句、对偶句等整句,在整齐、充满节奏感的同时,并没有影响作品语言的质朴。文章在表达上没有过多的雕琢,没有华丽的辞藻,在质朴中表达祖孙之情,自然真切,发自肺腑,其形式与抒发亲情的内容相吻合,令人动容。

质朴的语言特点,使得文章的表达具有高度概括性。如"臣无祖母,无以至今日;祖母无臣,无以终余年。母、孙二人,更相为命,是以区区不能废远",质朴简洁的语句,概括了祖孙之间的血脉亲情和相互依赖,显得"不能废远"自然合情。作者也表达了为朝廷效力的愿望:"臣密今年四十有四,祖母今年九十有六,是臣尽节于陛下之日长,报养刘之日短也。"这两处表达,朴实无华,却真实感人,句子字数不多,却概括陈述了祖孙之间的依赖、不可分,明确表达了为"圣朝"尽忠之愿望。

3. 表达严谨,言辞恳切

为打消朝廷的误解,作者将语言表达的严谨与恳切做到了极致。为实现"区区不能废远"的目的,作者从尽孝的紧迫性到尽忠的可能性,都进行了严谨的设计性表达。"臣密今年四十有四,祖母今年九十有六",九十六岁的老人,不及时尽孝,很可能带来遗憾;而四十四岁,则可以算得上年富力强,尚有更多的报国机会,于是"尽节于陛下之日长,报刘之日短也"的结论,也就逻辑严密地呈现出来。

文章的表达也十分委婉与含蓄,"伏惟圣朝以孝治天下"之后的"陈情",似乎并未对当朝国策进行过多阐释,但却含蓄地表达出作者此举符合"以孝治天下"的主张,是极佳的范例。从"陈情"者身份到上表的目的,此种表述委婉得体、明了适切。

在语词的使用上,文章更是恳切。祖母"愍臣孤弱,躬亲抚养",陈述了祖孙之情;"况臣孤苦,特为尤甚",谢了朝廷之恩;"臣之辛苦,非独蜀之人士及二州牧伯所见明知,皇天后土实所共鉴",表达了真诚与真情;"矜悯愚诚,听臣微志","愚诚""微志"表述了作者之谦恭乃至哀求;"生当陨首,死当结草"作出了对朝廷的保证。至此,一个降臣的孝心与忠心恭谨而又严谨地表达出来,令人怜悯又容易产生共鸣的语言,呈现出的是一片情真意切。

4. 新颖经典,表现力强

文章中部分语言新颖,一些首次使用的词语,因其经典、富有表现力而成为成语。作者表达自己孤苦无依用了"茕茕子立,形影相吊",生动形象地写出了自己的形单影只、穷困无聊之状态,给人以画面感;写祖母年老体弱多病,则言其"日薄西山,气息奄奄",让读者想到一个老人病情危重的情形,且"日薄西山"还能唤起读者的想象,帮助读者构画图景,增强语言的形象性和画面感。这些精妙的用语,如"茕茕子立,形影相吊""日薄西山,气息奄奄"等,成为成语,沿用至今。由其语言的表现力,可以看出《陈情表》作品的影响力。

（三）分析文章论述，解析严密论证

1. 以理服人，论述严谨

从《陈情表》第二段可知，作者曾经"具以表闻，辞不就职"，朝廷对此是"诏书切峻，责臣逋慢"，因此李密本次"陈情"，必须能够打动晋武帝，令其信服，方能实现"辞不就职"的目的，为祖母尽孝。

作为帝王，自然应更加重视所定国策，作者深深知道这一点，故而层层铺垫，步步深入。先陈己身世之悲，"生孩六月，慈父见背；行年四岁，舅夺母志"；再叙祖孙之情，"祖母刘愍臣孤弱，躬亲抚养"；再说家族中无人替自己尽孝，"外无期功强近之亲，内无应门五尺之僮"；然后描述祖母现状及自己的做法，"凤婴疾病，常在床蓐，臣侍汤药，未曾废离"。

很明显，祖母需要自己，自己要为祖母尽孝。那么，这需要理论依据，"伏惟圣朝以孝治天下"，这是大前提，是国策，是号召，必须遵守。之后陈述自己与祖母的感情，最后谈到尽孝之后，还有为国尽忠的机会。整个论述有国策依据，有情况分析，有后续承诺保证，使得论述严谨，以理服人。

2. 以情感人，令人动容

文章以情感人是多维度的，教学中从以下角度作了分析。

一是以哀情博怜悯。文章开篇即陈述了自己命运的不幸，幼年即孤，父死母嫁，少多疾病，门衰祚薄，茕茕孑立，形影相吊。祖孙相依为命，因而"刘病日笃；欲苟顺私情"，就显得合乎情理。作者以悲情诉不幸，抓住了人性向善的心理，无论帝王还是平民，均能对此油然而生怜悯，从而理解、同情作者，认同其做法。

二是以孝情关国策。晋朝主张以孝治天下，这是晋武帝在王朝建立之初的基本国策，作者在文中提到"伏惟圣朝以孝治天下"，那么在"刘日薄西山，气息奄奄，人命危浅，朝不虑夕"之时，在"臣无祖母，无以至今日；祖母无臣，无以终余年"的前提下，辞征不就，也就可以理解了。

三是以忠情显"微志"。李密诉孝情的同时，并没有忘记表忠心。"臣密今年四十有四，祖母今年九十有六，是臣尽节于陛下之日长，报养刘之日短也"，客观的分析，尽孝后的许诺，将孝与忠均摆在了重要的位置，践行当朝国策的同时，艺术而坚定地表达了对朝廷的一片忠心。

3. 以辞悦君，生发共鸣

言辞的恰切，对于陈情是有力的。文中的用词，一是得体准确，二是谦卑有度。文中出现了诸多生动形象、富有活力并且流传至今成为成语的词汇，如"茕茕孑立，形影相吊"等,生动形象,表达情感贴切,能让读者跟随作者的情感,代入怜悯的感情之中,从而赞同其选择。

文中也有大量用词是赞美朝廷、颂扬帝王的,如"寻蒙国恩,除臣洗马""逮奉圣朝,沐浴清化""过蒙拔擢,宠命优渥"等,虽为赞美,但准确有度,想必晋武帝读来定有愉悦之感。

多用谦卑之语,如"猥以微贱,当侍东宫""亡国贱俘,至微至陋""矜悯愚诚,听臣微志""臣不胜犬马怖惧之情,谨拜表以闻"等,表达对帝王的尊重,突出朝廷在心中的位置,让晋武帝放心。

文末表达忠心之词,使用上也尤其能打动人,如"非臣陨首所能上报""臣生当陨首,死当结草"等,语汇上突出了其士大夫的身份,内容上表达了对朝廷的忠诚,词语中除自我贬低之外,积极正面地表达态度,更能让晋武帝产生满足其孝心的想法。

二、教学反思:传统文化、多维思维分析与哲学思考需要加强

(一) 指向忠孝传统文化的分析与文本内容的联系需要深化

教学中,从内容分析到思想呈现,均结合了传统的忠、孝文化,中华诸多先贤关于忠、孝的论述,教学中也进行了分析,在传承传统文化方面,更是进行了较为充分的挖掘。上述教学实施,对于培养学生热爱传统文化,生成学生热爱祖国、孝敬长辈的人文素养,有十分积极的意义。

但是,教学中对于李密为何竭尽全力甚至冒生命之险拒绝出仕,分析得还不够清晰,结合传统文化元素的分析还不深刻,关于文化对人影响的分析、揭示得还不够完整。因此在教学重构中,厘清李密拒绝出仕的文化因素、实际原因、陈述层次,对于深化学生的认识,使学生的思维更加全面,是十分有利的。

(二) 关注传统文化、激发学生多向思考尚需加强

李密是因为"孝"而辞不就职的,从文章来看,全文是围绕"尽孝"来阐述不应征的理由的。但基于中华文化传统进行分析,结合历史背景和文章的写作背景进行考量,李密的不就职就有更加深刻的用意了。

这其中,对于"忠"的理解会有不同。作为前朝旧臣,李密对于蜀汉政权是有感情的,且"不事二主"的传统文化之"忠",在当时也深入士庶之心,从这个角度讲,李密对于晋武帝发出的征召辞不就职,就是传统文化思想之"忠"的呈现,因而是不是因"孝"而辞征需要探究。

从时代背景和写作背景看,作为"亡国贱俘",李密"少仕伪朝",若入仕于晋,以官场的险恶,其工作也一定充满艰辛,被猜疑、被排斥等情形一定不会少,甚至因为自己的身份,工作中招来惩罚的可能性也很大。因此,为防不测,李密辞不就职的原因是多方面的。

教学中结合多方面原因进行分析,能够激发学生的思维,使学生思维多维、多向,从而促进学生思维水平的提升。

(三) 分析作品中的哲学思想,引导学生深入思考需加强

《陈情表》是一篇富有哲思的文章,教学中对于文中哲学思想的思考还不充分。李密的"陈情",强调的是自身与家庭的不幸,是与祖母相依为命的深情,并以此希望晋武帝同意自己的请求。李密所"陈",是在强调矛盾的特殊性;晋武帝后来鉴于种种情况,同意李密为祖母尽孝,是具体问题具体分析。

教学中的哲思分析,对于学生思想逐步走向深邃,是有积极意义的。

三、教学重构:赓续传统文化,激发多维思考,分析哲学内涵

(一) 深入思考"忠孝"传统文化对士大夫的影响

教学中组织学生独立思考后分组讨论,培养学生的学习能力。可以引导学生分析李密的"陈情"是否真的是为了尽孝于祖母而辞不就职。结合当时士大夫们普遍的思想和文章的时代背景,受儒家思想影响的知识分子,在忠与孝出现冲突的时候,即忠孝不能两全的时候,通常选择忠,追求"治国平天下";儒家思想的忠,还主张"忠臣不事二主""从一而终";儒家士大夫更主张精神自由,不屑于官宦显达。

本文中李密"陈情"中的主张,则与当时知识分子的思想有背离之处。其"本图宦达,不矜名节"的陈述,很明显并非发自内心,而是一种掩饰自己内心真实想法的假象,其所言不在意名节,更加不成立。恰恰相反,李密是秉承"忠臣不事二主""从一而终"的思想主张,来完成这篇《陈情表》的。可见李密对晋武帝、对其所言"圣朝"的忠是形式上的,而对蜀汉的忠才是真诚的。

由此可见以儒家思想为主流的中华传统文化的影响力之大、之深、之广。

(二) 激发围绕"忠孝"传统文化的多维思维

多维思考能够激发学生的多向思维,提升学生的思维能力。教学中较好的方法是激活学生的思维状态,避免学生一味沿袭某一种固化的思维。对于《陈情表》的分析,通常认为作者李密在文中晓之以理,动之以情,感动了晋武帝,才使得朝廷收回成命,未再征召。

事实上,教学中不必这样局限学生的思维,可以根据作者生平和当时的社会背景进行多维思考。引导学生思考:晋武帝是真的被《陈情表》感动了吗?一个统治全国的政治家,一个新朝帝王,在涉及国家发展、政治与吏治等大问题上,真的是可以用"情"打动的吗?作者在新朝建立后,四次被征,四次辞而不就,最后一次还"具以表闻,辞不就职",之后"诏书切峻,责臣逋慢;郡县逼迫,催臣上道;州司临门,急于星火"。分析文章内容可以发现,朝廷和李密双方都很执着,在此种情形之下,晋武帝最终是被《陈情表》打动而放弃征召的主张吗?

教学中可以组织学生进行讨论。结合当时的社会背景,细阅作者李密的生平可以发现,蜀汉时期,李密的祖母也在患病,但并没有影响李密在蜀汉任职,根据逻辑上的求同法和求异法思考:为什么到了"圣朝",李密却选择辞征不就呢?同样是朝廷的需要,李密的态度迥异,通过比较,可以发现祖母的身体状况显然不是其辞不就职的理由。这一点,李密清楚,晋武帝司马炎也不可能不清楚。那么,李密就不怕招来杀身之祸吗?李密的孝远近闻名,司马炎也知道,为什么还坚持征召,要求其出仕呢?组织学生讨论李密所陈之"情",报家丑,言不幸,现谦卑,表忠心,最终就是表达心悦诚服地归顺,明示自己愿为晋王朝效力。而此文也不仅仅是写给晋武帝阅览,更是给统一后王朝所有大臣看的。这样,晋武帝在众臣面前表达了对蜀汉旧臣的友好,向前朝元老表示了一种胸怀,实现了笼络的目的,让李密起到了示范作用;李密在众臣面前表现了他的"忠心",同时也保全了自己。李密与晋武帝司马炎就在当朝大臣和蜀汉旧臣面前联合上演了一场"忠孝秀",各自达到了自己的目的。

(三)矛盾的特殊性与具体问题具体分析的哲学思考

语文教学中引导学生进行哲学思考,对于培养学生的深层思维有积极意义。《陈情表》一文,作者李密关于自己家庭状况的陈述和晋武帝司马炎对于李密是否应征情况的处理,符合辩证唯物主义哲学中矛盾的特殊性和具体问题具体分析的原理。李密"陈情"能够为晋武帝司马炎所理解,是因为利用了矛盾的特殊性原理,晋武帝则面对矛盾的特殊性,同意李密暂时不出仕,符合具体问题具体分析的处事规律。

李密为辞征不就,通篇"陈情",叙述了个人的家庭状况,从"生孩六月,慈父见背;行年四岁,舅夺母志"到"少多疾病,九岁不行,零丁孤苦,至于成立",从"既无伯叔,终鲜兄弟,门衰祚薄,晚有儿息"到"臣无祖母,无以至今日;祖母无臣,无以终余年。母、孙二人,更相为命",都陈述了自己和家庭的不幸,那个年代,人丁如此不兴旺的极少,六个月而孤、四岁母改嫁、九岁还不能走路、无伯叔又无兄弟这些情况重合在一起的,更为罕见,因而李密生活中"茕茕孑立,形影相吊"。这些是从矛盾特殊性出发,陈述了祖孙关系的重要和互相依赖。考量各种因素,晋武帝暂时同意了李密的辞不就职,是从具体问题具体分析的角度,处理了这一特殊矛盾。矛盾的特殊性和具体问题具体分析的原理,为解决李密的"陈情"提供了哲学基础。

教学中的上述分析,可以使学生的思维沉淀,生成有一定深度的哲学思考,提升学生的思维能力。

第五节　传统文化下民本精神的体现
——《阿房宫赋》教学之文化反思

《阿房宫赋》的文化呈现,主要表现在思想性、艺术性和人民性等方面,与传统文化的"仁""爱"思想密切相关。学习《阿房宫赋》,可以从结构、语言、文本内容要点等角度进行分析,通过深入理解作品的内容,感悟文本的思想、文化与艺术,理解基于传统文化的文人情怀与责任意识,进而分析基于文化精神的哲学内涵,实现学习效果的优化。

教学中通过分析阿房宫宏大规模的描写,理解作者对秦统治者爱纷奢的批评;借分析阿房宫的毁灭原因,感悟作者劝谏唐朝统治者珍惜民力、爱惜百姓的仁爱思想。作者在文中表现的忧国忧民情怀,揭示了古代知识分子心系天下的情操。作品以"奢"——"亡"——"鉴"为行文顺序,思想内涵深刻,借古讽今,突出了主题思想,表现了作者人民性的主张,告诫统治者应有爱民之心,呈现了受传统文化影响的古代知识分子之道义与责任。

教学后经总结意识到,教学中以文化精神的贯穿来连接作品的思想性和艺术性,做得还不够,哲学思考的渗透也需要加强,语文学习的综合性和实践性需要进一步彰显。现从《阿房宫赋》教学的可取之处、教学中需要加强的方面以及教学重构三个部分,对《阿房宫赋》的教学进行反思。

一、教学归结:整体结构与要点内容的学习相结合,感悟文本的思想性与艺术性
(一)厘清文章整体结构,把握文章脉络与内涵
1. 写阿房宫的来历,总体写宫殿的规模
"六王毕,四海一,蜀山兀,阿房出"简洁概括了秦朝兴起之快、阿房宫工程巨大。蜀山

"兀"后的阿房宫建成,以因果关系揭示了阿房宫的来历、规模,揭露了秦王的奢侈生活。

2. 写亭台楼阁,凸显宫内建筑规模宏大、布局精巧

"覆压三百余里,隔离天日。骊山北构而西折,直走咸阳",描述了阿房宫的宏伟、气势非凡;"五步一楼,十步一阁;廊腰缦回,檐牙高啄",写了宫内建筑的豪华奢侈;"盘盘焉,囷囷焉,蜂房水涡,矗不知其几千万落",概括了宫内建筑的繁华特征。这些描写不是赞美阿房宫的豪华,而是对秦统治者的奢侈进行不遗余力的批判。

3. 写阿房宫内的生活,多维揭示宫内生活之奢靡

"妃嫔媵嫱,王子皇孙,辞楼下殿,辇来于秦",先写阿房宫内宫女身份的高贵,也由六国的命运暗示了秦统治者的命运。几组句子分别写了梳妆、头发、化妆品、香料、宫车,从视觉、听觉、嗅觉角度渲染了宫女之多、生活之奢侈,揭露了秦王生活的糜烂。因秦王嫔妃众多,宫女中"有不见者,三十六年"。

4. 写秦皇横征暴敛,谴责统治者的"豪"与"奢"

秦把"燕赵之收藏,韩魏之经营,齐楚之精英""输来其间",宝藏"倚叠如山",可见搜刮之多,暗示了百姓生活苦难的源头,而"鼎铛玉石,金块珠砾,弃掷逦迤,秦人视之,亦不甚惜"直接揭露了秦人的荒淫无耻、挥金如土,"鼎铛玉石,金块珠砾",一贵一贱,暗示了统治者的奢靡带给百姓的苦难,从侧面揭示了人民苦难的根源。

5. 进行议论总结,借古讽今谏唐统治者

作者阐明秦的灭亡在于统治者自身的荒淫、不顾百姓,指出"灭六国者六国也,非秦也;族秦者秦也,非天下也"。作者反思探究了秦和六国是不是都可以不灭亡,用假设的方式得出,如果六国和秦的统治者都"爱人",爱惜百姓,就可以避免灭亡,进而讽谏唐朝统治者。至此,文章卒章显志,自然而然得出了论点。

(二) 从把握文本内容要点出发,探究文章的主题主旨

"六王毕,四海一,蜀山兀,阿房出"是文章中的要点句子。十二个字从时间和空间的角度,写出了阿房宫出现的背景,开篇即表达了国家统一后,人民对美好生活的期待。"六王毕,四海一",结合后文,暗示了"六王毕"的原因是六国不爱本国百姓,后文中的"燕赵之收藏,韩魏之经营,齐楚之精英"可以证之。

作者说"六王毕"而不言"六国毕",内涵深刻,揭示了灾难是统治者所造成的,结构上照应了后文的"妃嫔媵嫱,王子皇孙,辞楼下殿,辇来于秦",揭示了正是因为有六国统治者之奢,才有了"六王毕,四海一",也正是因为秦"纷奢",才有了"戍卒叫,函谷举",作品内涵很自然地揭示了以民为本的思想。

开篇十二个字,语言简短有力,我们似能从文章的语言中,读出作者的喟叹、不满和伤感。偌大的蜀地光秃,阿房宫兀然耸立,杜牧似在感慨六王毕,更似在思考秦灭亡之因。"蜀山兀",揭示了统治者对资源的野蛮占有、对人民的残酷剥削。

(三) 学习"赋"的特点,分析其语言特征与艺术性

1. 体会以"赋"的形式所叙述的秦之奢

赋的特征之一是铺陈排比。读,有助于学生对文本内涵和"赋"特征的理解。文章第二段以整句和排比的形式叙述"妃嫔媵嫱,王子皇孙","秦宫人"数量庞大;以整句、排比铺陈了秦宫内"明星荧荧,开妆镜也;绿云扰扰,梳晓鬟也;渭流涨腻,弃脂水也;烟斜雾横,焚椒兰也",描写了宫女数量之多;概述了"鼎铛玉石,金块珠砾,弃掷逦迤"等统治者的野蛮行为,叙述了秦王之奢。

2. 理解以"赋"的形式论述奢带来的破坏性

作者还用排比、铺陈的表现手法批判了秦在社会生产诸方面的"奢"带来的破坏性。对"负栋之柱""架梁之椽""钉头磷磷""瓦缝参差""直栏横槛""管弦呕哑",采取排比、铺陈的手法,夸张中有真实,真实中又有文学性表达。教学中组织学生多次朗读,可以体会作者的写作意图;体味"赋"的特征,从形式到内容,进行学习、理解、分析、感悟,可以更深入地体味作品文学性与思想性的结合,体味以"赋"的形式表达秦之"奢"的感染力。

3. 感悟通过"赋"的特征强调以民为本

文章通过铺陈、排比、夸张描写阿房宫内的人,描写建筑本身,而这描写,是为了批评"奢",强调以民为本。文章的末尾,用了六个"也"。教学中从感性感悟,到理性感知,再到六个"也"的语言品析,使学生层层深入地理解赋,理解文章的思想内容,内化赋的体式特征,把学生经验性的、心灵性的感性感悟,内化为心灵层面的理性感知,进而通过学生自己的总结、实践、体验,生成基于文章、以民为本的思想内涵。

二、教学反思:思想性与艺术性体悟中的文化分析应加强

(一) 探索精神的培养需加强,理解文本的民本精神应深入

1. 从结构分析的角度自然而然地理解作品的民本思想

教学中对文本思想内涵的分析揭示,主要是从文本要点分析和全文内容分析的角度进行的,例如从"六王毕"的原因,到"秦人哀"的结局,到"后人之后人"应该有的警醒,通过分析文本围绕"戒奢"与"爱民"而论,阐释内容中如何直接或间接地突出了民

本思想。这样的分析揭示显得集中,但缺少层次性,也未能体现深度。文章所表现的民本思想,尚需多层次、深入地理解。

2. 多维探究、培养学生探索精神需加强

从整体看,教学中思想内涵的体现主要是靠内容分析和写作目的分析,从结构、语言等维度进行理解。以这样的方式揭示作品的民本精神和人民性,做得还不够,分析还不够深刻,深入体验民本精神与作品的人民性尚需补充。单纯靠内容分析和写作目的分析,有时会有非水到渠成的感觉,总让人觉得是人为拔高,这一点会把思想内涵的揭示概念化,不利于学生认知的自然生成。

(二) 作品的文化内涵揭示得不够,文化传承分析需要深入

在《阿房宫赋》的教学中,应传承优秀的传统文化。课文在揭示人民性的同时体现了儒家的"仁""爱"主张,但在教学中,这部分内容的学习尚不够凸显,对学生的教育影响还有程度上的不足。

作品"赋"的语言特征下思想内涵的体现是充分的,有感染力的语言很好地渲染了民本思想与责任忧思。鉴于此的分析,还有深入的空间。

(三) 以文化内涵影响学生世界观、人生观、价值观的教育需要深入

教学中分析作品的思想内涵、文化呈现与哲学思考,还不够系统,对学生世界观、人生观、价值观的影响尚需强化。结合文本的内容、艺术手法揭示作品深刻的文化意义和文化内涵,教学中还呈现出一定的片段性、非具体性,对于学生自主学习与整合能力的形成,教学手法上还有所欠缺。

三、教学重构:以文化精神贯穿教学始终,生成学生的深刻思想

(一) 通过"读"与"析",感悟作品的人民性

1. 分析文章严谨的结构内容,感悟作品揭示的人民性

文章严谨的结构内容表现出以"仁"为本的思想内涵和人民性。文章首先渲染豪华的秦宫,是掠夺人民后的建筑;其次描写众多阿房宫中珍宝,是剥削人民的结果;第三写阿房宫的建成引发人民愤怒,导致王朝灭亡;第四感叹并分析王朝灭亡之因,实现作品的现实性。文章结构严谨,每一部分都围绕百姓来写,揭示统治者仁爱精神的丧失。教学重构中可关注文章结构内容的环环相扣,体会作品体现出的人民性。

2. 从文章的结论,分析作品彰显的人民性

文章最后指出六国之亡不是因为秦的强大,而是因为六国不爱其民;秦之灭亡也

不是因为起义军的强大,同样是因为不爱其民。文章思想内容的文化性,揭示了统治者爱民的意义。文章最后指出"秦人不暇自哀,而后人哀之;后人哀之而不鉴之,亦使后人而复哀后人也",显得寓意更加深刻。

教学重构中可以通过"读"与"析",体验作者先叙后议、先景后情的写法,感悟议论让作品思想深刻、使人民性彰显的写作手法。"读""析""感"逐步深入,使学生对作品中思想性、人民性的理解体悟有水到渠成之感。

3. 分析作者揭露统治者漠视民心的行为——缺少人民性

阅读中关注文本内容,品味文章中的文化内涵。"六王毕,四海一,蜀山兀,阿房出","毕""一""兀""出",论的是六国破灭的思考、全国统一的结果、蜀山"兀"的现实、阿房宫对秦王朝运势的影响。看似不经意的笔法,却以事实揭示出六国不爱百姓而"毕",秦国强大而"一",秦统治者奢侈而导致蜀山"兀"。对于秦王朝的未来,则巧妙运用"出"作了预示。"六王毕"而不是"六国毕",揭露了统治者漠视民心给统治带来的危害,暗示了统治者持有人民性的主张对于国家兴盛的重要性。

作者通过阿房宫这一建筑,把人民与统治者的尖锐对立呈现出来,彰显了其思想的人民性。无论六国,还是秦,抑或是其他封建统治者,不顾及人民,终会导致灭亡。

4. 从写作目的看作者的情怀,分析文本体现的人民性

杜牧写本文的目的,不是为了列举秦之过,而是批评六国与秦的统治者不"爱人",缺少"仁爱"的思想,并指出这是六国与秦灭亡的原因。作者思想上的人民性以文化的形式呈现出来,登临制高点。不知己过有六国亡,不知六国之过有秦亡。作者心忧天下,其忧虑体现的是责任心和爱国情,是一种文化的呈现。

综合上述内容可见,多角度、多维度培养学生理解文本的能力,生成学生的探索意识,弘扬学生的探索精神,对于学生深刻体味作品的文化内涵、形成自身的思想,是极其有益的。

(二) 通过分析作品思想性与艺术性的结合,理解作品的人民性

1. 基于语言艺术呈现思想性与艺术性的结合,揭示作品的人民性

作品的语言艺术十分经典。作品以大写意的手法,借写阿房宫描摹了秦帝国的宏大气魄。由阿房宫宏伟的外观,细腻地写到了宫内景致——"廊腰缦回,檐牙高啄",描写出了宫殿的结构美、曲线美,宫殿越是宏伟、华丽、曼妙,越是能体现百姓之苦、秦皇之奢。运用整句、整散结合的语言,写阿房宫里的"负栋之柱""架梁之椽""钉头""瓦缝""直栏横槛""管弦"多了,才会有农夫、工女、粟粒、帛缕、城郭、言语的少。文中的

"多于"既是夸张,更是在揭示秦王朝对资源的过分占有,预示了秦王朝的命运。教学过程中,分析知识与语言之美的呈现,结合内容,体味语言之美,理解思想意义和艺术性的结合,教学效果会更好,思想性、艺术性的分析也会更加自然,更有水到渠成之感。

2. 以文本思想的层次性和一致性,将思想性与艺术性结合,呈现人民性

文章以层次性揭示了作者认识的递进与深入,以一致性彰显了作者对历史的思考。作者以强烈的悲剧意识,先写六国,再写秦朝,最后讽谏,都围绕人民性和传统文化中的"仁爱"思想来进行,将"爱民"的文化呈现得淋漓尽致。作品揭露秦始皇一人的贪心,也折射出六国君主的贪心,一人之贪,致千万人之痛;千万人之痛,终致六国和秦王朝的覆灭。不爱人民,被人民推翻;从人的角度,将作品的人民性与儒家的"仁爱"思想相联结,表现了作者的责任意识和悲悯情怀。

(三)贯通哲学思考,培养学生正确的世界观

1. 将文化与哲学思考贯通于学习中,生成学生的思想

教学中,可结合作品内容的辩证性,挖掘作品中的哲学思想,培养学生进行深入思考,生成学生的思想。

文章的哲学思考,在本文中主要是"矛盾的观点"的体现,呈现在弱小与强大的辩证关系上。阿房宫的宏大,显示了秦王朝的强大,却也导致了王朝的覆灭。可见强大是相对的,没有绝对的强大,也没有绝对的弱小。

文章运用了三组对比——六国、秦王朝、天下百姓。六国联合起来的力量,可谓强大,在军队数量、国家力量、人才多寡、武器装备等诸多方面,六国联合起来的力量都远远大于秦国,结果是秦灭六国。秦王朝与天下百姓、起义军比,秦王朝统一了全国,军力强盛,兵多将广,物资丰富,武器装备先进,其力量远远大于起义军,大于天下有怨恨的百姓,结果,秦王朝灭亡。

在对比分析中让学生明白,力量的强大与否是相对的,关键看是不是得民心,是不是秉持了正义。

教学中还应以传统文化为线索,联结作品思想内涵中的人民性,包括儒家"仁""爱人"和"民为贵"的思想,这些都应与主题有机关联。

2. 揭示作品的文化内涵,关注学习中的文化传承

《阿房宫赋》体现传统文化之精髓较为明显,传承优秀传统文化是教学中的重点任务。教学中,儒家"仁""爱人"的思想应该突出,作者的悲悯情怀应该分析透彻。

教学中引导学生学习"赋"这一文体语言特征下的文章思想内涵,以六国、秦的命

运结局,揭示儒家民本思想、深沉的忧思和责任感在文章中的体现,领会文人忧国忧民的情怀。

基于传统文化的作者忧思有其现实意义,"秦人不暇自哀",故而"后人哀之",且作者告诫唐朝统治者,"后人哀之亦应鉴之"。作品借古讽今,表达了对天下兴亡的哲学思考,强调了对统治者的讽谏、对国家命运的忧虑、对百姓生活的哀叹。鉴于此的分析,深入之,能够激发学生的思维,为生成学生的思想打下基础。

3. 以文化内涵,影响学生的世界观、人生观、价值观

教学中应关注作品思想内涵所呈现的文化与哲学思考,以期对学生世界观、人生观、价值观的生成产生深刻的影响。文本中的铺陈和对比、谴责与揭露、作者的目的与思考,都有深刻的文化意义和文化内涵。以作品中的文化、思想及哲学思考作为学习的引领,能够让阅读与学习更加深刻,使学习具有整体化特征,避免碎片化、片面化的阅读和理解,进而生成学生自主学习与整合的能力。

文化与哲学思考还能让阅读充满精神愉悦,形成阅读境界,使读书的精神状态更加充沛;使读者读出文本背后隐藏的内涵,挖掘作品中的思想,让阅读与文化精神、哲学思考契合。

第五章 文化魅力与文化探幽

第一节 晚唐诗人曹唐诗歌的思想内容与特色

曹唐是晚唐一位大力写游仙诗的诗人。《全唐诗》除所收九十八首《小游仙诗》外，还有描写仙境及仙人活动的如《仙都即景》《汉武帝于宫中宴西王母》《题五陵洞五首》等十七首也属于游仙诗。这些游仙诗融爱情与道教神仙于一体，体现了晚唐社会基本的美学特征，同时也是诗人现实人生的解脱与慰藉。本文拟就曹唐的生平事迹及其游仙诗的内涵作初步探讨。

曹唐的生平事迹新旧唐书均不载。《全唐诗》卷六百四十有："曹唐，字尧宾。桂州人。初为道士，后举进士不第。咸通中，累为使府从事。"《唐诗纪事》卷五十八载："唐，字尧宾，桂州人。初为道士，后为使府从事。咸通中卒。作游仙诗百余篇。"《郡斋读书志》卷四载："右唐曹唐，字尧宾，桂州人。初为进士，咸通中为府从事，卒。作《游仙诗》百余篇。"《唐才子传》载："初为道士，工文赋诗。大中间举进士，咸通中为诸府从事。"影印《文渊阁四库全书·地理类》之《文苑·唐》载："曹唐，临桂人，初为道士，太和中举进士。累为诸府从事。及仕诸幕颇多。"《广西通志》载："曹唐，字尧宾，临桂人。初为道士，累为使府从事。及仕诸幕颇多。赠酬有大小游仙诗。"《四部丛刊·地理志·桂林府二》载："曹唐，临桂人，太和中举进士。累为使府从事，及仕诸幕，颇多赠酬，有诗集。"根据以上资料，曹唐"初为道士"，返初应举可以肯定。分歧最大处在于是否考中进士及何时考中，此非本文任务，不作考证。

《太平广记》卷三百四十九引《灵怪录》载："（曹唐）久举不第，尝寓居江陵佛寺中，亭沼境甚幽胜，每日临玩赋诗。得两句曰'洞里有天春寂寂，人间无路月茫茫'，吟之未久,自已为常制皆不及此作。一日,还坐亭沼上,方用怡咏,忽见二妇人,衣素衣,貌甚闲冶,徐步而吟,则唐前所作之二句也。唐自以制未翌日,人固未有知者,何遽而得之,因迫而讯之,不应而去,未十余步间,不见矣。……数日后,唐卒于佛舍中。"这段话虽未必可信,但可看出曹唐漂泊流荡、寄人篱下的身世遭际。从《全唐诗》所编二卷来看,除较少部分为赠别、送别、咏怀诗外,余下均为游仙诗。就诗本身看,神仙众多,道教典籍运用精熟。若非身为道士或有较长时间的从道学道生活,绝难写得如此传神入理。再从所咏众仙人事迹看,若非对道教典籍有深入研究,亦难写得活灵活现,切合诸神本质特征。《洛东兰若夜归》的"一纳老禅床,吾生半异乡。管弦愁里老,书剑梦中忙。鸟急山初暝,蝉稀树正凉。又归何处去,尘路月苍苍",不仅以诗人口吻道出自身身份,也道出寄寓佛寺、沉沦幕府、奔波仕途而"半异乡"的漂泊经历,发出出路难觅的感慨与郁愤:"又归何处去,尘路月苍苍。"因而,诗人只能借管弦以消愁。"书剑"指读书求仕与从戎建功,这些均无缘实现,只有于梦中祈望,用游仙诗的形式倾诉自身的悲慨与无助,解脱现实社会中的孤苦郁闷。此为曹唐大力写作游仙诗的一个重要原因,奠定了游仙诗的美学基调。

从曹唐屡屡投考进士的举动,不难看出他绝非一个专心求仙访道,以道士为终身职业的人,相反,他对政治功名确乎抱有热切的想往与追求。参之他的一些咏怀诗与赠别诗,更能看出这一点。咏怀诗《病马五首呈郑校书章三吴十五先辈》为曹唐借病马以自况,其一如下:

骒耳何年别渥洼,病来颜色半泥沙。

四蹄不凿金砧裂,双眼慵开玉箸斜。

堕月兔毛干觳觫,失云龙骨瘦牙槎。

平原好放无人放,嘶向东风首蓿花。

辛文房说:"唐平生之志激昂,至是薄宦,颇自郁悒,为《病马》诗以自况。"(《唐才子传》卷八)此诗运用具有晚唐整体衰残色调的意象塑造一个末路失势的病马形象,寄寓诗人的无限感愤与身世体验。其二的"阶前莫怪垂双泪,不遇孙阳不敢嘶",其三的"一朝千里心犹在,争肯潜忘秣饲恩",其五的"王良若许相抬策,千里追风也不难"均表明病马并非一无所用,只是未遇孙阳那样的相马伯乐。一遇提携,定会重骋龙威,"千里追风也不难"。诗人希冀提携,借以实现理想愿望的心情很明显是迫切的,这体现了他的政治追求。

从曹唐赠别友人的诗中同样可以看到对于功名、理想、事业的企慕与渴望。如《奉送严大夫再领容府二首》其一：

> 海风卷树冻岚消，忧国宁辞岭外遥。
> 自顾勤劳甘百战，不将功业负三朝。
> 剑澄黑水曾芟虎，箭劈黄云惯射雕。
> 代北天南尽成事，肯将心许霍嫖姚。

这首诗气象博大壮阔，气势轩昂，可见曹唐早期必非心胸狭窄之人。诗人夸赞了严大夫的功业，态度诚恳，语气庄重严肃，字里行间充满了对严大夫功成名就的企羡之情。诗人若非发自内心真情，怎能写得如此言辞恳切？此类内容的送别诗还有《送康祭酒赴轮台》《南游》《哭陷边许兵马使》等，这些诗有一个共同特点，就是对获得功名的羡慕与对建功立业的热切渴望。此足以说明曹唐并非一位甘愿做清贫道士的人，他仍希望像盛唐的吴筠、李白那样，通过从道入仕。时移世易，日薄西山的晚唐政治毫不留情地封闭了他通过科举叩开仕途之路的大门。发生在文宗太和九年的"甘露之变"几乎杀尽了在朝京官贤俊，也伤透了力图恢复开元、天宝盛世的有识之士的心。曹唐生活的年代是"咸通中"（约 860—874），即唐懿宗中期，此时晚唐著名诗人李商隐刚刚辞世［约在唐宣宗大中十二年（858），据张采田《玉溪生年谱会笺》］。即使像李商隐那样科举成功的有才之士仍摆脱不了仕途蹭蹬、抑郁终生的命运，何况曹唐？社会的衰残氛围时时袭击着敏感的文人，他们深感前途渺茫，无所事事。"夕阳无限好，只是近黄昏"，江河日下的晚唐社会再也无法为士人提供充分示展才能的机会。作为道士的曹唐也没有贾岛遇到韩愈那样幸运，经过提携重用而得登仕途，一逞怀抱。晚唐社会腐败颓废的环境氛围，心灵遭受难以弥合的创伤，加之一生漂泊、寄寓诸幕的低贱地位，孤凄苦寂的生活履历，使诗人再也无法振作起来。他幻想通过对仙界的向往来摆脱尘世的痛苦与烦恼，在游仙诗中幻化出一个与人间相对应的海市蜃楼，以满足尘世不可获得的心理满足与感官刺激。

作为晚唐诗人，曹唐的游仙诗再也无法像盛唐那样喊出"素手把芙蓉，虚步蹑太清。霓裳曳广带，飘拂升天行"（李白《古风》其十九）的豪壮之语，也没有临邛道士鸿都客那"排空驭气奔如电，升天入地求之遍"的强劲与执着，有的是对人生的退缩与畏避。

在曹唐看来,晚唐社会政治腐败、战祸频繁、人命如草的动荡环境使得长生不老、富敌王公等审美理想因不再切合实际、没有社会现实基础的依托而失去了对于审美主体的诱惑力。再把现实社会当成理想的天国已不可能,只能根据现实不断修正自己的人生追求和审美理想,对个体生命价值的珍视与忧患要比盛唐强烈得多。因此在诗中大多用一种平缓的语气与旁观者的态度欣赏仙界的长寿富贵,而不再将审美主体融入其中,共享忧乐。

唐代社会的崇道风气也是蕴育曹唐游仙诗的温床。中晚唐时期,道教气氛越发浓重,上至皇帝,下到一般文人,把崇道求仙作为一致的审美需求。唐初兴起的尊崇道家、次儒、后释的次序,为以后诸帝纷纷效仿、掀起崇道高潮大开先河。最高统治者崇道的目的除利用道教与佛教配合儒教以巩固统治外,还在于道教能为统治者提供长生术、房中术等可以尽情享乐的理论与方法。曹唐生活的前后几朝,武宗、宣宗、懿宗诸皇帝均曾服药祈取长生。由于最高统治者的榜样作用和暗示作用,许多文人也相率服药。韩愈即是典型一例,白居易《思旧》云:"退之服硫磺,一病讫不痊。"在众多服药者中,死者虽有,服药后获得意想不到的效果也屡见记载,牛僧孺就是一例。《说苑》载:"牛僧孺自夸服金石千,甚得力;而歌舞之妓颇多。"中唐享有盛名的书法家颜真卿自称服药后身强力壮(据《唐语林》)。正因为服药具有如此神奇的功效,后来者纷纷仿效。加之晚唐社会腐败堕落,许多文人走向崇道求仙之路并不费解。长生与享乐是一对孪生姐妹,唐以前的道家重视哲理思辨,如老庄,或重炼丹,如葛洪,都与文化发展有关。而后来的道家重邪术,如房中术、驱鬼术,故日趋没落。晚唐文人在崇道的同时更追求生理享受,他们"失去了盛唐开朗闳放、健康自信的心理性格,失去了建功立业、杀敌报国的人生理念,也失去了生活的信心,突然感到精神崩溃……只有通过各种扭曲与丑陋的渠道进行发泄,在各种畸形的变态中寻找归宿"。[①] 因此,他们从神仙世界里寻找对往日的追怀,而神仙世界极尽奢华、无所不能的生活则满足其希望,成为苦闷人生的释放与解脱。曹唐的游仙诗即是如此。

一、以仙界景象、仙人生活为内容,幻化出一个与凡俗世界相对的仙人世界,表达诗人对于忧患人生的抚慰与挣脱

追求肉体生命的永恒延续固然是神仙信仰的基础,但是追求长生的最主要目的在

---

① 葛兆光:《道教与中国文化》,上海人民出版社 1987 年版,第 199 页。

于享乐。在道家典籍里，"仙界是泉水似酒，涧水似蜜，遍地金玉，漫山仙草灵药。神仙们则是乘云驾雾，呼风唤雨，吐纳天地之精华，吮吸宇宙之甘露，漠然虚静而恬适欢娱，澹泊无为而自得其乐"。[1] 曹唐面对冷酷的社会现实、残酷的生存环境，已无法像李白那样怀着真诚与向往身游其间，融主观于仙界之中，表达在盛唐气象的光环中对自由、享乐和超脱的寄托："朝饮王母池，暝投天门关。独抱绿绮琴，夜行青山间。山明月露白，夜静松风歇。仙人游碧峰，处处笙歌发。……扪天摘匏瓜，恍惚不忆归。……""身骑飞龙耳生风，横河跨海与天通。"自中唐以后，昔日繁华已成为明日黄花，"此情可待成追忆，只是当时已惘然"。"文人们已失去了往日的自信、超脱和浪漫，走入了凄凉、流浪和自我满足。神仙世界不再是他们忧愁时的避风港和价值替代物，他们信仰神仙的目的转向了满足个人的生存欲、享受欲和贪欲。"[2] 既然不能身游其间，也就没有必要把全部理想与愿望都投射到对神仙世界的希冀上，欣赏一番，获得感官的刺激与心理的满足，借以摆脱尘世的纷纭芜杂，找到一个暂时的精神避风港，成为曹唐游仙诗的一大内容。曹唐用大量游仙诗描绘了仙界迷离恍惚的醉人景象以及仙人豪华奢靡的宴游生活、天马行空的来去行踪。写得较多的仙界有"昆仑"，如：

> 玉色雌龙金络头，真妃骑出纵闲游。
> 昆仑山上桃花底，一曲商歌天地秋。
>
> ——《小游仙诗》其二十五

> 八景风回五凤车，昆仑山上看桃花。
> 若教使者沽春酒，须觅余杭阿母家。
>
> ——《小游仙诗》其四十三

> 昆仑山上自鸡啼，羽客争升碧玉梯。
> 因驾五龙看较艺，白鸾功用不如妻。
>
> ——《小游仙诗》其七十七

昆仑山是女仙首领西王母所居之地。《山海经·大荒西经》载："西海之南，流沙之滨，赤水之后，黑水之前，有大山名昆仑之丘。有神人虎身……名西王母。此万物尽有。"虽然西王母在演化初期还保留着兽形，但所居之地则"万物尽有"，无疑是具有吸引力

---

① 干松春：《神仙信仰与传说》，中国人民大学出版社 1992 年版，第 1 页。
② 同上书，第 91 页。

的。另据《淮南子·坠形训》载,昆仑山有长生树、不老药和瑶池。饮了瑶池之水就会长生不老。嫦娥即是偷吃了西王母给其夫后羿的长生药而飞升上天的。昆仑山还有一种仙果蟠桃,《山海经·西次三经》载:"爱有嘉果,其实如桃,其叶如枣,黄华而赤柎,食之不劳。""黄华"即诗中的"桃花"。由此可见,昆仑山是集长寿、富有于一体的道家仙境。不同时期的美学思潮决定了对仙界长寿富贵的不同态度。对曹唐来说,这种生活则是可望而不可即,他也并不醉心沉溺,知其不可为而求其次,将其视为现实社会无法满足的感观补偿。另外还有一些描写神仙洞府的诗,如:

洞里烟霞无歇时,洞中天地足金芝。

月明朗朗溪头树,白发老人相对棋。

——《小游仙诗》其十八

玉洞长春风景鲜,丈人私宴就芝田。

笙歌暂向花间尽,便是人间一万年。

——《小游仙诗》其八十

仙洞中美景充满醉人般梦幻,烟霞无尽,金芝遍地,四季长春,笙歌缭绕,宴席长开,更兼可以长寿万年,充满了强烈的感官刺激,达到了某种心理满足。描写仙人欢宴享乐场面的诗比比皆是。如"桑叶扶疏闭日华,穆王邀命宴流霞"(《穆王宴王母于九光流霞馆》)、"夜降西坛宴已终,花残月榭雾朦胧"(《小游仙诗》其三十七)、"旸谷先生下宴时,月光初冷紫琼枝"(《小游仙诗》其三十九)),用艳丽的语言渲染色彩鲜明的仙人宴会场面,烘托出令人艳羡的奢华氛围,构成与尘世极度对立的虚幻境界,以获得精神满足。

　　神仙世界毕竟只是现实社会的映射,无不处处打上现实世界的烙印。从游仙诗中亦可看出在神仙体系里也有贵贱之分、等级之别,而且秩序森严,不容僭越。玉皇无疑是仙界最高统治者,权威至高无上。服药升仙的周穆王、汉武帝也因在人间的高位,到了仙境极受尊重。那些"妾""女妃"是供其役使的性奴隶;"侍女""玉女""玉童"则是供其役使的丫环童仆。男尊女卑观念也根深蒂固,如以女仙第一人称"妾"的口吻写的诗比比皆是:"玉皇赐妾紫衣裳""教着青龙取妾来""玉皇教妾主扶桑"等。可见神仙世界与尘世并无二致,诗人人生价值、人生理想难以寄托。在描写仙界景物时用了大量充满晚唐衰残伤感色彩的意象,如"手攀红树满残阳""落花流水恨空存""水精帘箔冷沉沉"的"残阳""落花流水""冷沉沉"等,体现了没落社会的美学特点。

二、通过虚构一个仙界神话的长寿梦幻,表述对生命短暂的忧患意识

以往的游仙诗把空灵澄澈的仙境作为追求长生与实现个人价值的寄托,看成相对于纷繁芜杂的尘世人间的理想的审美对象。仙界的长生不老、永享富贵,是游仙诗人最高的审美理想。曹唐生活的晚唐已无法提供产生这种梦幻的社会基础,对生命本体的忧患意识更趋强烈。审美意识的内敛、仕举不顺的挫折、奔走酬应的辛酸,使他更渴望通过虚幻缥缈的仙界的长生神话表达倍受压抑的人生理想和对个体生命的忧患意识。如:

> 鳌岫云低太一坛,武皇斋洁不胜欢。
>
> 长生碧字期亲署,延寿丹泉许细看。
>
> 剑佩有声宫树静,星河无影禁花寒。
>
> 秋风褭褭月朗朗,玉女清歌一夜阑。
>
> ——《汉武帝于宫中宴西王母》

此诗写汉武帝刘彻沐浴更衣,在清歌缭绕的宫中诚惶诚恐地迎接西王母下界赐予长寿之术。据《汉武帝内传》载,帝乃下地叩头自陈曰:"彻受质不才,沉沦流俗,承禅先业,遂羁世累,政事多阙,兆民不和,风雨失节,五谷无实,德泽不建,寇盗四海,黔首劳毙,户口减半……然少好道,仰慕灵仙……今日下臣有幸得瞻上圣,是臣命合得度世,愿垂哀怜,赐诸不悟,得以奉承切己之教。"

曹唐此诗虽无上文所引汉武帝的自卑自责,基本内涵却相通。从"长生碧字期观署,延寿丹泉许细看"仍能看出汉武帝在彻夜仙歌中接受长生术时那毕恭毕敬的神态。《小游仙诗》其一曰:"玉箫金瑟发商声,桑叶枯干海水清。净扫蓬莱山下路,略邀王母话长生。"题旨与此类似,也是说汉武帝在深秋季节净扫仙路,恭迎王母赐予长生之术。在受道场面的渲染中不无艳羡之意。与盛唐不同的是,诗人的审美指向并未由尘世转向仙界,汉武帝求仙亦非主观倾注,而是被动接受,体现了不同于盛唐游仙诗的审美取向。

诗人有时还把长生与富贵的仙界置于壶中,如:

> 骑龙重过玉溪头,红叶还春碧水流。
>
> 省得壶中见天地,壶中天地不曾秋。

——《小游仙诗》其三

诗中用典见《后汉书》卷一百十二《方术列传下》,费长房为市吏之时,有卖药老翁,"悬一壶于市头,及市罢,辄跳入壶中,市人莫之见,唯长房于楼上睹之,异焉,因往再拜,奉酒脯。翁知长房之意其神也,谓之曰:子明日可更来。长房旦日复诣翁,翁乃与俱入壶中,唯见玉堂严丽,旨酒甘肴盈衍其中,共饮毕而出"。曹诗意本在此。"壶中天地"充满了迷离朦胧的诱人魅力,具有令人目眩的感官想象。在诗人的审美理念中,只要精神得以寄托,壶中虽小同样可成仙境,仍具魅力,也契合道家观念。诗人对于为脱离尘世不惜偷药成仙的嫦娥则充满同情与羡慕。如:

> 忘却教人锁后宫,还丹失尽玉壶空。
>
> 嫦娥若不偷灵药,争得长生在月中。

——《小游仙诗》其三十八

这首诗以冷峭的笔墨叙述了嫦娥偷吃灵药成仙的神话,显然受到李商隐《嫦娥》的影响。先看《嫦娥》:

> 云母屏风烛影深,长河渐落晓星沉。
>
> 嫦娥应悔偷灵药,碧海青天夜夜心。

《嫦娥》中的女主人公立足尘世,诗人以冷清孤寂的处境和通宵不寐,揣想独处月宫的嫦娥永恒的寂寞和后悔偷吃灵药成仙的心理。抒情的脉络是由人间到仙境,是李商隐人生苦苦追求终归失败的心灵体验,是对于超然于尘世之外的仙界的否定。曹唐这首游仙诗却以赞许的口吻对嫦娥偷吃灵药羽化升仙的行为动机深表同情:"嫦娥若不偷灵药,争得长生在月中。"既然现实世界那么冷酷无情,便只有在虚幻世界中寻找解脱,只要能获得精神满足,偷药成仙在所不辞,用意比李更深曲,痛苦也更强烈。

  虚幻的仙界乃是现实社会的反衬。仙境也不是超越人世获得长生的理想乐土,当精神的解脱失去了依赖的社会基础后,希冀长生的任何努力也灰飞烟灭。诗人只有徒发感慨,沉醉于一种虚假的心理满足中。

三、以人仙相恋、仙仙相恋为内容,编织一个个集爱情与游仙于一体的缥缈故事,表达对虚幻世界的向往之情

曹唐有一部分游仙诗描写了人仙之恋和仙仙之恋的内容,目的在于抒发人世间倍受压抑的情感。这类游仙诗继承了李贺、李商隐爱情诗的传统,又与二李有所不同,也有强烈的感观刺激与绚烂艳丽的色彩描写。李贺由于家道中落,僻性高才,受人毁妒,导致精神压抑、心境窄迫。他大量抒写阴森可怖的神鬼艳情,如《苏小小墓》,让冷艳的女鬼出现在阴森的墓地,境界迷幻,笔调冷峭,成为他解脱人世痛苦的希望寄托。李商隐受李贺的影响很深,在题材上也有往艳体发展的一面,如"雄龙雌凤杳何许? 絮乱丝繁天亦迷。醉起微阳若初曙,映帘梦断闻残语"(《燕台诗四首·春》)具有绮艳典丽的特点。以入道宫女为内容的女冠诗,情事虽较虚化,仍为爱情之作,如"当时若爱韩公子,埋骨成灰恨未休"(《和韩录事送宫人入道》),运用道教典故与环境氛围的烘托形成一个个情感境界。在李商隐的这类诗中,圣女、女冠和诗人三位一体,明写女冠,实写诗人的人生感慨与仕途蹭蹬的心灵体验。步其后尘的曹唐既无李贺、李商隐艰难丰富的人生阅历,又无李商隐的"凌云万丈才"(崔珏《哭李商隐》),与前两者不同的是,他在爱情题材的基础上加入了游仙的内容,如"玉皇赐妾紫衣裳,教向桃源嫁阮郎。烂煮琼花劝君吃,恐君毛鬓暗成霜"(《小游仙诗》其二十三),把游仙与男女之情糅合一起,运用充满强烈感官刺激、更富超现实梦幻的词藻描写色彩、意象和生活场景,以欣赏和慰藉的眼光艳羡人仙之恋或仙仙之恋的种种情事,将其幻化成一个个相对于糜烂颓废的晚唐社会的彼岸世界,满足诗人于尘世无法获得的情欲,进而宣泄诗人理想与前途永无厝置的无奈心绪。此类诗无所谓比兴与寄托,仅聊以解脱人生巨大的心灵创痛,是对李贺、李商隐爱情诗的另一种继承或曰方向转移,是比李贺、李商隐更为痛苦的呻吟与啜泣。

人仙遇合的游仙诗以刘晨、阮肇游天台山遇仙女的五首为代表。这五首诗写了刘、阮遇仙,仙女送刘、阮回家,仙女于洞中思念刘、阮,刘、阮再游天台山终不复见仙女的情事。全诗通过仙洞周围的环境描写与景物烘托,如山涧、绿水、花草、碧沙、红树等,渲染出扑朔迷离的人仙相恋的情事氛围,成为诗人精神上的补偿与慰藉。如:

天和树色霭苍苍,霞重岚深路渺茫。

云实满山无鸟雀，水声沿涧有笙簧。

碧沙洞里乾坤别，红树枝前日月长。

愿得花间有人出，免令仙犬吠刘郎。

——《刘阮洞中遇仙子》其三

全诗纯用色彩绚丽的词藻构筑环境氛围，人仙遇合的情事完全被笼罩在烟雾缭绕的仙风道雾中。但诗中的情事脉络却是清晰可辨的，即刘、阮与仙女于洞中偶合。诗人则是啧啧慕赏，颇有身虽不能，心向往之的情致。这是诗人审美理想的外化物，是超然于人间的情感彼岸。诗中其他有关仙仙相恋的游仙诗亦复如此。如：

绛阙夫人下北方，细环清珮响丁当。

攀花笑入春风里，偷折红桃寄阮郎。

——《小游仙诗》其九十八

这首诗是用衣着装饰及形态动作烘托仙女的相思怀春心理，活灵活现。一个"偷"字把仙女对阮郎念念不忘的心理刻画得逼真生动。身为道士的曹唐当时怀有一种怎样的沉醉心态可想而知。在游仙诗中还有较多类似的内容，如"采女平明受事回，暗交丹契锦囊开。欲书密诏防人见，佯喝青虬使莫来"（《小游仙诗》其四十九），"芝蕙芸花烂漫春，瑞香烟露泾衣巾。玉童私地夸书札，偷写云谣暗赠人"（《小游仙诗》其三十三）。游仙诗中如此大量的仙女相思暗恋情事的描写实质上是对诗人在现实社会中无法体验的快乐人生的补偿，是在观照神仙之恋时希冀获得生理、心理满足。

人的思维和幻想不可能完全脱离客观现实而存在。神仙的婚恋也处处打上了现实世界的烙印。游仙诗中多次写到恋爱的不自由与受挫，如上文所引"偷折""偷写"等即是在等级森严社会中的不得已而为之。再如描写相恋受挫的《织女怀牵牛》：

北斗佳人双泪流，眼穿肠断为牵牛。

封题锦字凝新恨，抛掷金梭织旧愁。

桂树三春烟漠漠，银河一水夜悠悠。

欲将心向仙郎说，借问榆花早晚秋。

织女与牛郎真心相爱却被无情的西王母拆散在银河两岸。织女面对银河双泪空垂,怨怼之情溢于言表,体现了宗法专制制度的虚伪与残忍。在这里,所谓自由、平等、享乐的仙界生活纯为子虚乌有,根本无法寄寓信仰与希望。诗人只有以一个旁观者的身份观赏着上界诸仙演绎的一幕幕戏剧。

由于晚唐社会的衰残氛围、审美思潮、个人经历,曹唐的游仙诗没有沿着李白、李贺、李商隐的游仙诗道路发展下去,而是另辟旁径,形成以旁观者姿态借游仙表述尘世人生不可获取的心灵慰藉的游仙诗新路。

第二节　谈《三国演义》中诸葛亮的几种谋略

诸葛亮是三国时杰出的政治家、军事家,被誉为"千古良相"的典范。他父母早亡,由叔父诸葛玄抚养长大,后因徐州之乱,避乱荆州,潜心向学,淡泊明志。后受刘备三顾之礼,提出著名的《隆中对》,策动孙、刘联盟,于赤壁之战中大破曹操,奠定三国鼎立的基础。蜀汉建立,拜为丞相。刘备伐吴失败,受托孤于永安,辅佐幼主,外联东吴,内修政理,南征平叛,北抗强魏。为完成统一中原、兴复汉室的大业,先后五次进攻魏国,在治国、治军等方面发挥了非凡的才能,是以民用其力;又推演兵法,作"八阵图",造损益连弩、木牛流马,与名将司马懿、张郃等交锋,屡操胜算,最后一次北伐时采取分兵屯田之策,与司马懿大军相持百余日,但不幸因积劳成疾而逝世,享年五十四岁,谥曰忠武侯。其"鞠躬尽瘁,死而后已"的高尚品格,千百年来一直为人们所敬仰和怀念。

陈寿的《三国志》对诸葛亮的评价极高:"诸葛亮之为相国也,抚百姓,示仪轨,约官职,从权制,开诚心,布公道;尽忠益时者虽仇必赏,犯法怠慢者虽亲必罚,服罪输情者虽重必释,游辞巧饰者虽轻必戮;善无微而不赏,恶无纤而不贬;庶事精炼,物理其本,循名责实,虚伪不齿;终于邦域之内,咸畏而爱之,刑政虽峻而无怨者,以其用心平而劝戒明也。可谓识治之良才,管、萧之亚匹矣。"

在《三国演义》塑造的众多人物形象中,诸葛亮无疑是塑造得最为成功、影响最为深远的一个。可以说,他是全书真正的主角,是维系全书的灵魂。罗贯中将他塑造为一个高雅、睿智、充满理想色彩和艺术魅力的艺术形象,一个光彩照人的不朽典型,成为古代优秀知识分子的崇高典范、中华民族忠贞品格和无穷智慧的化身。本文把诸葛亮看作一个典型文化人物进行研究,希望从文化的角度进一步了解这位演义中的完人。

"谋略"在《新华字典》中的解释是计谋、策略、权谋。为创造有利条件实行全盘性行动的计划和策略,以长期、综合性观点来看,即是"创造致胜条件"。《三国演义》作为一部描写战争题材的历史小说,更多地叙述和描写了各路诸侯以及后来的魏、蜀、吴在谋略上的较量斗争,而且某一派或某个人在谋略上的高低深浅明白地制约着其国家的盛衰兴亡,诸葛亮作为《三国演义》中的一号人物、作为一个谋略家的形象是毫无疑义的。我们认为《三国演义》中诸葛亮的谋略主要体现政治、外交和军事三个方面。

一、《三国演义》中诸葛亮的政治谋略

作为《三国演义》中首屈一指的政治谋略家,诸葛亮一出场就表现出着眼全局的战略眼光。在《隆中对》中,他首先分析"今操已拥百万之众,挟天子而令诸侯,此诚不可与争锋"。先说曹操不可取,又说"孙权据有江东,已历三世,国险而民附,贤能为之用,此可以为援而不可图也"。紧接着就指出荆州"其主不能守,是殆天所以资将军",言荆州可取。再说到益州"刘璋暗弱,张鲁在北,民殷国富而不知存恤,智能之士思得明君",言益州亦可取。在《三国演义》中,他最后说道:"先取荆州为家,后即取西川建基业,以成鼎足之势,然后可图中原。"诸葛亮未出茅庐而谋划天下三分,为刘备创立蜀国制定了攻取发展的睿智方略。[①] 可以看出诸葛亮对时局是了如指掌的,他对形势的分析相当准确。他对曹操、孙权的分析评价便是他始终坚持的"联吴抗曹"大战略的依据。作为谋略家,在三国鼎立前期及其后看到的最大客观事实就是曹魏势力最大,而孙吴、刘备较弱。若孙刘联合对抗曹魏,则三国鼎立并存,若孙刘失和,曹魏则可对其各个击破。诸葛亮看清楚了这一点,固然是由于对时局形势有全面正确的了解,但更主要的是他对刚刚过去的历史有清醒的认识。汉末以来,在群雄角逐中,袁绍、袁术、吕布、公孙瓒、陶谦、刘表等,一个个被曹操所灭,其中一个重要的原因,是他们之间或互相疑忌,或互相残杀,被曹操各个击破。今孙、刘两家,如不联合,也会遭到同样的命运。所以,"联吴抗曹"这一战略方针,诸葛亮一生都不曾忽视。由于坚定不移地执行这一战略思想,赤壁之战中,曹操八十三万大军在孙刘联军的攻击下大败而归,诸葛亮则乘机占领了荆州三郡。庞统遇难后,诸葛亮不得不离开荆州入川,在将荆州印绶交给关羽时,他曾说:"吾有八个字,将军牢记,可保守荆州。"这八个字就是"北拒曹操,东和孙权"。对这八个字,云长虽然当时表示"军师之言,当铭肺腑",可是由于他不能真

[①] 张云波:《比较鲁肃与诸葛亮的战略思想》,《齐鲁学刊》1989年第1期。

正认识和把握这一战略思想，所以后来不仅自己兵败被杀，丢掉荆州，还导致吴蜀失和，最终直接而深刻地影响到先蜀后吴被魏灭亡的命运。

二、《三国演义》中诸葛亮的外交谋略

《三国演义》中，诸葛亮外交策略的主线都是联吴抗曹，诸葛亮始终向吴国孙权传递这样一个信息：曹魏势力庞大，占据中原，你只有与我合作才能保住江东太平，你若与曹魏单独作战必然会被消灭。

长坂坡之败，刘备的势力几近覆灭，如果继续以残存的一万多士兵的军力和曹操数十万大军抗衡，无疑是以卵击石，自取灭亡。正是在这关键时刻，诸葛亮主动请缨，出使柴桑，舌战群儒，智激周瑜，表现得非常精彩，促成了孙刘联合抗曹统一战线，从而取得赤壁大战的胜利，粉碎了曹操一举南下的企图。诸葛亮此次外交上的胜利，保存和壮大了刘备的势力，为鼎立一方奠定了坚实的基础。所以，诸葛亮把这次行动称为"受任于败军之际，奉命于危难之间"（《出师表》）。

诸葛亮第二次重大外交谋略的背景是夷陵大战失败后，关羽阵亡，荆州失守，孙刘集团彻底破裂。刘备去世后，诸葛亮内外交困。《隆中对》提出的"跨有荆、益"的战略受到挫折，国内，新主年幼，军事将领接连丧失，人才青黄不接，而外部战线拉长，面临两个敌人。假如按照刘备的外交路线走下去，继续和孙权争夺荆州，那么，蜀国只能在魏吴夹击之下加速灭亡。冷静分析形势之后，诸葛亮果断地作出战略调整，决定放弃荆州，以最大的诚意与吴国重建联盟，以寻求东吴在东线的支援与配合。为此，诸葛亮先后派丁厷、阴化、费祎等人出使东吴，但成效不大。最后，诸葛亮安排当时任尚书的邓芝亲自到吴国去。邓芝的出访终于打破坚冰，使吴蜀关系得到恢复，也促使孙权与曹魏集团决裂。

关于联吴抗魏的方针，诸葛亮有非常明确的论述。公元229年，孙权称帝，消息传来，蜀汉群臣内部便议论纷纷。有人认为，蜀汉之所以与曹魏势不两立，是因为曹操篡夺了汉室，同理，孙权称帝，也是篡逆行为，不能与他交往下去，应"显明正义，绝其盟好"。对此，诸葛亮说："权有僭逆之心久矣，国家所以略其衅情者，求掎角之援也。"明确指出，与吴交好，求的是掎角之援。他接着说："若就其不动而睦于我，我之北伐，无东顾之忧，河南之众不得尽西，此之为利，亦已深矣。权僭之罪，未宣明也。"诸葛亮这一番分析，终于说服了众人，维护了联吴抗曹的大局。此后，诸葛亮又采取了一个大胆的举措，派卫尉陈震去东吴，祝贺孙权登位。陈震到东吴后，更坚定了孙权联蜀的决心,双方立下盟誓:若有害汉,则吴伐之;著有害吴,则汉伐之。[1]

在书中,诸葛亮非常重视与东吴的统一战线,有些时候甚至不惜放弃削弱魏国的大好机会也要去维持这个统一战线,因为这个统一战线既是对曹操的牵制,对于蜀国来说也是利用曹魏来牵制孙权。最明显的就是智算华容,赤壁一战,孙权取得了决定性胜利,曹操溃不成军。当时曹操的小股残军败走华容,一般来说,这是诸葛亮擒杀曹操以根除后患的绝好机会。但是从三分天下的总决策来看,如果杀掉曹操,根除了刘备的后患,却同时也根除了孙权的后患。这样孙刘两家争天下的时间就会马上到来,这对当时根基薄弱的刘备是极为不利的。所以为了保存、发展自己,必须维持三方相互制约的关系,尽可能地延续孙刘两家的联盟。因此明知关羽会放掉曹操,仍委派关羽去华容道守他,为的就是放曹操走,给孙权留下后患,也给自己时间站稳脚跟,抓住时机入川,巩固自己的势力,形成三足鼎立之势以图天下。

三、《三国演义》中诸葛亮的军事谋略

对于诸葛亮的军事谋略,司马懿在"空城计"一章中说得非常之好:"平生谨慎,不曾弄险。"确实,诸葛亮从不打没把握的仗,凡事皆谋定而后动,他在《便宜十六策》中提出"用兵之道,先定其谋,然后乃施其事"。他认识到在采取作战行动之前,先要进行充分的准备和谋划,这是争取胜利的一个重要前提。他在治军用兵过程中,之所以能"运筹帷幄之中,决胜千里之外",就在于他事先缜密的谋划。谋略的内容就是要在战事之前审知天地之道、众人之心、兵戈之器、敌众之谋、道路之险、进退之宜、战斗时机等各方面因素,在综合考虑的基础上制定用兵策略,然后采取作战行动。《隆中对》是他谋略思想的一个集中体现。诸葛亮在《隆中对》中先分析了当时的形势,曹操雄据中原,有"挟天子而令诸侯"的政治优势,实力雄厚,故不能与其争一日之短长,孙权据有江东,以历三世,国险民附,举贤任能,统治亦相当巩固;荆、益二州有立国的自然条件,是刘备扩展势力可能的唯一目标。在分析当前形势的基础上,诸葛亮对各军阀集团力量进行了权衡,提出近期战略目标:"跨有荆、益,保其岩阻,西和诸戎,南抚夷越,外结好孙权,内修政理。"联吴抗曹,鼎足而三。在此可能的基础上,进一步提出最终的战略目标:"天下有变,则命一上将将荆州之军以向宛、洛,将军身率益州之众而出于秦川。"成就霸业,复兴汉室,这种蓝图性的规划是在正确分析政治形势及各军阀实力、地位的基

---

① 汤洁娟、杜芳明:《诸葛亮军事思想管窥》,《延安教育学院学报》第17卷第4期。

础上定下的总规划。这样的谋略,为以后刘备成就霸业指明了当前的形势及发展的方向。事情发展果如所料,数年之后,初步实现了其谋略的一部分。这也正是诸葛亮对"先定其谋"这一战争规律深刻把握的结果。在重谋略的基础上,诸葛亮更注重"以智谋取胜",主张"军以奇计为谋,以决智为主"。这也是对孙武"上兵伐谋"军事思想的继承。在实战中,很多战役也确实体现了这一点。在赤壁之战中,诸葛亮充分运用了智谋与策略的结合。他从曹军优势中看到短处,长途跋涉,"远来疲敝",已成"强弩之末,势不能穿鲁缟",且"北方之人,不习水战";从孙刘联军劣势中看到长处,兵力虽少,以逸待劳,惯于水战,协同作战,必破曹军,从而巧妙地运用火攻的方法大败曹军。诸葛亮的军事谋略思想在这一战役中得以充分体现,成为后世军事史上的一个光辉典范。

1. 合纵策略

合纵策略是诸葛亮军事思想的又一个重要方面。在隆中,诸葛亮周密地分析了当时的政治、军事形势,就向刘备提出合纵联吴的主张,他说:"孙权据有江东,已历三世,国险而民附,贤能为之用,此可以为援而不可图也。"为达成其政治目的,合纵成为诸葛亮以后的一贯主张。曹操统一北方后,率军南攻刘表,表少子刘琮举荆州而降曹。诸葛亮之前曾向刘备建议攻打刘琮,夺荆州,刘备不听,曹军至新野,刘备弃新野而直奔襄阳,曹军占据江陵,顺江而下,直取刘备、孙权。诸葛亮对刘备说:"事急矣,请奉命求助于孙将军。"于是诸葛亮与鲁肃至柴桑见孙权,提出孙刘联合抗曹的战略方针。诸葛亮以雄辩的口才加之心理攻势,终于挫败了主降派,说服了孙权,使孙权"遣周瑜、程普、鲁肃等水兵三万,随亮诣先主,并力拒曹"。孙刘联军与曹操在赤壁交锋,曹军大败,为三国鼎立局面奠定了基础。这种与孙吴联合的策略在以后也颇为常用,诸葛亮的一出祁山,固然与蜀国经过几年努力,"侍卫之臣不懈于内,忠志之士忘身于外""南方已定,兵甲已足"有关,但也离不开蜀国与孙吴修好关系,这使之在伐魏战争中避免了腹背受敌。当诸葛亮三出祁山时,孙权称帝,蜀国群臣皆以为要与吴绝交,而诸葛亮从北伐曹魏的大局出发,坚决不同意与孙吴绝交,并写了《绝盟好议》来说服蜀国众臣,派陈震前去庆贺孙权称帝,以便加强吴蜀联盟,从而使蜀国在伐魏战争中求得犄角之援。诸葛亮的合纵思想贯穿了其军事斗争实践的始终,这不仅为刘备抗曹增强了力量,为三国鼎立局面的形成创造了条件,而且在刘备死后,也对蜀汉专心致力于南征和北伐起到了积极的作用。

2. 以弱克刚,攻心为上

诸葛亮还说:"善将者,其刚不可折,其柔不可卷,故以弱制强,以柔制刚。纯柔纯弱,其势必削,纯刚纯强,其势必亡。"①不仅刚强是斗争的手段,柔弱也是不可忽视的一种手段。武力征讨、暴力制服可以取得胜利,怀柔、笼络也能达到制服对手的目的。诸葛亮七擒孟获是这种形式的典范。这个战役最精彩的是和为贵指导下的有限报复。一次次打赢孟获,让他明白反叛的代价,但打是为了和。传统文化就在这儿开始起作用:显示对抗的风险程度,让对方产生畏战心理,传递和解意图,让他感到接受和解的条件比继续对抗更有吸引力。通过文化性影响他的意志,把军事目标转化为和平目的。在对方受到彻底的屈辱或战争升级为失去理性的血腥嗜杀之前,使停战成为可能。②《三国演义》中有段描写,大致是说:"孔明酒后,唤孟获同上马出寨,观看诸营寨栅所屯粮草,所积军器。孔明指谓孟获曰:'汝不降吾,真愚人也。吾有如此之精兵猛将,粮草兵器,汝安能胜吾哉! 汝若早降,吾当奏天子,令汝不失王位,子子孙孙,永镇蛮邦。意下若何?'"这个时候,孔明就是在向孟获显示实力,提高军事力量的"透明度",传递威慑信息,同时施以官爵利禄的引诱。这种晓之以利害吉凶就是"攻心"了。最后孟获终于屈服,并发誓永不再反。

《三国演义》作为我国的四大名著之一,一直为人们所称道,书中所塑造的诸葛亮是一位高雅、睿智、充满理想色彩和艺术魅力的艺术形象,一个光彩照人的不朽典型,成为古代优秀知识分子的崇高典范、中华民族忠贞品格和无穷智慧的化身。对于《三国演义》中诸葛亮的谋略,本节结合文化,主要从政治、外交和军事三方面作了深度分析,希望能达到管窥诸葛亮一生的运筹与谋划的目的。

第三节　语言:民族的根基,创新的基石

谈到人类的进步,语言应该是人类进步的标志之一,甚至有可能是最主要的进步。语言,使得人类的交流更加具体、更加深入。应该说,它几乎关系到人类的发展。因而,在历史的各个发展阶段,有识之士抑或有志之君都对语言格外关注,早有始皇大帝,近有无数文化界和知识界的学者。然而,作为人类最古老、最精确、最伟大的语言之一的汉语,目前却经受着相当大的冲击。笔者并非一味歌颂民族文化而不愿意"纳百川、汲百源"的人,但目前,国人对待以汉语为代表的民族文化的态度的确让人担忧。

一个民族要立于世界优秀民族之林,首先要有自己的语言和文化,否则,这个民族

---

① 黄晓阳:《诸葛亮外交政策》,《成都大学学报(社科版)》2005 年第 2 期。
② 邵培仁:《传播学》,高等教育出版社 2009 年版,第 175 页。

几乎难以有大的进步。于是,从始皇大帝到今天的文人学者,都把语言和文化结合起来,给予高度的重视,特别是今天,在外语备受推崇的时候,在汉语语言和汉语文化不受重视的时候,重新审视一下语言和文化对于一个民族的重要性是十分必要的。

一、语言是民族文化的标志,甚至是一个民族存在的象征

在一定程度上,语言标志着一个民族的文化与文明。而且,任何重视自身发展的民族都是重视自己的语言和文字的。

我们的祖先,在几千年前就认识到了这一点。秦朝建立之初,秦始皇就颁布了统一文字的法令,以便于加强中央集权,促进各个区域之间的文化交流。也正是秦始皇的这一系列措施,使得国家的经济发展、各地域之间的文化交往有了长足的进步,更使得中华民族在以后的几千年里团结凝聚。

不仅中国是这样,世界上其他民族也是如此。法国前总统雅克·希拉克在出席欧盟首脑会议第一次工作会议期间,有这么一个细节,当听到身为法国人的塞埃用英语演讲时,希拉克打断其讲话,并询问他为什么用英语发言。"我用英语发言,因为这是商务语言。"塞埃回答道。听到这句话,希拉克带领身边的法国外长菲利普·杜斯特布拉齐、财政部长蒂埃里·布雷东起身离席,以示抗议,直到塞埃发言完毕后才重新返回会议现场。在这里,我以为不能将几位法国首脑人物的行为理解为"狭隘",倒是引人深思,法兰西民族在文化、科技、艺术上的伟大贡献,应该与他们一直重视自己的语言、文字、文化有着密切的关系,于是,才有了巴尔扎克,才有了雨果,才有了莫泊桑,才有了罗素,才有了……于是,诸多的文化艺术为法兰西民族所创造。我们甚至可以这样理解:法兰西民族的文明是与其热爱自己的民族文化息息相关的,也正是他们热爱自己的民族文化,才有了今天的法兰西文明。而且,法兰西民族热爱自己的文化,不是偶然,而是自始至终的。法国作家罗曼·罗兰认为:"语言是种族的特征,是血肉关系中最亲密、最不易泯灭的部分。"法国为确保自己语言的纯洁性,已经把保卫法语的条款写入了宪法。

无独有偶,一直重视自己文化的以色列人,为捍卫自己的母语希伯莱文,也进行了不懈的努力。与这些国家相比,我们不得不对当前国人对汉语的态度进行一番思考了。

重视发展的民族重视自己的文化,企图扼杀其他民族文化,乃至其他民族独立的,也对语言、文化格外关注。1910 年 8 月,日本吞并朝鲜半岛,侵略者所做的第一件事,

就是强迫朝鲜人民说日语,剥夺朝鲜人民说自己的母语的权利,同样,日本侵略者在侵占我国台湾以后,也进行这一类奴化政策,禁止台湾人民说汉语,强制他们说日语。这里还想再一次提出,在普鲁士占领法国的阿尔萨斯和洛林的时候,对于德国人要求两地人民说德语的要求,法国民众进行了坚决的抵制,这从都德的《最后一课》中可以读出有关的细节。

因此,从这个角度来说,语言关系到的已经不仅仅是民族的发展,而是民族的存亡了。

二、语言是民族文化的载体,关系到民族的发展与进步

翻开世界发展的历史,文明古国的发展大都先从有自己的语言开始,因为只有这样,人与人的交流才更加充分,才有可能在此基础上发展自己的文化和文明。语言是各种文明的载体,没有语言与文字,就缺少了起码的表现形式。因此,具有文明历史的各个民族,首先创造了自己的语言。华夏文明如此,古埃及文明、古巴比伦文明、古印度文明均是如此。在语言的基础上,发展文化与文明;在语言的基础上,创造人类的其他文明成果。而且,各种不同的语言形式,创造了文明的多样性,创造了人类文明的繁荣。于是,在人类历史上,就有了一大批把人们引向神圣精神殿堂的开拓者。孔子让后人从语言中学习知识和教育,老子让人们体会他的哲学思想,司马迁让人们记住历史,司马光让人们从历史中吸取教训。于是,中华文明跨越了几千年,高举着自己的旗帜,从远古走来。那灿烂的文化,绝非那些只知道模仿的民族可以比拟。正因为如此,炎黄子孙在这些文化中不断汲取营养,从文学到科学,在为人类的进步呐喊的同时,也为人类的进步提供了由思想到文学、哲学,一直到科学的动力。于是,印刷术和造纸术使得人类文化得以广泛传播,指南针加强了人类的彼此交流,火药促进了生产力的发展(也不幸被侵略者借用)。于是,人类在这些发明中不断战胜愚昧,走向文明,人类本身的生存能力得以提高,人类驾驭自然的能力得以提高,人类的文明素质得以提高。

在这里,我们应该认识到,由语言到文字,由文字到文化,由文化到科学,整个民族、整个人类都在发展中走向辉煌。

也许有人会说,那是人类历史发展的规律而已,或者说是一个基本发展趋势,与文化的关系并不直接。我们再来看一个例子:50年前,非洲的加纳和亚洲的韩国具有接近的自然条件、基本相等的外援、大致相当的经济基础,不同的仅仅是文化,或者说文化背景。但是,50年后,韩国成为一个比较富裕的国家,有了自己的诸多文化作品,有

了比较发达的经济,甚至在体育上都有长足的进步,然而,加纳还是加纳。原因很简单,韩国有着自己的民族文化,韩国有着发展自己的渴望。我们可以这样理解:民族文化是民族发展的基石,是民族发展的动力。

正因为如此,王蒙先生呼吁,汉字,是中华儿女永远的精神家园。

三、语言、文字是人类精神生活的重要组成部分,承载了精神领域的内涵,影响着人类道德,使人类走向文明,甚至影响着人类历史的发展方向

从各类文字史料里,我们发现人类的文明似乎"不古",究其根源,人们的文化认知对人类的文明有着巨大的影响。这向我们昭示,要建立一个理想的文明的社会,文化是必不可少的血液。从大的方面说,语言承载着民族文化,承载着民族精神;从小的方面说,语言承载着民族情感和人们的具体行为。人们之所以对精神需求很迷茫,很明显,就是因为缺少对于自己民族文化根基的认识、认同,缺少对于自己民族文化的自信。正如邯郸学步者那样,就会出现暂时的精神空白和认知空白。如果教师只知道一味对学生进行文明教育,却没有注意到学生的精神空白在哪里,那么学生在表层接受的教育信息将很快消失,这将导致教育效果的缺失。只有以文化教育为教育根基,把民族精神与民族认同作为根本,效果才会明显。无源之水,无本之木,毕竟不能长久。

我们发现,在我们这个时代,语言文学类的优秀作品比较少,类似《论语》《老子》或者《三国演义》《红楼梦》的作品很少见。我个人以为,伟大作品的出现可能跟时代有关,如果强硬地要求在汉朝就出现《红楼梦》那样的作品,可能性也不是很大。而伟大作品跟时代相关,跟文化背景相关,则是必然的。在忽略文化的时代里,产生伟大的作品,特别是文学类作品,可能性是很小的。试想,在国内,如果汉语的地位低于英语,哪里还能有产生伟大的汉语作品的土壤? 哪里还能有产生伟大作品的激情? 正如复旦大学中文系语言文学研究所前所长傅杰教授所说:"正如古话说的,久居兰室不闻其香,不少中国学生并不领会母语的优美,对母语的研究少之又少,倒是留学生更愿意花时间研究中国文字背后的文化现象。"人们都去关注计算机与英语的证书,谁还来关注诗歌和文学呢?

四、语言文化永远都要立足于民族自身,否则就不会有创新

语言与文化是文明的载体,是人类进步的工具,是人类情感世界的产物。轻视民族语言,就可能导致对精神世界的漠视,有人说,科学能够使人高质量地生活,而语言文化则让人们生活得更好、更快乐、更幸福。创新也是需要文化现象作为积累的，创新的成果不可能突然出现。要把中国制造改成中国创造，首先要重视自己的文化，根基都没有了，还创造什么？中华复兴包括中华民族的复兴、中华文化文明的复兴和中华科学学术的复兴。而这一切，都要以民族文化为基石。"拜倒在西方语言理论脚下，崇洋媚外的民族虚无主义思想"（季羡林语）永远不可能使中华民族走向强盛。

在这里，我并不想排斥外来文化，但民族文化，无论在什么时候，都应该是我们文化的根基，是我们发展的基础。

第四节　中国传统水文化在当代楼盘命名中的应用

中华文化博大精深，源远流长，底蕴深厚。中华民族的文明起源与山水密不可分，黄河文明、长江文明、珠江文明、河姆渡文明无不与水有着至为密切的关联。随着社会的不断发展进步、人们生活水平的提高，人们对生活质量的要求也不断提高，特别是对住宅方面的要求更是前所未有。在住宅商品化的今天，房地产商之间的竞争日趋激烈，一个好的楼盘名称也是该楼盘成功销售的重中之重。从古至今，人们都有依山傍水的思想，中国五千年的传统山水文化深入人心，历来影响着中国的历史文明进程，其中的"天人合一"思想则是传统山水文化的核心。给一个待售楼盘起个好名成为楼盘营销中的重要一环。楼盘开发商给楼盘取一个富有文化内涵又不乏现代都市感觉的名称是宣传营销的主要手段。中国传统水文化的意象在现代楼盘名称中随处可见，给人们以灵秀之感。一个新开发的楼盘如何充分合理地借用中国传统水文化中的精华命名也是颇有学问的，必须遵守一定的法则。

一、水与中国传统文化

水不仅是生命之源，也是文化之源。当诗人驻足水边，凝望江河湖海的水面时，或激昂奋进，歌豪迈慷慨之志；或凄苦哀怨，叹伤感失落之意；或情意绵绵，颂人间天上之情。水激发诗人的壮志，抚慰诗人的心灵，净化诗人的情感；诗人则赋予水不同的情感和不朽的灵魂。那一首首闪烁着生命之源的诗歌，就像源远流长的水，有着其独特的魅力与韵味，显示了诗人的胸怀与人格魅力，形成了中国特有的水文化氛围。中华民族在认识水、治理水、开发水、保护水和欣赏水的过程中，留下了丰富的精神产品，领悟出许多充满智慧的哲思，奠定了中华水文化的深厚底蕴。

《尚书大传·五行传》就有"天一生水，地六成之"的说法。宁波现存的明代著名藏书阁"天一阁"即以此名之。《尚书·洪范》曰："五行：一曰水，二曰火，三曰木，四曰金，五曰土。""水曰润下"，以水为第一，意思是周流不息，滋养万物。

我国第一部诗歌总集《诗经》开篇第一首《关雎》中说："关关雎鸠，在河之洲。窈窕淑女，君子好逑。"其中男女相知、相悦、成婚，完成生命的延续进而维系一个民族的血脉的重大使命却是在水边的"河""洲"实现的，可见水在古代先民的意念中占据着何等重要的地位。孔子一句"逝者如斯夫"至今仍给人时间像流水、人生变幻之慨，进而激励人们珍惜时光、发奋图强。曹孟德一句"东临碣石，以观沧海"显示出面临大海、胸襟开阔、气冲霄汉、志在统一的雄心壮志，足见"河""川""海"在中国传统文化中的独特作用。

南方是水的世界，水在孕育荆楚文明、吴越文明、岭南文明的过程中呈现出相异于北方的钟灵毓秀；北方民族在生存演进中也是沿循江河，获得生存必需的物质条件，定居后形成后来的城郭；游牧民族为了寻找到水草肥美的地方而辗转迁徙。

山水诗、山水画则把古人的心境由喧嚣杂尘的朝堂带向山水田园，去讴歌大自然，进入洗尽铅华、清静幽深、绵远空灵的自然境界。水给予古人无穷的想象空间和创作源泉。士族文人们在优裕的物质条件下和秀丽的江南山水环境中过着清谈玄理和登临山水的悠闲生活。在他们的清谈中，常常出现一些发挥老庄自然哲学来赞美江南山水的名言隽语。谢灵运的"池塘生春草，园柳变鸣禽"（《登池上楼》）表现了他久病之后与明媚春光猝然相遇时对生命的欣喜；谢朓的"余霞散成绮，澄江静如练"（《晚登三山还望京邑》）用清丽多姿的自然景观编织成一幅色彩鲜明而又和谐完美的水天交织的图画。初唐诗人张若虚的一首《春江花月夜》把春天的景象搁置于江海之间，水之潺潺与花之怒放相映成趣，迷倒无数后人，依此创作的歌舞、古曲、绘画走进了人们的生活，虽经时间磨洗而永驻人间。盛唐山水诗的代表王维、孟浩然更把水作为生命中不可或缺的组成部分。王维的"明月松间照，清泉石上流""漠漠水田飞白鹭，阴阴夏木啭黄鹂"充满了诗情画意，其创作更被苏东坡称赞为"诗中有画，画中有诗"，足见诗人已把水作为与生命相互交织、融会合一、水乳交融的有机整体。宋诗、宋词中赞美水、以水为主题的佳作比比皆是，而且大多与生活息息相关。宋词本身就是在江南水的孕育下成长完善起来的。秦观的"柔情似水，佳期如梦"幻化出多少男女的悠悠情思；李煜的"问君能有几多愁，恰似一江春水向东流"则把抽象之愁具象化为东流之水，让水承载了无以复加的国恨家仇；也恰如李清照之"只恐双溪舴艋舟，载不动许多愁"，对于双溪之水寄托了无限情思。《红楼梦》中贾宝玉一句"女儿是水做的骨肉,男人是泥做的骨肉"则对氤氲婉约、柔媚飘逸的妙龄女子期许了很多赞美与遐思。

水的敬畏崇拜、对水的改造利用贯穿中华民族的文明演进,从早期的对水的恐惧,如大禹治水、精卫填海,到后期的崇拜,如传统五行学说中"金生水,水生木"。木茂则万物峥嵘,世界生机盎然。可见有了水才会滋生孕育生命乃至万事万物。纵观中国历代古典园林,"无水不成园",古人的园林及住宅建筑中也体现了水文化的种种印迹。如苏州园林依山傍水,有人称苏州是中国文化的后花园,在这方寸之间,凝结了中国几千年的文化精髓。

中国古老的水文化至今仍给当代的建筑带来许多影响,水在现代建筑的建造及命名上影响尤深。水和住宅的关系不是简单的两者相加,借水造"景"和依山抱水,体现的是一种亲近自然、崇尚天人合一、自由和谐的生活理念。建筑师把最活跃、柔软的因素融入静态、生硬的建筑中去,通过水的点拨来反映建筑的灵动,从而达到静中有动、灵动飘逸,使矗立在那里的建筑有了生命的韵律。

在迈入现代化的中国,家居住宅已经成为生活中至为重要的组成部分。楼盘开发商也在竭尽心力为自己精心打造的楼盘取上一个好名,以获得购买者的青睐。因形就势,欧风陆韵,古典现代,山海江湖,都市田园,小桥浅溪则成为多数楼盘命名的重要依据。水文化在楼盘的命名中的运用不仅数量多、揣摩精,而且古为今用,因形就势,已颇具心得。

现代建筑的命名为何对水情有独钟呢? 临水而居是一种天人合一的人生哲学,更使都市人在品味现代文明的同时多了一个与自然对接的机会。我国现代化飞速进展,都市规模迅速膨胀,城市人口急剧增加,交通拥挤,噪声污染,人际关系淡薄,人们在享受现代都市文明的同时,似乎感觉缺乏自然和谐、轻松舒缓的情致,于是,亲近自然,人们重新找寻"开荒南野际,守拙归园田"的感觉,"采菊东篱下,悠然见南山"的韵致,以及"池鱼思故渊"的本性。住宅旁边的"水"就成了都市人寄托田园之思、放飞性情、返璞归真的精神皈依。于是,"江""海""湖""河""湾""泉"这些带水的字眼就进入楼盘的命名之中。

二、传统文化与现代楼盘的和谐统一

中国传统文化中的水崇拜对当今楼盘命名的影响可谓非同一般。当今的楼盘开发商也喜欢从传统文化中觅得咏水佳句为楼盘命名,既显水显特色,又蕴文化价值;既有古典韵味，又具现代气息；既含典雅气派，又蕴时尚情怀。

《诗经·秦风·蒹葭》云："蒹葭苍苍，白露为霜。所谓伊人，在水一方。""在水一方"不仅触动了作家琼瑶的创作激情，也吸引了国内诸多城市的楼盘以此命名。典型的有杭州"在水一方"、沈阳"在水一方"、贵阳"在水一方"、宁波"在水一方"等楼盘。"在水一方"从文学到建筑，影响深远。杭州"中江都市花园"则借用唐初宋之问《灵隐寺》的"楼观沧海日，门对浙江潮"作为广告语，彰显楼盘水文化的特色。苏州的"枫情水岸"则让人联想起张继的《枫桥夜泊》。以"兰亭""榭"为名的楼盘不仅看中了楼盘占据水利，而且借用了古文化的意韵，如深圳的"水榭花都"。北京的"水榭楼台"则化用李白诗"屈平词赋悬日月，楚王台榭空山丘"及杨广任扬州总管时写的"扬州旧处可淹流，台榭高明复好游"等诗句，以及辛弃疾"舞榭歌台，风流总被雨打风吹去"的词句。广州的"都市兰亭"楼盘则借用东晋书法家王羲之《兰亭集序》的名气。兰亭在江南水乡绍兴，故有"迢迢不断如春水"的特征，"兰亭""榭"都与水有不解之缘。重庆的"海客瀛洲"楼盘则直接引用李白诗句"海客谈瀛洲，烟涛微茫信难求"。借鉴初唐诗人张若虚《春江花月夜》而给楼盘命名的有杭州的"春江花月"、沈阳的"春江花月"、成都的"春江花月"、石家庄的"春江花月"，可见千古绝唱《春江花月夜》带给当代人的绵远影响。"凤凰和鸣苑"则是南京的楼盘，使人不禁联想到南京的古迹"凤凰台"与李白的诗《登金陵凤凰台》："凤凰台上凤凰游，凤去台空江自流。"

中国传统文化中有关水的诗词歌赋比比皆是，而且柔美隽永、凝练婉约、内蕴深沉。或信手拈来，或稍加改造，融入地理人文、都市时尚即可成为优雅别致的现代楼盘的名称。

三、江河湖海在楼盘命名中的应用

水是流动的美。有了水，一切便变得生机盎然。当今以水命名的楼盘正是适应了都市人追求自然、山水田园的宁静、和谐、素朴的心理，唯有水能够把人们带入清新淡远的柔美境界，给喧嚣紧张的都市生活一个舒缓的憩息港湾，还可以使人触水抒怀，寄寓情思。因而"江""河""湖""海""湾""港"这些带水的优美文字组合也就成了楼盘命名的首选。

（一）"海上生明月，天涯共此时"——海与楼盘命名

海洋以其博大的胸怀、波澜壮阔的景象给人力量和渴望。生活在都市中的人们渴盼着眺望海，接近海，拥抱海，对海景居住环境有着强烈的向往。从"东临碣石，以观沧

海。水何澹澹，山岛竦峙"（曹操）到"海上生明月，天涯共此时"（张九龄），从"海客谈瀛洲，烟涛微茫信难求"（李白）到"城上高楼接大荒，海天愁思正茫茫"（柳宗元），从古老的精卫填海到今天的跨海大桥，从古至今，人们对海有着难以言尽的绵绵情思，海铸就了我们海纳百川、坚韧不屈的民族个性。海能给人绵绵不绝的悠远想象和精神寄托，梦中的"海市蜃楼""忽闻海上有仙山，山在虚无缥缈间"都给人无尽的遐想与追求。居住在车水马龙、熙来攘往间的都市人在对狭小空间感到无奈与惆怅的同时，也对海充满向往：如果能生活在大海一样的宽广环境中该是何等惬意与舒畅！地处东南沿海的城市，其楼盘命名自然不会放弃对海景概念的重拾与包装，深圳的"海滨广场""海景花园""御海湾山庄""金海湾花园""碧海天""碧海云天""椰风海岸""海怡半岛花园"，海口的"时代海岸""丽晶海景""环海大厦"等楼盘络绎缤纷；大连的"华良海景""海景花园""金地海景""海景华城"等横空出世；青岛的"蓝石海景"、宁波的"海景花园""东海花园""海景东苑""东湖观邸"等拔地而起，鳞次栉比。开发商借海造势，深谙市民的爱海心理，打造都市新居中的海景概念，彰显沿海城市的独特魅力。离海较远的城市也喜欢以"海"命名楼盘，如北京的"金海花园"、南昌的"黄金海岸"。海的壮阔、海的浪漫、海的博大、海的富饶都为开发商借海造势、打造海景楼盘注入了"眼球"元素。

（二）"春江潮水连海平，海上明月共潮生"——江与楼盘命名

江、河是我们民族的血脉，是文明的摇篮。"江畔何人初见月，江月何年初照人"的历史感慨至今仍在耳边回荡。楼盘开发商如今把江延伸到楼盘名称中，不能不说是把对江的崇敬与赞美回馈到精心打造的住宅之上。江在中国的普及度要远远高于海，因而以江命名的楼盘区域也远大于以海命名的楼盘区域。长江、珠江、钱塘江、赣江、松花江、汉江的重要意义在所流经的城市自不待言，江景房也是当地楼盘中的翘楚。

珠江是广州的母亲河，珠江两岸的楼盘借江生辉，依江而命名。"天河珠江新城""珠江旭景熙苑""珠江御景湾""滨江怡苑""珠江花园""滨江丽景"等楼盘的江景如一匹彩练闪耀其间，增添无穷风光。

杭州地处江南水乡，古称钱塘，以"怒涛卷霜雪，天堑无涯"的钱塘江闻名天下，商家在楼盘命名上自然不会舍弃其悠久的文化底蕴和诱人魅力，"钱塘雅苑""盛世钱塘""钱江公寓""之江花园""之江华庭"等鳞次栉比，比肩接踵，矗立两岸。宁波甬江南岸崛起的大片楼盘也以"滨江花园"命名之。

武汉位于长江和汉江的交汇处，因唐朝大诗人李白"黄鹤楼中吹玉笛，江城五月落梅花"而又有"江城"的美名。武汉的自然水资源得天独厚，在"芳草萋萋鹦鹉洲"的鹦

鹦洲畔建起了"锦绣长江""江畔新城",在汉水两岸建起了"汉水熙园",此外还有"江南家园""江景时代""江城华庭"等。可见开发商做足了江景文章,也为现代江城描绘了新的蓝图。

"落霞与孤鹜齐飞,秋水共长天一色"的滕王阁就坐落在赣江东岸,是南昌的名胜古迹。南昌的水景楼盘在命名时十分注重与江的关系,如"滨江豪园""怡滨花苑""聆江花园"等。被南宋词人誉为"满载一船秋色,平铺十里湖光"的长沙以湘江闻名,如今,"湘麓国际""汀湘十里""湘许嘉园"等楼盘如繁星一般点缀着湘江两岸。"湘江北去,橘子洲头",楼盘林立,各竞千秋。

南京一段的长江水面开阔平静,秀美妖娆。南朝诗人谢朓赞之为"余霞散成绮,澄江静如练",王安石誉之为"彩舟云淡,星河鹭起,画图难足"。南京因长江增添了几分秀色,唤起人们无尽的向往。南京的江景楼盘名称显得平和婉约,内敛沉着,"天水滨江""长江之家""长江花园"没有帝王气象,而是像莫愁女一样质朴无华,也更能轻易"飞入寻常百姓家"。

(三)"湖光潋滟晴方好,山色空蒙雨亦奇"——湖与楼盘命名

湖是城市的眼睛,一泓碧水点缀在都市之间,既能调节空气,又是市民休闲纳凉、锻炼调节的佳处。湖不仅有自然天成的,还可以人工营造。"烟柳画桥,风帘翠幕",或是"小荷才露尖尖角",抑或"接天连叶无穷碧,映日荷花别样红",都会使人将都市的喧嚣抛在脑后。湖与人相伴,人与湖相依,很多城市都有引以为豪的著名湖景,市民对此也如数家珍,娓娓道来。有些湖更以深厚的文化底蕴为世人称道。杭州西湖可谓最受历代文人关注。白居易之"最爱湖东行不足,绿杨阴里白沙堤",柳永之"重湖叠巘清嘉,有三秋桂子,十里荷花",再加上苏东坡"淡妆浓抹总相宜"的无尽夸赞,使西湖吸引了无数的目光。杭州的楼盘开发商自然不会舍弃这耳熟能详的历史赐予,"湖滨花园""西湖观景""西湖花园""西海明珠""西湖新村"等喷薄而出。相比杭州的西湖,宁波的月湖也久沾文化古韵,明朝大儒黄宗羲在此聚众授徒,长期讲学,并使宁波享有"浙东邹鲁"之美誉,因而宁波"月湖银座"拔地而起。宁波另一名湖东钱湖素有"西湖之绰约,太湖之气魄",依此打造的楼盘命名为"东湖花园"顺理成章。

泉是济南灵气的象征,"三面荷花四面柳,一城山色半城湖"。没有水的济南,无以称泉城。济南水景房产开发有着一定的地理优势,市区内有大明湖、趵突泉。位于大明湖畔的"大明翠庭",以及"锦绣泉城""泉景天沅"等楼盘借势而出。

南京除了江之外,湖也是重要水景,城内的莫愁湖、玄武湖颇具历史文化内涵。以

"湖"命名的楼盘有"天正湖滨花园""赞成湖畔居""御湖国际""莫愁西园"等。

武汉是一个多湖的城市,从武昌的东湖、南湖、汤逊湖、沙湖,汉口的金银湖、西北湖、后湖,到汉阳的月湖、墨水湖、三角湖、后官湖,水岸线绵长。"滨湖文苑""东湖公馆""两湖总都社区""西北湖·凤凰城社区"等湖景楼盘应运而生。

为了增加城市水的含量,不少城市挖湖蓄水,同样起到"回归自然,享受山水"的作用。宁波近年新建的日湖与月湖相映成趣,周围以"日湖"命名的楼盘有"日湖花园""日湖琴云"等。塞外名城兰州也出现了一个以人造水景声名鹊起的小区——"欣月湖"。西安的"曲江春晓苑"在借助唐代曲江典故的基础上,人工勾勒出一派江南水乡的幽雅环境。这些都是适应"依山傍水好风景,心近自然享天成"的生活需要。

(四)"黄河之水天上来,奔流到海不复回"——河与楼盘命名

在中国人的观念中,河与江本无轩轾,也难分大小,两者都是水文化的重要组成部分。黄河的浑厚和长江的精灵一同铸就了我们民族的魂魄。

兰州是黄河上游第一大城市,纵观兰州住宅小区,水景的营造不可能缺少黄河的贡献。黄河与兰州的亲密关系犹李白笔下的"黄河落天走东海,万里写入胸怀间"。黄河在兰州城市住宅命名中的运用直接而质朴:"黄河山水""黄河家园""黄河水岸""黄河绿园"等。郑州也有以黄河命名的楼盘,如"滨河名家""黄河美邸"。南京以秦淮河命名的房产则要柔媚得多,如"水月秦淮""秦淮绿洲""秦淮缘"。较之江、海、湖,虽然我国河流众多,但以河命名的楼盘明显不足,开发商应深入挖掘河景概念。

其余显现水景文化的楼盘还有"××湾""××畔"等,如"海龙湾""珊瑚湾畔""丽水湾""漾日湾畔"等,如果能较好地结合周围水环境特征,应是不错的案名。

四、对水景楼盘命名的几点思考

先贤孔子曾说:"知者乐水,仁者乐山。"人之乐山好水,自古皆然。中国文化在五千年的历史沉淀中形成以"人"为核心、重人文、重人伦的特点,主张追求人的完善,追求人生的境界,追求人与自然的和谐统一。在人与自然的关系中,人们发现,高山大水在当今的生活中扮演着非常重要的角色,人对山水自然的理解与中国传统文化的核心理念有着相似和相近的质地。"山不在高,有仙则名;水不在深,有龙则灵。"山以执着挺拔表现力度,水以畅达柔顺显示智慧。因而,以水命名的楼盘应注意以下几方面。

(一)注重挖掘当地的历史文化、人文地理,古为今用

一个城市的形成自有其历史渊源。近水楼盘的命名若与历史上某个发生于此的与水相关的名人、名诗、名词、名句相联,而这些典故又是人们耳熟能详、如数家珍的,则不仅能提高楼盘的知名度,还能体现一定的文化含量。如苏轼之咏西湖,柳永之赋钱塘,谢朓之赞长江,杜甫之描写曲江,李白之描写宣州,清人刘凤诰之描写济南大明湖,王之涣之描写黄河等,字句优美,影响广泛,若能从中撷取一二并融入现代气息,古为今用,当是一种方法。每个城市都有其独特的地理环境,江、河、湖、海、泉、溪对这些城市的影响巨大。对于传统水文化在现代都市楼盘命名中的运用实例,不必照抄照搬,应取其意韵和精髓并融入现代和时尚元素。

(二) 天人合一,楼与境合

"天人合一"体现了人与自然和谐的思想。天人关系是中国哲学的基本问题,天人合一是中国哲学的基本精神。正如许多学者所说,这一学说要求人与自然保持和谐统一。它的最深刻的内涵之一,就是承认自然界具有生命意义,具有自身的内在价值。自然界不仅是人类生命和一切生命之源,而且是人类价值之源。只有树立"天人合一"理念,实现人与自然和谐,才有可能使人类摆脱困境,走上可持续发展的道路。

在水景楼盘的命名方式上,我们亦应采取"天人合一"的立场。首先,楼盘的建造应与所处地理位置、人文环境和谐;其次,楼盘的命名也应体现这一思想。中国古代文人在处理诗与现实的关系上,曾出现过刘勰之的"神与物游"、苏轼的"境与意会"、王世贞的"神与境合"、司空图的"思与境谐"等,都是要求主体感性世界与客体世界相通,即和谐相处。楼是人的居所、人的创造物,天人合一不仅指人与生态环境和谐相处,也指楼的布局要与周边水环境和谐一致。楼盘的命名也应体现这点,依所踞的江海湖泉的特征命名。前人对苏州园林中水榭亭苑的命名、杭州西湖中各景点的命名都体现了水景合一的匠心。

(三) 尚名实相符,忌华而不实

既然是水景楼盘,水景是必不可少的重要条件。楼盘周围是否有水景,水景的质量如何将是水景楼盘命名的一大关键要素。在一定意义上,楼盘名称是开发商向置业者的公开承诺,开发商既要使楼盘属性、功能与楼盘名称相一致,而且要保证名实相符。不靠海、傍水、近江、环湖、绕泉的楼盘不能随意以"海湾""滨江""湖光""泉景"命名,否则名实不符。这种名实不符的楼盘不仅在置业者心中造成极大的期望落差,同时也影响到开发商的市场信誉。

(四) 各抱地势,独创性强,避免重复

楼盘名称标识性强,个性突出,要体现楼盘的地理位置、人文景观及文化传统,并与其市场形象定位相吻合。目前各城市以"滨江花园""在水一方""西湖花园"等命名的楼盘很多，有的城市还有名称重复的楼盘，这对于塑造开发商的品牌形象、提高知名度并无益处。如没有西湖的城市却矗立起"西湖花园"，缺水又缺绿的西北某市却建起个"水榭花都"，令人瞠目。

纵观传统水文化在中国的发展，与我们今天全社会所倡导的人与自然和谐是一脉相承的，无论在古代还是今天，我们人类的生存和发展都无法离开自然环境。在我国政府大力倡导和谐社会、倡导绿色建筑和可持续性建筑的今天，我们更期盼着人与自然的和谐。道家学派的创始人老子说："人法地，地法天，天法道，道法自然。"道家还认为："无根无尘，万法自然。"我国古代文学圣人也强调追求自然和谐，讲究"天人合一"。在现代社会里，人们对居住环境的要求不断提高，房地产商为让房产销售量上升，必定会采取许多营销手段。楼盘案名作为营销手段中的重要因素，一直为房地产商所重视。开发商在给楼盘命名时结合了上述所说的中国传统水文化的"天人合一"思想，从而给当代楼盘案名注入了浓厚的历史文化及和谐文化。

第六章　指向教学的文化研究

第一节　基于哲学思想的古诗文校本课程开发研究

一、课题研究的背景

（一）研究背景

1. 应试教育的影响，导致语文教学注重答题，淡化了学生思维能力的培养

语文学科的功能是其工具性与人文性。"工具性"作用决定了人与人之间的交流需要清晰、严密、准确，而实现这一点，需要交流者有严密的思维。由于应试教育的影响，语文教学的工具性和人文性都鲜有强化，以归纳答题套路、训练考试为主的教学主导了语文课堂，简单地记诵答题模式，用心地准备答题思路，一定程度上影响了学生思维的深入，并进而影响了学生思想的深度。因而，有必要在语文教学中，有机补充语文学科工具性中的思维能力和人文性中的人文思想。而思维能力的深化与人文思想的张扬，借助于哲学思想是很好的方式。

2. 提高学生思维品质，是高中语文学科核心素养提升的需求

高中语文学科核心素养包括如下几个方面：（1）语言建构与运用；（2）思维发展与提升；（3）审美鉴赏与创造；（4）文化传承与理解。这四个方面，都需要思维品质的提高。特别是语文核心素养中的"思维发展与提升"和"文化传承与理解"，更是需要学生的语文学习能够基于哲学思想来进行。哲学思想能够让学生的思维系统化、理性化、逻辑化、深刻化；传统文化的传承，特别是儒家思想、道家思想等传统文化思想的传承，更是需要学生将语文学习与哲学思想有机结合起来，方能恰切理解灿烂的传统文化，进而继承之。

3. 现阶段教学突出哲学对语文教学的指导，淡化语文教学本身的哲思

在现阶段语文教学中，即使偶尔出现语文教学与哲学的联系，也仅仅强调了哲学在语文教学中的指导作用，这种强调，若将语文教学替换成其他科学，也是成立的，缺少研究的独立性和开创性，而且容易弱化语文教学本身应该强调的工具性、文化性和传统性。所以，应该以语文教学为主体，深化语文教学过程中语文学科本身的哲思，在语言运用、思维发展、审美鉴赏、文化传承等多方面，让学生感受到语言文字、语言文学、语言文化的深邃，进而较为自然地生成学生的思维能力。

4. 目前国内外语文教学与哲学相关性的研究，尚不能满足学生成长与发展的需要

目前国内外语文教学与哲学相关性的研究，一是将哲学与语文教学结合，关注两者的关系，以期实现语文教学内容的丰富性；二是运用哲学思想，对现阶段的语文教育进行批判，即所谓整体性的反思与批判。这些尚不能满足学生成长与发展的需要。

哲学是世界观和方法论，这在各个学科的教学中，体现得比较明显。在目前的研究中，与语文教学和哲学科学相关的研究，主要关注了语文学科与哲学的关系，发挥哲学的指导作用，突出语文教学的思想性。总之，是以研究哲学与语文学科的关系为主；较少有基于哲学思想对语文教学内容进行整理，对古诗文进行分析归纳，形成校本教材的。

本研究以教材中出现的古诗文为蓝本，补充一些富有哲学思想的古诗文作品，根据辩证唯物主义的唯物论、辩证法和认识论，将语文教学中的古诗文篇章进行归类，形成适合学生的校本教材，是一种较新的尝试。

目前研究的方向，主要是突出了哲学的地位，淡化了语文教学本身，对于语文教学的发展和科学化难以起到实际性的作用。大多是运用哲学思想，对现阶段的语文教育进行批判，即所谓整体性的反思与批判。

这样做并不利于语文教学，任何过多的否定，都可能导致语文教学迷失方向，陷入困境。一味地将哲学作为武器，对语文教学进行批判，对语文教学本身的进步并无益处。教育需要的是指导，而不是单一的批判。这些批判，可以看作理性思考，并非将语文教学与哲学有机结合进而形成结晶，在寻找语文教学与哲学结合的途径上，还有待深化。本研究，基本弥补了以上研究的不足。

（二）研究基础

1. 研究基础

课题组成员中的两位高级教师在语文教学和政治课教学方面有较为丰富的经验，

也有一些创新,对于古代文学作品和哲学思想的探究有过较为充分的积累,并且发表过相关论文,有过一些积淀。课题组成员尤其关注了语文教学与哲学结合、两门学科的互相促进对学生思维品质的影响,及对学生创新能力形成的积极作用,关注了古诗文的积累与思想哲理分析。

学校有较好的教育科研基础,在杨浦区第九届、第十届、第十一届教育科研成果评比中,均有多项科研成果获奖。学校曾经完成了一项国家级课题(教育部规划课题)的研究,本课题组的两名成员为该项国家级课题的主要参与者和研究报告的撰写者。

2. 内容积累

目前,课题组已经对中国古典诗歌、古代散文,特别是诸子百家作品中富有哲学思辨性的作品进行了初步的整理,并进行了一些分析,积累了一些资料。

3. 教学实践

课题组成员也在自己的教学中,进行过一些将语文教学与哲学原理结合的尝试,实践证明效果很好,能激发学生的思辨性思维,激发学生的兴趣,为创造性思维的形成奠定了一些基础。

4. 信息技术支撑

学校拥有信息化特色,能够为课题研究提供足够的设施和信息资源。学校关于古代诗文、哲学方面的电子资料丰富并作了积累和整理,学校图书馆准备了一定数量的有关藏书,语文教学和政治课教学师资力量较强,语文教学经验和政治课哲学教学经验积累较为丰富。

二、课题研究的依据和概念界定

(一) 课题研究的理论依据

"基于哲学思想的古诗文教学校本课程开发研究"旨在通过研究语文古诗文教学与哲学的关系,归结语文教材和文学作品中富有哲学思想的古诗文,分析这些作品中所包含的哲学原理,完善语文教学与哲学的有机结合,实现知识、技能、情感、思想的共同提升。本研究通过哲学的辩证性来促进提高语文教学效率,通过该研究成果在教学中的运用,形成学生的独立思维,进而探究形成学生创造性思维的方法。为此,本研究遵循了如下理论。

1. 建构主义学习理论

建构主义学习理论认为,学习是学习者在原有知识经验的基础上,在一定的社会文化环境中,主动对新信息进行加工处理、建构知识的意义(或知识表征)的过程。学习者不是被动地接受外来信息,而是主动地进行选择加工;学习者不是从同一背景出发,而是从不同背景、不同角度出发,建构新的知识与技能。建构主义学习理论关于教学的基本观点是注重以学生为中心进行教学。学生是信息加工的主体,是意义的主动建构者,而不是外界刺激的被动接受者和被灌输的对象。教师是学生意义建构的帮助者、促进者,而不是知识的传授者与灌输者。教师应善于引导学生,尽量创设与知识学习、技能提高有关的真实世界的情境,尽可能将学习者嵌入和现实相关的情境中。在一定的情境中,学生借助于教师和同伴的帮助,包括人与人之间的协作、交流和必要的学习文本等,在具体问题中针对具体情境进行再创造,实现对知识的建构。

这里的学习环境,除人与人之间的协作、交流等之外,更为关键的,还有学习方法和学习文本。我们认为,校本拓展型课程,也是建构主义学习理论所强调的"学习环境"。

根据建构主义学习理论,"基于哲学思想的古诗文教学校本课程开发研究",所建构的意义包括事物的性质、规律以及事物之间的内在联系。本课题研究通过哲学的辩证性来促进提高语文教学效率,通过该研究成果在教学中的运用,形成学生的独立思维,进而探究形成学生创造性思维的方法,与建构主义的观点不谋而合,是建构主义学习理论的实践。

校本拓展型课程的开发,使得课程目标与学生学习环境中的目标更加符合,哲学思想的指导性,给予了学生更多的机会解决古诗文学习过程中的问题。根据建构主义学习理论开发的"基于哲学思想的古诗文教学校本课程",在搜寻、组织、储存、转换、扩散、转移、分享、运用知识的过程中,在使得学生思想深邃的思维训练中,也变得更加高效。

2. 人本主义发展理论

人本主义发展理论强调人的价值、创造力和自我实现,把人的本性的自我实现归结为潜能的发挥,而潜能是一种类似本能的性质。马斯洛认为,人的需要是分层次发展的。以人为本的教育理念在学习与管理上主张以人为基础,它改变了以组织为基础的现状,强调以组织的人为基础,重视研究人的需要、动机、行为和发展等。根据这一理论,学生需要个性化的再发展,重视人的发展不应一律化。基于哲学思想的古诗文教学校本拓展型课程,正是在执行国家课程的基础上,顺应学生的个性发展需求而进行的研究,使得有条件的学生在理解上更加深刻,在思想上更加深邃。

3. 因材施教与多元智能理论

按照孔子的观点,教育中要考虑个体差异,因材施教。因材施教是孔子创立并在个别教学环境下成功实施的,现代教育应继承这一珍贵的教育遗产,关注学生差异,善待学生的差异,在教学中,根据学生的差异,运用多样化的教学模式,促进学生潜能的开发,最终促进每个学生的成长。

加德纳的多元智能理论与孔子的教育思想相近,多元智能理论认为人的智能是多元的,并且这种多元是开放的,应该根据每个学生的智能优势和智能弱势选择最适合学生个体的教育方法。根据这一理论,在教学上主张多元化和开放化,用多元化的方式培养学生的创新精神和多种能力,关注学生,开发学生潜能,促进学生全面发展。基于哲学思想的古诗文教学校本拓展型课程的开发,正是满足学生多元发展、个性成长的具体实践。

(二) 课题研究的实践依据

1. 本研究关注了学生思维品质的提升,能够形成学生的思维能力

哲学是关于世界观的学说,世界观是人们对世界的总的观点和根本看法。将哲学与语文教学有机结合起来,对于学生思维品质的提升,对于树立学生正确的世界观和人生观,对于形成学生的思维品质,有十分积极的意义。

语文教学,在实现其工具性功能的同时,需要使学生拥有思想和涵养。古诗文承载着我国古代哲学丰厚的哲学思想,本研究在运用辩证唯物主义哲学进行"基于哲学思想的古诗文教学校本课程开发研究"的同时,也结合了古诗文承载的我国古代哲学思想,实现了语文教学的目的之一,即培养学生辩证的思想和独立思考的能力。根据人本主义发展理论,教学中应该关注学生思维品质的提升,关注学生思维能力的形成。在《老子》《庄子》《孟子》及古代诗歌等作品的阅读与研究中发现,结合辩证唯物主义思想指导学生阅读经典作品,能够使学生形成辩证思维,使学生有独立思考的能力,使学生的思维更加全面客观、思想更深邃,进而形成创新思维。语文教学,特别是古诗文教学,在哲学思想的引领下,在与哲学思想的结合中,更能充分发挥语文学科的人文性和思想性作用,实现其目标。

2. 本研究注重了学生之间的差异,满足了不同学生的发展需求

子曰:"学而不思则罔,思而不学则殆。"孔子的话,充分体现了思想的力量。具有思考性的学习,可以让学生摆脱迷茫和困惑。根据建构主义学习理论,教学应注重以

学生为中心。学生是信息加工的主体,是意义的主动建构者,而不是外界刺激的被动接受者和被灌输的对象。学生个体不同,会有不同的兴趣爱好;学生基础不同,对于学习内容和学习形式的要求具有多样性。通过课题研究,设置多样性而富有层次性的拓展型课程,符合学生发展的需要。

学生的成长经历和发展有差异性,每一位学生都有自己的个性特长、兴趣和爱好、需要和追求。培养具有不同个性特长的学生,需要奠定不同的基础。本研究可以作为拓展型课程开发的参考依据,所开发的拓展型课程能够培养学生的辩证思维能力和鉴赏能力,满足了不同基础、不同爱好的学生的发展要求,弘扬了民族传统文化,丰富了学生的知识内涵,有利于促进学生的进步与发展。日常教学的尝试,特别是古诗文教学的实践,已经验证了这一点。

3. 本研究关注了语文教学与哲学的联系,能使学生观察生活并关注社会

教育教学大都是在课堂上完成的,学生有疏于观察生活、关注社会的倾向。本研究以哲学思想分析文学作品,分析中也注意加强文学审美,形成学生的思维能力和审美能力。古诗文教学中哲学的渗入,让学生建立起了正确的世界观,生成了审美能力。

本研究在选择古诗文文本上,在语文学习与哲学思想的结合上,引导学生关注生活、关注社会,使学生不是单纯汲取知识,而是成为有较深刻思想的人,直至为创造性思维奠定基础。包括《诗经》在内的古代文学作品,许多都来源于生活,这些作品能够促使学生在了解古代社会生活的同时,去关注当下的社会生活,形成社会观察能力和文学鉴赏力。

(三) 概念界定

1. 哲学思想

本课题研究所基于的哲学思想,指辩证唯物主义哲学思想,包括唯物论、辩证法和认识论。课题研究基于辩证唯物主义哲学思想与语文古诗文教学,通过辩证唯物主义理论,分析、总结古代诗文中所含有的哲学思想,形成学生的辩证思维和审美能力。

2. 古诗文

课题研究中的古诗文,一部分选自语文教材,一部分选自《古文观止》等典籍。本研究在古诗文的选文过程中关注了选文的多样性,有诗,有文。所选文段尽量包含更多的哲学原理,尽量选择哲学原理判断识别较为清晰的古诗文作品。

3. 校本课程

指校本拓展型课程。本研究开发的校本拓展型课程为短期课程,拓展型课程以培

养学生的主体意识、完善学生的认知结构、改善学生的学习方式、提高学生的自我管理和选择学习的能力为宗旨,满足不同基础、不同爱好的学生的学习要求。本课程的开发旨在激发学生的兴趣爱好,培养学生的辩证思维,开发学生的潜能,形成学生的审美能力,陶冶学生的情操。

本研究所支持的拓展型课程开发,能够培养学生的自主学习意识和学习能力,以学生发展为本。

本研究所支持的拓展型课程开发,在语文基础型课程的基础上,体现了不同知识间兴趣、思维、思想、能力、审美的扩展和综合能力的发展,在古诗文的选材上关注兴趣性、层次性和文化性,更注重发展学生的思维能力和审美能力,一定程度上能够形成学生的发展性学力与创新性学力。

三、课题研究的概况

(一) 研究目标

1. 弘扬民族文化,提高学生的文学与文化素养

古代诗文的阅读对于提高当今学生的文学与文化素养,作用十分明显。一段时期以来,部分学生认为古典作品对于现阶段的阅读作用不够具体,忽视了对古典诗文的学习,个别学生甚至有惧怕古诗文学习的心理。这一现象,对于弘扬民族文化、树立民族文化自信、提高学生文学与文化素养,有诸多消极影响。

2. 激发学生学习兴趣,提升学生思维品质

本研究的目的,是借助于哲学思想,使学生在阅读古诗文的过程中,既欣赏古诗文的音韵美、语言美和文化内涵,又体验古诗文中的深刻哲理,使得古诗文的阅读不仅仅在于欣赏,也不仅仅在于激发学习兴趣,而且能够使思维更加深入,在阅读中产生深刻的思想。这就需要分析古诗文中所包含的哲学思想,使学生在产生阅读兴趣的同时,思维品质得到提升。

3. 提升学生古诗文水平,形成语文古诗文教学的校本课程

本研究拟通过古诗文中哲学思想的探寻,在激发学生的学习兴趣、提升学生的思维品质、培养学生的人文素养的同时,提升学生的古诗文学习水平。使学生能够用辩证的观点阅读、理解、分析文学作品,通过阅读将文学的美与哲思结合,使思想更加深邃。在此基础上,对教学内容进行整理,结合本研究,为形成基于哲学思想的古诗文教学校本课程提供借鉴。

（二）主要研究内容

1. 理论研究

（1）研究建构主义、人本主义理论在基于哲学思想的古诗文教学中的运用，以建构主义、人本主义理论为支撑。

（2）研究唯物论、辩证法、认识论与语文古诗文教学间的联系，研究唯物论、辩证法、认识论对语文古诗文教学的影响与指导作用。

（3）研究唯物论、辩证法、认识论与建构主义、人本主义理论的关联，以及哲学思想、教育理论对语文古诗文教学的支撑。

2. 实践研究

（1）研究语文古诗文教学与哲学的关系，通过对语文教材和文学作品中富有哲学思想的古诗文的整理，理清这些作品中所包含的唯物论、辩证法、认识论原理，做到语文教学与哲学的有机结合，实现知识、技能、情感、思想的共同提升。

（2）研究如何通过哲学的辩证性来提高语文教学效率，通过该研究成果在教学中的运用，形成学生的独立思维，进而探究形成学生创造性思维的方法。

本研究为"基于哲学思想的古诗文校本课程开发研究"，这里的古诗文，以含有哲理的诗歌为主，兼有一些古代作品中的美文。

目前的研究大都是通过古诗文来激发学生学习哲学的兴趣，使得哲学学习更加有趣味性。以古诗文为主体，以哲学为指导，使得古诗文的阅读更加深入的研究，目前较少。本研究将以古诗文为主体，以哲学思想和哲学原理为指导，将古诗文阅读引向深入，培养学生深邃的思维品质，为形成学生的创造性思维打好基础。

（3）研究哲学这一世界观、方法论，对学生的成长有重要的指导作用。语文古诗文教学应有哲学的指导，以使语文古诗文教学在方法上更加合乎学生成长发展的规律。语文古诗文教学的方法，应该科学有效，其拥有的学科特点有其特殊性，同时也有与哲学相结合并在哲学指导下提高效率的共性。

（三）研究方法

1. 调查研究法

通过对学生古诗文学习状况的调查，进行调查结果分析，寻找将古诗文教学与哲学结合的适合的途径和可行的教学方法。

2. 行动研究法

在语文古诗文教学的实践中，进行总结分析。寻找归结如何更好地实现古诗文教学与哲学的结合。整理归纳语文教材和古代典籍中富含哲学思想的古诗文作品,分析归纳这些古诗文作品中包含的唯物论、辩证法、认识论思想,在形成的校本教材中将哲学思想和语文教学结合起来,提升学生的思维品质,形成学生的辩证思维。

（四）研究过程

1. 第一阶段:整理文学作品,分析作品哲理

归结语文教材和文学作品中富有哲理、与哲学密切相关的古代诗歌、散文、议论文等,分析这些富有哲理的作品中深刻的教育意义,归结这些作品中所包含的唯物论、辩证法、认识论等哲学思想。整理时,先整理易理解作品,在分析古诗文哲学思想内涵的基础上,归结部分有哲理的古诗文中所蕴含的哲理,总结古代文学的哲思性,将文学美与哲理性结合起来,寻找探究激发学生思辨性思维的基点。

2. 第二阶段:归纳作品特征,分析哲思作用

归纳中国古代文学作品中所包含的哲学道理,并将这些哲学道理按照唯物论与唯心论、形而上学与辩证法、认识论等进行分类,将每一篇文学作品中所包含的具体哲学道理呈现出来,并且找到这些古代文学作品中哲学道理、思想的具体出处。例如:宋代陆游《冬夜读书示子聿》诗中"纸上得来终觉浅,绝知此事要躬行"一句,蕴含了哲学中的认识论原理,认识只有在实践中,才能得到运用、检验和发展;唐代刘禹锡《酬乐天扬州初逢席上见赠》诗中的"沉舟侧畔千帆过,病树前头万木春",蕴含了认识论中新事物有发展前途、有强大的生命力这一哲理;《荀子·天论》中的"天行有常,不为尧存,不为桀亡。应之以治则吉,应之以乱则凶"蕴含了唯物论中事物的发展是有规律的,不以人的意志为转移这一哲理。整理、分析、归纳这些古代诗文,能够激发学生的学习兴趣,拓展学生的思想深度,开阔学生的知识视野。

整理归纳后,分析文学美与哲学美的结合带来的文学、文化、哲理价值,在这期间,适当将这些分析引入教学中,在教学中研究;寻找文学与哲学的结合使学生思想深邃的激发点。归纳教学方法,形成校本教材的框架结构。

3. 第三阶段:比较作品作用,深化学生思想

在该阶段进行研究比较:一是不含哲理的文学作品与富有哲理的文学作品对学生思辨性思维的不同影响,二是古代含哲理的文学作品与现当代含哲理的文学作品对学生的影响有何不同,三是中国文学作品与外国文学作品在使用哲理影响人方面,手法有何不同。通过比较,寻找到最适切的教育教学方法。将所整理的资料,结合校本课程框架,寻找到教学的最佳切入点,归结出适合学生的教学方法,最后形成校本教材。

教材将关注文学与哲学的有机结合,使学生思想更加富有深邃性,激发学生独立思维乃至创造性思维的形成。

四、课题研究的主要观点与成效

(一) 本研究弥补了以古诗文教学为主体、以哲学思想和哲学原理为主导的教学实践与研究的空白

在当今中学教学中,古诗文教学对于传承传统文化,生成学生的思想内涵,形成学生的文化积淀具有重要意义。所以该研究的空白,将是古诗文教学和学生思想、文化教育的损失。"基于哲学思想的古诗文教学校本课程开发研究"是一个有研究的必要性并且十分迫切的研究课题。

目前,国内外关于语文古诗文教学与哲学相关性的研究,主要包括以下三个方面的探索。

1. 将古诗文作为学习哲学的一个媒介,虽然关注了两者的关系,但古诗文完全是为哲学的学习服务的,目的仅仅是实现哲学教学内容的趣味性

具体表现为:

(1) 在高中政治哲学课堂教学活动中,融入古诗词的教学方式可以活跃课堂,激发学生的学习兴趣,引领学生明理言志,培养学生正确的世界观、人生观、价值观。

(2) 在哲学课教学中巧用古诗,能够化抽象为形象,化枯燥为生动,化平淡为神奇,使课堂教学充满诗意,充满激情,充满活力,既能激发兴趣、启迪思维、深化认识,又能陶冶情操、塑造人格,全面提高学生的素质。

(3) 恰当引用诗词活跃课堂气氛,调动学生学习的积极性,启发学生思考,达到事半功倍的教学效果。

这些研究只是把古诗文当作一种媒介、一种工具,为哲学的学习服务,使哲学学习的课堂充满趣味,富有文化内涵。其本身不是古诗文学习的研究。

我们认为,与语文教学和哲学科学相关的研究,还应该在关注语文学科与哲学的关系的同时,在发挥哲学指导作用的基础上,进行以古诗文教学为主体,突出语文教学思想性、深邃性的研究。

本研究以教材中出现的古诗文为蓝本,补充一些富有哲学思想的古诗文作品,根据哲学中的唯物论、辩证法和认识论,将语文教学中的古诗文篇章进行归类,形成适合本校学生的校本教材,是一种较新的尝试。

2. 突出哲学对语文古诗文教学的指导,淡化古诗文教学本身的哲思

以往研究者大多把古诗文作为一个工具,只是工具性的作用更加广泛了一些。在此类研究中,并非完善语文古诗文教学与哲学的结合,而仅仅强调了哲学在语文教学中的指导作用。若将语文古诗文教学替换成其他学科教学,这种强调也是成立的,缺少研究的独立性和开创性,而且容易弱化语文教学本身应该强调的工具性、文化性和传统性。本研究发现,以古诗文为主体,归纳其蕴含的文化性、思想性,对于古诗文教学实现语文教学的工具性目的和人文性目的,作用十分明显。

3. 运用哲学思想,对现阶段的语文古诗文教学进行批判,即所谓整体性的反思与批判

这样做并不利于语文古诗文教学,任何过多的否定,都可能导致语文古诗文教学迷失方向,陷入困境。一味地将哲学作为武器,对语文古诗文教学进行批判,对语文古诗文教学本身的进步并无益处。教育需要的是指导,而不是单一的批判。这些批判,可以看作理性思考,并非将语文古诗文教学与哲学有机结合进而形成结晶,在寻找语文古诗文教学与哲学结合的途径上,还有待深化。

本研究弥补了以上不足。本研究的研究主体是古诗文教学,研究本身关注哲学思想和哲学原理对古诗文教学的指导。总之,是以研究哲学与语文古诗文教学的关系为主。目前为止,基于哲学思想对语文古诗文教学内容进行整理,对古诗文进行分析归纳,为形成校本教材提供借鉴的研究还很少。

（二）本研究符合建构主义教育理论,符合情境下实现高效教育的理论,能够实现语文古诗文教学的高效和学生深刻思维的形成,对于学生创造性思维的形成至关重要,是学生素质教育的必需

根据建构主义教育理论,高效教育需要建立适合的情境。本研究能促进语文古诗文教学的高效、学生深刻思维的形成乃至学生创造性思维的形成,是建构主义教育理论的具体实践。

建构主义教育理论认为,知识是学习者在一定的情境即社会文化背景下,借助教师和学习伙伴的帮助,利用必要的学习资料,通过意义建构的方式获得的。将古诗文作品与哲学原理结合起来,能够形成一个激发学生思维的情境,有利于学生对所学内容的意义建构。

本课题研究内容为语文古诗文教学与哲学的关系,通过整理语文教材和文学作品中富有哲学思想的古诗文,理清这些作品中所包含的唯物论、辩证法、认识论原理,做

到语文教学与哲学的有机结合,实现知识、技能、情感、思想的共同提升。这本身就是一个很好的教学设计,是合理的建构主义的学习环境。

根据建构主义的观点,整个学习过程的最终目标是"意义建构"。所建构的意义包括事物的性质、规律以及事物之间的内在联系。本课题研究通过哲学的辩证性来促进提高语文教学效率,通过该研究成果在教学中的运用,形成学生的独立思维,进而探究形成学生创造性思维的方法,与建构主义的观点不谋而合,是建构主义教育理论的实践。

例如在古诗文篇目《劝学》的学习中,"青,取之于蓝,而青于蓝;冰,水为之,而寒于水"包含了哲学思想中发展的观点;"积土成山,风雨兴焉;积水成渊,蛟龙生焉;积善成德,而神明自得,圣心备焉。故不积跬步,无以至千里;不积小流,无以成江海"体现了量变与质变的关系;"蚓无爪牙之利,筋骨之强,上食埃土,下饮黄泉,用心一也"反映出意识的能动作用。苏轼的《水调歌头》中,"但愿人长久,千里共婵娟"则体现了矛盾的观点。苏轼的游记《石钟山记》,反映出的是实践的观点。教学中,将古诗文与哲学思想有机结合,构成教学情境,利用文学的情境与哲学的深邃,能共同生成学生深刻的思维,直至形成学生的创造性思维乃至创造性能力。

(三) 本研究是实现语文教学目的的必需

语文教学的功能是人文性和工具性。本研究旨在培养学生重视传统文化,掌握丰富的古诗文知识,形成正确的世界观、人生观和价值观,使学生形成正确科学的思想,是当今素质教育的必需。

鉴于中国古代思想家和哲学家的成就,中国古代诗歌与散文中包含了诸多哲学思想和道理。无论是唯物主义和唯心主义思想,还是辩证法与形而上学,在古代诗文中均有充分体现。古诗文教学中注重哲学思想的挖掘,能够丰富学生的思想内涵,从文学的角度培养学生科学的世界观。

研究语文古诗文教学与哲学的关系,能够通过对语文教材和文学作品中富有哲学思想的古诗文的整理,理清这些作品中所包含的唯物论、辩证法、认识论原理,做到语文教学与哲学的有机结合,实现知识、技能、情感、思想的共同提升。

本研究关注了如何通过哲学的辩证性来促进提高语文教学效率,通过该研究成果在教学中的运用,形成学生的独立思维,进而探究形成学生创造性思维的方法。

"离离原上草,一岁一枯荣。野火烧不尽,春风吹又生。远芳侵古道,晴翠接荒城。又送王孙去,萋萋满别情"是一首经典的诗歌,诗歌所蕴含的哲学思想十分丰富。诗歌阐明世界上的事物都是运动、变化、发展的,而这种运动、变化和发展都有其基本的秩序,都是有规律的。规律是客观的,它的存在和发生作用不以人的意志为转移。唯物辩证法认为,事物发展的总趋势是前进的,新事物必定战胜旧事物。这首诗常被用来比喻新事物生命力的强大。尽管有严寒相逼,有野火摧残,旧事物的威力可谓横肆暴虐,却无法改变客观规律。新事物在春风吹拂下,正蓬蓬勃勃,焕发一派生机。该诗歌的文句比较容易明白,但哲思蕴含丰富,学习中有利于形成学生正确的世界观、人生观和价值观,形成正确科学的思想,认识事物发展的规律。

庄子的《逍遥游》体现了庄子的哲学思想,“逍遥游”作为一种大智慧,不仅是一种内在的精神境界,而且是一种外在的生活方式,这篇作品追求绝对自由的人生观,“逍遥游”是指无所依赖、追求绝对自由地翱翔于精神世界。结合学生的学习,要明确哲思反映了唯物论中物质与意识辩证关系的原理,教学中要明确物质与意识辩证关系的正确观点——物质决定意识,对庄子的唯心论思想予以辨析,同时也要看到其思想中可取的一面,即面对困境应该充分发挥主观能动性,实现人生的自我价值。

(四) 本研究能够实现语文的工具性和人文性之有机结合

在哲学思想和原理的引领下,古诗文作为文学文化载体的一部分,在教学中与哲学结合,能使学生积极观察生活、关注社会,生成一定思想,有利于把握语文教学多种要素的平衡。

语文的工具性和人文性之有机结合,需要哲学作为引领,恰切实现人文性与工具性的统一。

古诗文教学是语文教学中的一部分,需要在实现其工具性功能的同时,生成学生的思想和涵养。子曰:“学而不思则罔,思而不学则殆。”孔子的话,充分体现了思想的力量。具有思考性的学习,可以让学生摆脱迷茫和困惑。语文学习的重要方面之一,是大量阅读经典作品,形成辩证思维,进而使思想更加深邃。因此,语文古诗文教学需要哲学的指导,需要与哲学结合,在科学的世界观和方法论的指导下,充分发挥古诗文的人文性和思想性作用。

目前语文教学的现状并不令人满意。受考试影响,语文教学的工具性和人文性缺少合乎实际的把握。语文教学中还存在单一应付考试的技能操练,语文教学缺少魅力,不被重视,甚至被认为是课堂教学难以奏效的学科。文字游戏式的考试,也让学生失去了学习语文的兴趣。另一方面,语文教学不合乎规律的人文素养的强调,又有说教倾向。语文正逐渐失去其应有的魅力。鉴于此,恰切实现语文工具性和人文性的结合,在哲学的引领下完善语文教学方法,能够较大幅度提升学生的阅读能力和古代诗文鉴赏力,解决应试压力导致的学生对深层思维和积极思考的忽视,拓展学生的审美视野,提升学生的审美能力,直至回归语文教学的本真。

《游褒禅山记》中,王安石立意高远,思想深邃。作者主张游山应该一直坚持看到最美的风景,观赏最奇特的景色,体现出百折不挠的进取精神,这是成就事业的先决条件。王安石的这一思想,体现出的是辩证唯物主义意识的能动作用的哲学观点,利用这一观点,学生能感受到采取积极的人生态度对自己成长的重要性。文中说"尽吾志也而不能至者,可以无悔矣",体现了感人至深的敬业精神。文中指出事业的成败、人生目标的实现受诸多因素的影响,指出不以成败论英雄,学生可以从中读到如何对待挫折,同时,教师也可以点拨学生,世界是普遍联系的、变化发展的;以此辩证唯物主义的联系的观点引导学生,帮助学生形成正确的世界观、人生观和价值观,实现语文的工具性和人文性的有机统一。

王安石指出:"有志矣,不随以止也,然力不足者,亦不能至也。"一个人的身体状况、智力水平、学习能力,都与事业的成败密切相关。经历了磨难,承受了失败,最后克服困难,才能成为成功者,才能让人生无憾。王安石的这些文段,反映了哲学思想中"前途是光明的,道路是曲折的"这一原理,能鼓舞学生战胜困难,正确面对暂时的失败,实现人生过程中的健康成长。作品中,关于"有志、有力",都无法逃脱客观条件的制约,"至于幽暗昏惑而无物以相之,亦不能至也"的论述,作者强调"志",又重视"力"和"物",闪烁着朴素的辩证唯物主义思想,对于学生的成长,更是有一定的指导作用。

语文的工具性与人文性不是对立的,而应该是融为一体的,没有离开工具性的人文性,也没有离开人文性的工具性,工具性和人文性是统一的,是一体化的。从《游褒禅山记》这一篇目的教学实践中可以看出:科学的方法论,能帮助语文教学实现这一点。

(五)古诗文教学是一个多元系统,以辩证的思维准确把握,能使学生在语文学习上正确对待工具性与人文性,正确实现教学中的学生主体地位与教师主导作用,能使学生积极观察生活、关注社会,具有一定的独立思想

哲学的渗入,可以避免语文教育的片面化。语文是文学文化的载体,古诗文学习与哲学的结合有利于实现语文教学多种要素的平衡。唯物辩证法认为,世界是普遍联系的、变化发展的。杜威说:"哲学是教育的普通原理,教育是哲学的实验室。"语文作为重要的文学文化载体,应该与哲学紧密结合,且这种结合在有利于提升学生文学审美能力的同时,还能提高学生积极观察生活、关注社会的意识和能力,使学生具有一定的独立思想,并能运用这些思想去观察问题、分析问题、解决问题。

当前的教育教学,当然也包括古诗文教学,大都是在课堂上完成的。学生大都疏于观察生活,缺少生活体验。哲学的渗入,能够让学生在建立正确的世界观的同时,善于观察生活、体验生活、思考生活、积累生活,引导学生关注社会,而不仅仅是单一的读书。这样,能较大程度培养出关注社会生活、关注人生的学生,使学生不是单纯汲取知识,而是成为有较为深刻的思想的人,直至为形成学生的创造性思维奠定基础。

荀子的《劝学》、柳宗元的《种树郭橐驼转》、苏轼的《水调歌头》、朱熹的《观书有感》,都启迪学生在古诗文的学习中,观察生活,体验生活,在生活中总结规律,在学习中感悟哲理。内因和外因的关系,时间的意义与作用,意识的能动作用,事物都是运动、变化、发展的,这些哲理以文学的形式展现,使学生语文学习的工具性与人文性有机整合,教学形式也充分实现了学生的主体地位与教师的主导作用,使学生观察生活、关注社会的能力得以提升,进而形成独立思想。"半亩方塘一鉴开,天光云影共徘徊。问渠那得清如水?为有源头活水来。"朱熹的这首哲理诗,以池塘为喻,阐明了学习需要积累,需要不断吸收新的营养,同时也说明事物都是运动、变化、发展的,万事万物只有在运动中才能保持自己的存在。如果没有知识的不断更新、不断积累,一个人的学问也就会变成一潭死水,毫无生气和进展了。治学之道如此,生活也是这样。同样是阐述积累,《劝学》中的"积土成山,风雨兴焉;积水成渊,蛟龙生焉;积善成德,而神明自得,圣心备焉"与朱熹的《观书有感》异曲同工,在展示古诗文音韵之美、形象之美的同时,培养了学生积极观察生活的能力,并能在观察问题之后,通过自己所学去分析问题、解决问题。

(六)本研究发挥了哲学的指导作用,再现了哲学的本原,将哲学之世界观、方法论与古诗文教学结合,为古诗文教学和弘扬哲学思想寻找到了适合的路径

从研究的目的性看,本研究关注了认识论哲学和存在论哲学跟古诗文教学的关系,通过认识论、存在论与古诗文教学的关系,将古诗文教学的科学性置于哲学思想、原理的指导中,并通过这种关联的科学性、严密性,引起学生的学习兴趣,提升学生的审美体验,调动学生学习的主动性。

从研究的实践性看,是将辩证、客观的观点运用到古诗文教学实践中,学生在古诗文学习中用哲学的观点去分析,以全面、透彻、理性的世界观和方法论去学习,加深了对古诗文学习的感性认识,进而提高了在语文学习上的理性思维能力和审美能力。

从研究的理论层面看,以哲学理论为基点,将哲学的指导性与学科教学相结合,使得教学更加有理论指导。将哲学观点运用到生活、学习中,将古诗文课程内容与哲学观点巧妙地融合,加强了学生的理性思维,丰富了学生的思想情感,提高了教学效率,完善了语文教学的理性特征。

本研究关注了哲学与古诗文教学的有机结合,将哲学与语文教学放在一个起点上共同研究,促进了古诗文教学与哲学理论水平的共同提高。

五、对课题研究的进一步思考

(一) 在教学实践方面的思考

1. 探究基于哲学思想的古诗文教学与写作教学的关联

古诗文富有哲理,具有激发人想象的文学性、丰富的文化性和雄辩的论证性,具有逻辑性强、说理有力等特点。古诗文中哲学思想的挖掘,能将古诗文中感性与理性的内容有机结合,将古代朴素的哲学思想以诗文的形式表现出来,令学生作文流畅自然、说理透彻,文中所具有的文化性与文学性,使读者在赏心悦目的同时,信服其所言道理。

探究基于哲学思想的古诗文教学与写作教学的关联,在以后的课题研究中,一是要探究其说理性,关注论证过程中如何运用古诗文和哲学原理,阐明文章的观点;二是要探究其文学性,探究如何在文章中实现古诗文的音韵美和哲学理性美。

2. 探究古诗文教学与思想政治课哲学部分共同提高的关联

部分学生觉得古诗文和哲学都是在学习上比较困难的学科,有时候还会觉得枯燥。将两者结合起来,将文学性、思想性与哲理结合,则能提升学生的兴趣,实现教学效率的提高。但如何找到更加有效、合适的关联以及具体的教学实施方法,还有待进一步思考。

3. 探究校本拓展型课程建设与学生升学考试的关联

在基于哲学思想的古诗文校本课程教学中,也遇到了关于考试的困惑。学生觉得本课程不能衔接高考,对于将来的升学并无益处,反而会影响基础学科中高考学科的学习。学生在喜欢本课程的同时,担忧影响升学考试,个别不了解课程的教师也有这种想法。鉴于这种情况,关于课程,还需要进行思考。所以在本课程的开发上,要顾及写作、诗歌鉴赏、哲学知识复习巩固等,那样就能满足心理上特别谨慎的学生的需求。但是,尽管如此,课程的开发、完善、教授,还是存在这样或那样的问题,对于这些,作为课题研究者还在进一步思考中。

（二）在学生思想品德培养方面的探究

1. 以篇目的选择促进学生思想品德方面的感悟

在古诗文篇目的选择上，将学生思想品德教育考虑在内。选择篇目考虑到文化的传承、思想的进取、爱国与忠诚等，例如：可选择《苏武传》《指南录后序》《论语七则》《孟子二章》《谏太宗十思疏》等。

2. 古诗文、哲学思想与传统文化的关联

古诗文承载了古典文化，辩证唯物主义的哲学思想也与传统文化息息相关。从古诗文和哲学的角度，总结归纳出两者的联系，将本研究与传统文化结合在一起，将会使研究更具意义。

第二节 以语文教材为"本"，培养学生诚信精神的探究

一、课题研究的背景

（一）研究背景

1. 个别学生诚信的缺失

随着当代社会经济的发展，少数人对利益的追逐过于迫切，采用欺骗手段获得利益的现象时有发生，食品安全问题、假冒伪劣产品依然存在。由于利益的驱使，部分社会成员的道德意识淡薄，失去了做人的诚信，影响了社会道德风尚，影响了社会经济的发展。这些社会现象一定程度上影响了高中学生。在学校里，某些受不良因素影响的学生，诚信意识、责任意识淡薄，作业不认真完成乃至抄袭，出现矛盾后往往推卸责任。上述现象显示，对高中学生进行有机、有效的诚信教育十分迫切。

2. 社会良性发展的需要

世界观、人生观、价值观正在形成时期的高中学生，一定程度上会受到社会因素的影响。在社会经济高速发展的今天，现代社会的良性发展需要良好的环境，社会进步需要后继者有良好的素养，未来的建设者应该有也必须有基本的诚信精神，只有这样，才能使社会发展良好有序，社会进步才能是有本之木。因而高中阶段进行诚信教育是十分必要的。

3. 学生个人成长和做人的基本道德要求

不诚信无法立人。诚信是一个人成长进步的根本，是学生成长的基本要求。学生

的个人成长,需要以诚信为依托。中华民族是一个讲究诚信的民族,历史上有作为的人,都以诚信为本。做人诚信方能立于世。诚信,决定性地影响着学生个人的发展,学业方面、为人方面的诚信,是个人成长进步的源泉;欺诈与虚伪的人格,不可能成就社会进步所需要的人才。在学习生活中,个别学生考试作弊,学业上不诚实,影响了其进步与发展;同学交往中不诚实,导致学习环境恶化、学习氛围紧张,影响诸多学生的学习与进步。不诚信严重影响了学校教育,影响了教育的效果。因而,进行诚信教育是家庭教育、学校教育、社会教育之必需,刻不容缓。

4. 诚信是社会发展的法律要求

诚信是我国民法的基本原则之一,是企业经营、人际交往、学术探究等的基本要求,是社会主义市场经济有序发展的要求。我国法律对诚信作了基本要求,足以证明诚信的社会意义更加重要。

5. 诚信是中学生教育的基本功课

诚信是学生应该具有的重要品质,是最基本的道德要求,是弘扬传统道德与文化的必需,中学生讲诚信能够稳定社会根基,促成良好的社会风气。

诚信教育是素质教育的核心,是社会主义核心价值观的体现。社会主义核心价值观个人层面的要求之一,就是诚信。诚信的社会意义和价值观体现,很大一部分作用于中学生。

6. 文化传承的需要

在中华优秀传统文化的引领下,国家发展日新月异。因而,传承中华传统文化,弘扬民族文化,是十分必要的。以文化育人,以优秀文化引领发展,是教育的需要,是发展的需要。

(二) 研究基础

1. 研究基础

课题组成员中的两位高级教师在语文教学和政治课教学方面有较为丰富的经验,在语文教学和政治课教学上也有一些创新,发表过相关论文,有过一些积淀。

学校有较好的教育科研基础,在杨浦区第九届、第十届、第十一届、第十二届教育科研成果评比中,均有多项科研成果获等第奖。学校曾经完成了一项国家级课题(教育部规划课题)的研究,本课题组的两名成员为该项国家级课题的主要参与者和研究报告的撰写者。学校人文创新实验室的建设,也为课题研究提供了丰富的资源。

2. 内容积累

课题组对华东师范大学版语文教材进行了整理,并进行了一些分析,积累了一些资料。

3. 教学实践

课题组成员在自己的教学中,进行过一些语文教学与诚信精神结合的尝试,实践证明效果很好,能激发学生的兴趣,使学生生成正确的世界观、人生观、价值观。

4. 信息技术支撑

学校拥有信息化特色,能够为课题研究提供足够的设施和信息资源。学校图书馆有一定数量的有关藏书,学校语文教学和政治课教学师资力量较强,语文教学经验和政治课哲学教学经验积累较为丰富。

(三)国内外相关研究概述

借助其他学科教材的内容,对学生进行诚信教育或者其他道德教育的研究,中外文献多有提及,但教育方式大都以思想政治课为主阵地,以班会、团会、队会为主要载体。在教育中,基本是列举一些不诚信的现象,提及危害,并以此教育学生;或者是通过法治宣传,提示学生不诚信必将受到制裁。

不仅如此,关于诚信教育这一主题,作用于小学生的较多,作用于高中学生的较少。且目前看来,这些教育方式的效果尚未达到理想状态,对学生进行诚信教育,依然有继续研究的必要。

综合国内外文献,诚信教育的现状如下。

1. 诚信教育依然以思想政治课、各类活动和班会课为主,教育的方式尚不丰富

通过班会课、思想政治课和各类大型活动进行诚信教育,是传统的教育方式,也是诚信教育中采用较多的方式。由于教学内容限制,多数学生觉得说教性强。该教育方式在渗透性和持久性上有待加强。

2. 目前语文课的诚信教育,大都拓展到结合社会现实、社会实际,但是与文本具体结合的很少

通常有语文教学渗入的诚信教育,也都是把语文教学内容作为一个引子。例如在语文课上叙述一个故事,这个故事涉及文本的作者,或者跟文本内容相关,从这个角度引申开去进行诚信教育,而不是从文本本身直接引出,诚信教育没有把文本贯穿始终。

3. 切入的角度不同,诚信教育最后都结合法律,从守法的角度进行教育

诚信教育最终成了法制教育,较为空泛,带有说教性,通过摆事实、讲道理的方法,

谈违法必究;而不是从文本本身进行耳濡目染的教育,不是从文化的角度进行教育。这样的教育在效果上带有暂时性。

4. 分析当前学生诚信缺失的原因较多,论述克服该弊端的方法较少,或者在分析方法时最终都仅仅落实到法治观念的培养上

多数研究关注的通常是普遍存在于学习生活、人际交往、日常生活之中的不诚信现象,分析其中的原因,包括社会原因、家庭原因、学校原因、自身原因等,在克服的方法上谈得较少。而通过语文教学帮助学生从道德层面辨析是非,通过文化育人方式培养学生诚信精神的研究,目前还较少。本研究以语文教材中的文本为"本",通过文化熏陶,把学生的语言知识学习、文学知识学习与诚信教育相结合;帮助学生树立正确的世界观、人生观和价值观,加强自身修养,唤起学生诚信的自觉意识,从而逐步提高学生的诚信水平,以达到更好的效果。

5. 利用语文教材对学生进行诚信教育的研究,也只是讲解课本中现有的诚信故事内容,提炼出有关诚信教育的素材,文化性与传统性较为缺乏

如通过《论语》中"知之为知之,不知为不知""人而无信,不知其可也"等名言名段,反复研读文中包含的诚信的内容,引导学生反思自我、纠正错误,教育学生对人守信、对事负责,让恪守信用落实到具体行动上。这些教育大多是从字句理解上教育学生,以名人名言和事迹去影响学生,依然没有走出说教的影子。

本研究则是在语文教学中完成诚信教育,自然、潜移默化;在教育中更有渗透性和持久性。

二、课题研究的依据和概念界定

(一) 课题研究的理论基础

"以语文教材为'本',培养学生诚信精神的探究",旨在通过研究华东师范大学版高中语文教材中的篇目,挖掘课文中蕴含的诚信精神内容,构建基于文本内容的语言运用、思维提升、审美鉴赏、文化传承的教育模式。为此,本研究遵循了如下理论。

1. 建构主义教育理论

根据建构主义教育理论,高效教育需要建立适合的情境。本研究通过对语文教材中有关诚信内容的整理,在语文教学中,挖掘诚信教育的内涵,促使语文教学和诚信教育有机结合,在使语文教学高效的同时,促进学生深刻思维的形成,更加有机地形成学

生的诚信意识和诚信精神,本研究是建构主义教育理论的具体实践。

建构主义教育理论认为,知识、技能、情感态度与价值观是学习者在一定的情境即社会文化背景下,借助教师和学习伙伴的帮助,利用必要的学习资料,通过意义建构的方式而获得的。通过对语文教学中富有诚信内涵的篇章内容的挖掘,能够形成一个激发学生思维的情境,有利于学生对所学内容的意义建构。

本课题研究的内容,是对高中语文教材中的文章篇目进行研究整理,挖掘文本中所涵盖的诚信教育内容,有针对性地对作品中的诚信内涵进行提炼。

通过对语文教材中富有诚信思想的文本的梳理,理清这些作品中所包含的诚信内容和思想内涵,做到语文教学与诚信教育的有机结合,实现知识、技能、情感、思想的共同提升。其本身就是一个很好的教育设计,是合理的建构主义学习环境的有机构成。

根据建构主义的观点,整个学习过程的最终目标是"意义建构"。所建构的意义包括事物的性质、规律以及事物之间的内在联系。本课题研究通过对语文教学中文本内容的挖掘,彰显诚信之思想意义,通过该研究成果在教学中的运用,形成学生的积极思维,沉淀诚信思想与内涵,形成并固化学生的诚信思想,这些都与建构主义的观点不谋而合,是建构主义教育理论的具体实践。

2. 人本主义教学论

根据人本主义教学论的观点,教育的根本目的是培养"完整人"。人本主义教学论的观点认为,教育的目的是让学生人格健全,实现和谐发展,培养学生的品德和培养学生掌握知识、提升技能应该并重。教育所培养的"完整人",情意发展与认知发展应该和谐统一,包括情意、感情和情绪的发展,认知、理智和行为的发展,以及情意和认知、感情和理智、情绪和行为发展的统一。学生的诚信属于道德范畴,是人本主义所强调的"完整人"培养的重要内容,挖掘语文教材中诚信的内涵,在教学中关注学生的情感发展与认知的统一,对于提高学生的认知水平、扩充学生的理智范围、形成学生的丰富情感、提升学生的道德水准有十分积极的意义。

(二)课题研究的实践依据

1. 中华传统文化的影响,使本课题研究有了极佳的实践氛围

诚信是中华传统文化中的重要内容,学生从有语言能力开始,就开始接受来自家庭的诚信熏陶,进入学校后接受的教育也都秉承诚信精神,摒弃谎言、虚假和不真诚。因此,进行诚信教育,有着深厚的文化底蕴,有利于原有基础上传统文化的弘扬。例

如，苏武的"忠""信"历来是传统文化教育的典型材料，在《苏武传》的学习中，比较苏武十九年牧羊不改气节，对照容易实现的诚信而个别人做不到，可以组织学生合作学习，讨论分析原因，在"因"的归结中提升学生的诚信意识，形成诚信精神。

尽管个别学生的诚信精神体现不佳，但在大环境下，对诚信是基本认同的，鲜有公然反对诚信者。因而学生不诚信的表现，一般都是隐性的、非公开的。根据建构主义理论，良好的文化环境，为学生形成诚信精神提供了建构的可能。在大环境认同诚信精神的前提下，进行诚信精神的教育就有了相对较好的条件，其实践性在实施上没有障碍；需关注的是教育效果。

2. 语文学科核心素养的落实，使诚信精神成为教育教学的有机生成点

在语文学科的核心素养中，语言建构与运用、思维发展与提升、审美鉴赏与创造、文化传承与理解都与培养学生的诚信精神有关联。诚信精神是传统文化的要素，文化的传承与弘扬，本身就包括弘扬诚信精神；诚信是一种美，欺骗和谎言是丑恶的行为。诚信精神是审美鉴赏的对象，学生通过阅读与诚信相关的语文教材中的内容，进行表达、交流、鉴赏，通过围绕诚信精神的讨论探究等学习活动，自然生成运用语言的能力，提升自身的思维水平。

3. 诚信精神能够培养学生的良好品质，提高语文教学效率

学生诚信精神的生成，对学生语文学习的影响是积极的、有利的。诚信精神能够提升学生学习的意志品质，摒弃学习中的浮躁和浮夸，使学生回归学习本真。诚信精神让知识学习、能力提升、素养提高在求真中完善，在真学中进步。

小说《项链》的教学可以归结出多维的"诚信精神"：尽管贫穷，丢失朋友项链后不撒谎不赖账是"诚信"；主人公的朋友佛来思节夫人的项链是赝品，她也如实告诉了主人公；路瓦栽先生的确有为妻子买礼服的资金，没有对妻子撒谎。这些都呈现了做人的真诚。分析作品时，学生的合作学习与评论、教师的引导与点拨，使学生的语言能力、思维能力、诚信意识共同形成。正如哲学中"事物是普遍联系的"原理所述，事物间的联系使语文教学与诚信精神相互作用、相互促进。

(三) 概念界定

1. 语文教材

本课题所涉及的语文教材主要为高中语文教材。为在教育培养中更加切合学生的学习实际，教材为华东师范大学出版社出版的用于上海地区的高级中学语文教材。

2. 诚信

诚信,即真诚、诚实;守承诺、讲信用。诚信在人的行为活动中的表现是守诺、践约、无欺。诚信是人的立身之本,是社会不断进步的重要因素;是公民道德的基本规范,是中华民族的传统美德。培养学生的诚信意识,通过语文教材中已有的篇目教育培养学生,将语文教学与学生品德培养有机结合在一起,提升学生的知识技能、道德素养,是本课题研究的范畴。

三、课题研究的概况

(一) 研究目标

1. 通过整理、归类、分析高中语文教材,对教材中的课文进行提炼,以"诚信"为核心作出分类,为本课题研究提供基础材料。

2. 根据选中的教材中的课文,对不同篇章进行再次分类,形成本课题研究的层次,循序渐进,研究归结作品中有关"诚信"的内容,并将作品内容用于教学,实施于"诚信"教育中。诚信教育在语文教学中进行,通常不再安排其他时间,而将诚信教育融于语文教学之中。

3. 形成研究成果,一是形成"以语文教材为'本',培养学生诚信精神的探究"之校本课程;二是形成其实施方案;三是形成其研究报告。

4. 对研究成果进行整理,尝试成果运用的可复制性。

(二) 主要研究内容

1. 理论研究

(1) 研究建构主义、人本主义理论在"以语文教材为'本',培养学生诚信精神的探究"中的指导作用与运用,以建构主义、人本主义理论为支撑,研究学生诚信精神建构的理论基础和可行性。

(2) 根据建构主义理论,学习过程的最终目标是"意义建构"。所建构的意义包括事物的性质、规律以及事物之间的内在联系。本课题研究通过研究语文教材、语文教学、语文学科素养、传统文化与诚信精神之间的密切关联,分析建构主义理论下知识建构、能力建构、素养建构与诚信精神建构之间的相关、相似之处,固化学生的诚信思想,寻找到培养学生诚信精神的有机体系。

(3) 根据人本主义的观点,教育的目的是让学生人格健全,实现和谐发展。故培养学生的品德和培养学生掌握知识、提升技能应该并重。教育所培养的"完整人",情意发展与认知发展应该和谐统一。根据人本主义的观点,语文教学与培养学生诚信精神、弘扬传统文化,就是在培养"完整人",在同一教学环境体系下,实现学生语文知识、能力、素养与诚信精神的共同提升有其理论基础。

2. 实践研究

(1) 对高中语文教材中的文章篇目进行研究整理,挖掘文本中所涵盖的诚信教育内容,有针对性地对作品中的诚信内涵进行提炼。

教材中关于诚信教育的内容,有些是隐含的,通过研究,对这些内容进行整理,使教材中文本的诚信内涵更加显性化,有利于教学中诚信教育的实施。

(2) 对语文教材中有关诚信的篇章进行内容研究,并进行研究后的分类,使研究结果从不同侧面彰显诚信的道德意义和行为意义,使"诚信"由文学作品中的文学化、概念化、隐含化变得具有彰显性、可感性、教育性,进而成为影响学生、引领学生更加正确地认识诚信、实践诚信的素材。

(3) 对教材中涵盖诚信篇目的文本进行分类整理后,探究语文教学中实施诚信教育的适切教学方法,更加有机地将语文教学的工具性、文学性、思想性融为一体。

通过研究,使研究结果更加有效地实施并呈现教学中的如下效果与关注。

情感教育。有针对性地对作品内涵进行提炼后,落实到教育教学当中,实现"润物细无声"的诚信教育,并以此培养学生的"真人"情感。对作品进行分析与升华,从情感培养的角度,进行求真、求实、诚信教育,有机结合思想内容、价值观内容的教学目标和要求。

理性归纳。通过学生讨论,落实诚信教育。教学中,采取自主式学习方式,通过小组合作学习、学生讨论、学生发言、小组展示等,做到诚信教育的落实,在情感培养的基础上,进行理性归纳。

写作巩固。在写作教学中,有针对性地进行有关诚信题材的写作教学,体现诚信教育,落实诚信教育,对诚信教育的效果进行固化。在语文教学中,以学期计划的形式固定该题材的写作教学内容。

(三) 研究方法

1. 调查研究法

调查学生对"诚信精神"的认知,了解学生如何认识"诚信精神",寻找以语文教材为"本",培养学生诚信精神的恰切切入点,了解学生语文学习与诚信精神之间的关联性认知。

2. 行动研究法

在以语文教材为"本",培养学生诚信精神的教学实践中,首先对高中语文教材的篇目进行整理分析,挖掘教材中涵盖诚信精神的篇目,围绕诚信,对课文进行内容分类,包括珍重亲情、友情与真诚;求知、求真与真诚;爱国、忠诚与真诚等。以此作为进行诚信教育的范本。

3. 比较研究法

进行不同教学方式的比较,一是横向比较,将采用"以语文教材为'本',培养学生诚信精神"教育方法的班级与不采用的班级,以学期为时间单位进行比较,比较语文学习效果;比较学生世界观、人生观、价值观呈现出的品行道德表现、学习态度端正性和积极性的表现。二是进行纵向比较,比较学生进行此教育方法前后的不同。通过比较,分析、归纳、综合,找寻更加适合的教育方法。

(四) 研究过程

1. 第一阶段:挖掘、整理高中语文教材中适合进行诚信教育的篇目,进行有关诚信的分类研究,有针对性地对作品内涵进行提炼

对教材中的内容进行深入挖掘后,发现大多与"诚信"相关。在分析整理的过程中,对教材篇目进行多角度思考,围绕"诚信",实施多维分析,把诚信精神维度进行如下分类,并且概括了每一篇作品的"诚信"内涵与维度。

(1) 亲情、友情、真诚与诚信

通过相关篇目的阅读、分析、整理,培养学生珍重亲情、友情的情感,使学生形成真诚的品质,教育学生诚信。在教材中选取了以下篇目,提炼出与诚信、真诚相关的内涵。

《边城》:纯朴与真诚、真情

《老王》:为人真诚的品质

《回忆鲁迅先生》:与人的真诚相处,友情与真诚

《项脊轩志》:亲情与真诚、真爱

《变形记》:人与人相处的真诚,亲情与真诚

《守财奴》:亲情与真诚,戒除贪婪

《陈情表》:与亲情、责任、忠诚相关的"诚"的意义

《傅雷家书》:亲情与真诚

《合欢树》:亲情与真诚,真诚、亲情对于人成长的影响

《我们是怎样过母亲节的》:亲情与真诚及对人成长的影响

195

《最后的常春藤叶》:友情与真诚及其影响

《生命的节日》:亲情与真诚及对人成长的影响

（2）求知、求真、相处与诚信

通过下列篇目的阅读、分析、整理，培养学生求知、求真、真诚与人相处的情操，形成学生求知的意识、求真的本质，进而教育学生诚信。

《石钟山记》:求真与探究真相的品质

《游褒禅山记》:持之以恒与求真

《阿Q正传》:真的内涵与求真的意义

《论语七则》:人的品质中的真及其意义

《孟子二章》:求真、求实与寻求真理

《子路、曾皙、冉有、公西华侍坐》:求真务实及其意义

《跨越百年的美丽》:求真、真诚与美

《训俭示康》:以诚相待与人的成长

《孔雀东南飞》:做人的真诚与忠诚

《项链》:做人诚实与人的真实品质培养

《香雪》:做人诚实、求真的本源

《伶官传序》:"真"与"诚"的意义

《新序二则》:信义与真诚的可贵

《哈姆雷特》:做人诚实、求真的意义

《曹操与杨修》:为人与处事的真诚

《邂逅霍金》:真诚、求真与人文精神

（3）爱国、忠诚、真理与诚信

通过对下列篇目的阅读、分析及整理，培养学生追求真理、忠于国家的情感，使学生形成爱国、忠诚的品质，教育学生诚信。

《指南录后序》:做人、爱国与忠诚、诚信的意义

《苏武传》:爱国、为人与忠诚、诚信的意义

《为了忘却的记念》:坚持真理的精神本质

《荷花淀》:真诚与对国家忠诚的意义

《在马克思墓前的讲话》:真理的本质内涵与做人

《左忠毅公逸事》:追求真理与真诚的意义

《生命本来没有名字》：真诚、亲情、奋斗与成功的本源

《谏太宗十思疏》：相处的真诚、"冒险"的真诚与为人

2. 第二阶段：将诚信教育融合于语文教学中，集语文教学的工具性、文学性、思想性于一体，生成学生的诚信品质，培养学生的诚信精神，使研究结果更加有效地实施并呈现于教学中

教学中，从教学设计到教学实施，既落实学科素养，又培养诚信精神，在教学中培养学生的诚信精神，生成的诚信精神中又含有学科素养中的思维、审美、文化传承等元素，两者相辅相成，互相作用。

（1）情感教育，以"情"联系诚信

有针对性地对作品内涵进行提炼后，落实到教育教学当中，实现"润物细无声"的诚信教育。

培养学生的"真人"情感，教学中以"情"打动和熏陶学生，让学生自己体验到人间真情，在真情中形成情感认知、理性思考并逐步形成实践"真"与"诚"的能力。

对作品进行分析与升华，从情感培养的角度进行求真、求实、诚信教育，使学生生成真诚、诚信的情感态度和科学的价值观。

（2）理性归纳，以"悟"感受诚信

通过合作学习中的学生讨论，落实诚信教育。教学中，采取自主式学习和小组合作学习并行的方式，学生自主阅读分析文本，对文章内容进行理性归纳分析，在语文学习中感受文章的思想和情感。合作学习中的学生讨论、小组代表发言、小组展示等体验式学习，能促成学生在文本内容基础上的思考，更能让学生理解、思考、感悟文本内涵，将思想内涵沉淀到思维中，做到诚信教育的落实；之后在情感培养的基础上，再次进行理性归纳，感受诚信。

（3）写作巩固，以"用"体验诚信

在写作教学中，有针对性地进行有关诚信题材的写作教学，体现诚信教育，落实诚信教育，对诚信教育的效果进行固化。由读到写，由理解到应用，学生的体验和感悟更深，对诚信的认识就有可能由理解到感悟，由感悟到实践。在语文教学中，以学期计划的形式固定该题材的写作教学内容，有计划地进行"体验""应用"式教育，效果很好。

3. 第三阶段：对挖掘、整理的高中语文教材中的诚信教育篇目进行反思，结合课堂教学实际进行整理，形成校本课程

（1）反思分类整理出的课文篇目与"诚信精神"的吻合度

课题立项之初,围绕"诚信精神"初步整理了语文教材中的部分篇目,挖掘了其中诚信精神的内涵,结合课文内容,对每一篇文章的内涵作了归纳。这些归纳都以"诚信精神"为核心,从不同维度揭示了诚信精神的特征。

在利用上述整理进行教学的过程中,反思这些整理在诚信精神维度上的精确性,例如:三个维度中"亲情、友情、真诚与诚信"所涉及的 12 篇文章、"求知、求真、相处与诚信"所涉及的 16 篇文章、"爱国、忠诚、真理与诚信"所涉及的 8 篇文章是否与各自预设的主题吻合,吻合度如何,是否有利于教学实施,在教学准备上需要做什么等。

通过反思,对个别不十分吻合、教学准备实施不顺畅的分类进行修改,以更利于提升教学效果。

(2) 反思课堂教学中课文与"诚信精神"结合的教学效果

教学准备和内容预设是重要的,但对于教学效果的实现更重要的是教学实施。衡量教学效果,是教学实施后的教学评价和最后的教学反馈。

教学实施后,根据课堂教学情况进行教学评价,结合教学评价和教学反馈,评估教学效果。之后根据教学效果,进行已经分类的各个篇目的分析、归纳、修改,固化为校本课程资料。

(3) 反思后修改形成校本课程框架

进行上述教学回顾与反思后,整理原文本资料,结合课堂教学后的修改材料,形成校本课程框架。

四、课题研究的主要观点与成效

(一) 本研究弥补了以语文教材为"本",培养学生诚信精神的探究与实践的空白,提升了"诚信精神"的教育效果

在当今中学语文教学和"诚信精神"培养之教育教学中,该教学实践对于传承传统文化、生成学生的思想内涵、提升学生的思想境界、形成学生的文化积淀具有重要意义。若没有该研究成果,将是以语文教材为"本",培养学生诚信精神的教育教学方式的重大损失,也是诚信精神教育、语文素养教学的缺憾。故而,以语文教材为"本",培养学生诚信精神的探究,是一个有研究的必要性并且十分迫切的研究课题。

目前,国内外关于"以语文教材为'本',培养学生诚信精神的探究"的相关性研究,大都借助其他学科教材的内容,以思想政治课为主阵地,教育方法单一。

诚信教育的内容,作用于高中学生的较少,这些教育方式的效果尚未达到理想状态,对学生进行诚信教育,依然有继续研究的必要。

(二)本研究成果符合建构主义教育理论,符合情境教学下实现高效教育的理论,能够实现"诚信精神"教育的高效和学生语文学科素养的形成

建构主义教育理论认为,有效教育需要建立适合的情境。本研究成果能促成语文教学中学生学科核心素养的提升和学生"诚信精神"的生成。本研究成果教育教学效果的提升,是建构主义教育理论的具体实践。

例如在《老王》一文的学习中,作品的主题为"珍惜人与人之间的相处,与人交往首先要真情实意,互相关心,诚挚待人"。教学中可以预设如下问题链:

1. 本文的叙事线索是什么?

2. 作者介绍了老王的哪些情况?

3. 作者回忆了老王的哪几个生活片段?老王是怎样的一个人?

4. 作者一家人又是如何对待老王的?

5. 对课文结尾的最后一句话,应该怎样理解?

由对问题的分析、理解、解答,建构学生的语言能力,提升学生的思维水平,结合对人物的评价,引导学生形成正确的审美意识,再通过作者杨绛和主人公老王的行事,让学生自然归结出人物品格。通过如此情境下的语文教学,学生很自然就会建构出老王和作者"为人真诚"的品质,是善良、责任的具体呈现,为人应该具有"诚信精神"这一教育内涵。

(三)本研究是实现语文教学课程目标的必需

语文教学的功能,是人文性和工具性。本研究旨在培养学生形成"诚信精神",这一精神是正确的世界观、人生观和价值观,能使学生形成正确科学的思想并提升学科素养,是当今教育的必需。

语文教学的课程目标,是"学生通过阅读与鉴赏、表达与交流、梳理与探究等语文学习活动,在语言建构与运用、思维发展与提升、审美鉴赏与创造、文化传承与理解几个方面都获得进一步的发展;坚定文化自信,自觉弘扬社会主义核心价值观,树立积极向上的人生理想,为全面发展和终身发展奠定基础"。

"以语文教材为'本',培养学生诚信精神的探究",将语文教学的人文性和工具性有机结合,培养学生的诚信精神,这一精神会能动作用于学生的语文学习,提升学生在"语言建构与运用、思维发展与提升、审美鉴赏与创造、文化传承与理解"几个方面的能力。诚信精神在学生的学习中,不仅仅是一种高尚的品德,还是一种意志品质,学生学习中的诚信、严谨,会使其在学习生活中,从知识积累到思维提升,从能力生成到文化传承,都呈现出一种积极、恒久的努力。

我们说"以语文教材为'本',培养学生诚信精神的探究"是实现语文教学课程目标的必需,是因为诚信精神的能动作用在培养学生诚信品质的同时,能促进学生学科素养的提升。

(四) 以较好的切入点,实践了"文以载道""文道合一"的教育主张,并形成了有效的教育模式

韩愈认为,"道"是目的和内容,"文"是手段和形式。在本研究中,"文"不是单一的手段和形式,"文"中也有目的和内容,那就是高中语文教学目标中所述"语言建构与运用、思维发展与提升、审美鉴赏与创造、文化传承与理解"。本研究在关注"文以载道"的同时,还做到了"文道合一",即培养学生的诚信精神与提升学生的学科核心素养一并进行,同时进步。

本研究成果实现了语文教学人文性和工具性的统一,使诚信精神和语文教学紧密结合,生成了更为有机的教育方式,在"增知识、提能力、生素养、成精神"四个方面的有机结合上起到了积极的作用。

本研究成果发挥了以语文教材为"本"中"本"的作用,让教材的教育作用更加深入,构建了基于文本内容的语言运用、思维提升、审美鉴赏、文化传承(以诚信精神为主)的教育模式。

例如:在《指南录后序》一文的教学中,研究成果在"诚信精神"培养方面关注的是"探究做人、爱国与忠诚、诚信的意义"。教学中,语文教学的目标,包括了解书序的文体特征,掌握实词、虚词的意义和用法,学习记叙、议论、抒情相结合的表达方式,感受作者真挚的爱国情怀和始终不渝的爱国精神。在这里,"文道合一"就显得十分有机:首先是《指南录后序》之"后序"实际上不是"跋",依然是"前序",之所以叫"后序",是因为这是"前序"的第二篇"序"。解释为什么会有第二篇"前序",就涉及分析作者文天祥为了大宋王朝不懈努力、九死一生、忠君爱国的经历与精神。文中实词、虚词的使用充满了情感色彩,记叙、议论、抒情相结合的表达方式,更是表现了文天祥一腔热血的"忠"与"诚"。以《指南录后序》之"本"为本,从学科素养的培育到"诚信精神"的生成,"文道合一",教育教学效果水到渠成,教学有依据,教育不突兀。

（五）本研究发挥了语文学科的人文性和工具性作用，再现了教育的本原，将语文学科素养培养与学生世界观、人生观、价值观的生成进行结合，为语文教学和弘扬传统文化之"诚信精神"寻找到了适合的路径

教育的本原是育人，是培养人成长。

从研究的目的性看，本研究关注了学生世界观、人生观、价值观的形成，培养了学生的诚信精神，提升了学生的语文学科素养。根据辩证唯物主义认识论哲学和存在论哲学的观点，本研究是将学生诚信精神的培养置于语文教学之中，并通过语文教学与诚信精神的关联，引起学生的学习兴趣，生成学生的情感体验，调动学生学习的主动性。

从研究的实践性看，本研究是将诚信精神培养贯穿到语文课堂教学实践中，学生在语文学习中体验诚信精神、感悟诚信精神，加深了对语文教材中课文的感性认识。教师引导学生进行理性归纳，进而提高学生对于诚信精神的认知和支持，在语文学习的理性分析和审美鉴赏上，达成一致。这样，在语文学科人文性和工具性的作用下，育人、培养人成长这一教育的本原得以实现，语文学科的学科素养培养与学生世界观、人生观、价值观的生成得以结合在一起，诚信精神在学生思维中得以深化，研究成果得以彰显。

（六）形成了"以语文教材为'本'，培养学生诚信精神的探究"的教学实施方案

该实施方案对于学生诚信精神的培养与形成，将学科知识、文化传统、诚信精神融为一体，提升学生的诚信意识和人文精神，具有积极作用。方案的实施能使学生掌握语文知识，提升综合能力，形成学科素养和诚信精神，形成科学的世界观、人生观、价值观。

（七）形成了"以语文教材为'本'，培养学生诚信精神的探究"校本课程框架

以上海华东师大版高中语文教材为蓝本，以学生诚信精神的培养为核心，围绕"亲情、友情、真诚与诚信""求知、求真、相处与诚信""爱国、忠诚、真理与诚信"三个方面整理教学资料，形成初步的校本课程框架。

（八）充分发挥了以"本"为本之"本"的作用

以"本"为本，让教材的教育作用更加深入，构建了基于文本内容的语言运用、思维提升、审美鉴赏、文化传承（以诚信精神为主）的教育模式。

多年来，语文教材在教学中的作用发挥得并不明显，轻视教材（"本"）、以试卷代替教材的现象甚至都有发生。本研究成果能够端正学生的世界观、人生观、价值观，激发学生的学习热情,充分发挥学生学习语文的能动作用,进而在教材"本"的运用上,实现语言运用、思维提升、审美鉴赏、文化传承等学科核心素养的共同提升。

五、课题成果的实践成效

(一) 对形成学生以诚信精神为特征的科学的世界观、人生观、价值观起到了积极作用

本研究的主要目标,是培养生成学生的诚信精神。课题成果在教学实践中的应用证明,本成果对于学生诚信精神的形成有十分积极的促进作用。

首先,基于语文教学的诚信精神培养,将学科知识、文化传统、诚信精神融为一体,一改宣传性说教的方式,有一种润物无声的效果,学生在潜移默化中就会受到教育。

第二,学生对知识的传授、能力的提升有一种天然的接受感,"文以载道","文"和"道"同时影响学生,具有多维感和多向性,更容易作用于学生的思维。学生的"文"和"道",即以语文知识、能力、素养和诚信为特征的科学的世界观、人生观、价值观,就都得到了强化。

第三,对诚信精神不同维度的理解,使得诚信教育贴近生活,例如亲情、友情、真诚与诚信;求知、求真、相处与诚信;爱国、忠诚、真理与诚信。这使得诚信教育多维度、有内涵,源于生活,更加有利于形成学生的精神与道德沉淀。

(二) 使语文课堂教学的人文性和工具性结合得更紧密,语文教学更加具有内涵和底蕴

以语文教材为"本"培养学生的诚信精神,富有很强的人文性。其既不是简单的语文知识、能力的提升,也不是简单的诚信精神必须拥有的要求,富有内涵的以语文教材为"本"培养学生的诚信精神,让学生的诚信精神在心中萌发,自然增长,发自内部,让语文课堂有了更深的底蕴,语文课堂的教学格局也有了本质性提高。

(三) 提升了学生的学科核心素养,促进了中华传统文化的传承

以语文教材为"本"培养学生的诚信精神,与《课程标准》中表述的培养学生的学科素养相吻合。诚信是中华传统文化中的重要文化因素,培养诚信精神,是对中华文化的"传承与理解",是对传统文化的弘扬。

围绕诚信,本研究成果构成了立体、可感的诚信范畴,其本身就是学科素养中的"审美鉴赏与创造"。在培养诚信精神的课堂教学中的讨论,对于培养"语言建构与运用""思维发展与提升"的学科核心素养,有十分直接的作用。

六、本课题研究的创新亮点

(一) 以语文教材为"本",将学生诚信教育融于语文学科的课堂教学中,潜移默化地进行教育和影响,收到了较好的效果

对学生诚信教育的研究很多,或以理论为主,或进行专题道德与诚信教育。学生往往因为那些诚信的人都是名人,因其高、大、上而不能企及;教育方式也比较直接,通常是宣讲式或事例式,学生因此不感兴趣甚至抵触。也有通过语文课堂教学进行思想道德教育的,但命题都过大,不具体。而且也少有结合语文教材、成系列的思想道德方面的教育,至于社会主义核心价值观个人层面的诚信教育则更少。

(二) 本研究有步骤、分层次、成序列;教育方式可借鉴、能复制;教育过程与语文教学中的阅读教学、写作教学密切结合

本研究对教材中的篇目进行整理,分年级、分单元将诚信教育融于语文教学的各个章节中,教育过程与语文教学中的阅读教学、写作教学密切结合,使学生能够实现诚信品德的认识与提升、语文知识的积累、阅读写作能力的提高,因此该成果有很强的可推广性。

(三) 以诚信为中心,进行了更加有利于提升诚信教育效果的分类,归纳出了适合进行研究和推广的学习顺序

语文教材中关于诚信的作品很多,本研究从不同侧面阐释了求真、务实、诚实、爱国、忠诚等与"诚信"密切相关的内涵。根据教材内容,按照"亲情、友情、真诚与诚信""求知、求真、相处与诚信""爱国、忠诚、真理与诚信"三个板块,循序渐进排列,有利于学生学习、理解,形成诚信精神。

七、课题研究的进一步思考

(一) 在教学实践方面的思考

1. 探究基于语文教材的诚信精神培养与写作教学的关联

语文教材中的文本都是典范作品,多年来,写作教学中以"本"为本落实得还不充分。教材文本中内容设计的年代、内涵、思想意义多维,具有激发人想象的文学性、丰富的文化性和雄辩的论证性,逻辑性强、说理有力等特点。对教材内容中诚信精神的挖掘,能将语文教学之学科素养提升与诚信教育内容有机结合,与传统文化结合,与科学的世界观、人生观、价值观结合,为学生作文提供参照。

2. 探究跨学科教学之语文教学与思想政治课教学共同育人的关联

跨学科教学能够收到知识融合、有利于激发学生的思维、便于生成学生积淀的效果。培养学生科学的世界观、人生观、价值观,生成学生的诚信精神,将多学科作用于学生,会收到更好的效果。将语文教材中相关内容与思想政治课中的哲学内容结合起来,发挥哲学的世界观、方法论作用,加之以合作式、体验式教学,形成综合作用,一定程度上会降低语文学习和哲学学习的难度,避免学习的枯燥感。文学性、思想性与哲理结合,能提升学生的兴趣,实现教学效率的提高。但具体的教学实施方法,还有待进一步思考。

(二) 在学生思想品德培养方面的探究

1. 以篇目的优化选择促进学生思想品德方面的感悟

在教材篇目的选择上,进一步考虑到文化的传承、思想的进取、爱国与忠诚等。例如对于《苏武传》《指南录后序》《论语七则》《孟子二章》《谏太宗十思疏》等文章,还可以进行深入的探究,发掘其思想美和影响力。

2. 教材文本内容与传统文化的进一步关联

校本课程框架中所选的内容,以"诚信精神"的培养为核心。校本课程还可以继续深入化、广泛化。特别是广泛化,更需要予以关注。选择文本中承载了传统文化和辩证唯物主义哲学思想的篇目,不仅仅提炼与诚信精神相关的内涵,也提炼传统文化思想中其他的内容。将本研究与传统文化更加广泛地结合在一起,将会使研究更具意义。

第三节　李商隐无题诗新论
——破解李商隐无题诗之谜

李商隐的无题诗历来以难解著称,越是难解,解者愈多。但历来研究李商隐无题诗者多喜欢从诗歌的本事出发,把诗中的某个句子、某个意象与诗人一生中某件具体本事联系起来,因而造成不同的解诗者有不同的标准,得出的结论各异。对于一首诗,千百年来见解纷纭,聚讼莫决,以致造成此亦一是非,彼亦一是非的情况。其中影响较大的有两种,一是"政治遭遇本事",主要是"干谒令狐"。此说以清初吴乔的《西昆发微》与朱鹤龄的《西昆发微序》为代表。吴乔认为:"盖唐之末造,赞皇与牛、李分党。郑亚、王茂元,赞皇之人。义山少年受知于楚,而复受王、郑之辟,绹以为恨。及其作相,惟宴接款洽以侮弄之,不加携拔。义山心知见疏,而冀幸万一,故有无题诸作。"朱鹤龄完全赞同吴乔的观点:"义山无题诗皆为令狐绹作也。"另外一种观点以苏雪林和陈贻焮为代表。苏雪林在《诗谜专家李商隐》中认为:"无题诗都是恋爱的本事诗,真真实实的记录。"①陈贻焮在《李商隐恋爱事迹考辨》一文中认为无题诗"纯写恋情,别无深意"②。陈文可以概括为凡是无题诗都实赋本事,都属艳体诗;凡是艳体诗都写女冠;凡是写女冠都是诗人自己的恋爱经历。以上两种观点各执一端,但稽之诗人生平事实颇有不合。现在有些论著的观点仍不同程度地受到他们的影响。如钟来因的《李商隐玉阳恋爱诗解》③《唐朝道教与李商隐的爱情诗》④、陶光的《李商隐与女道士相爱的几首无题诗考析》⑤都完全接受了苏、陈的观点,把李商隐的道教无题诗全都作为诗人与女冠秘密恋爱的本事诗。这种极力追索诗歌本事的解诗方法无视诗人的生平实际与整首诗完整的抒情内蕴,而把一首首诗肢解、割裂开来,作零打碎敲式的比附、猜测。如果对晚唐社会的审美思潮与诗人的生平经历稍加考察,就会发现这种解诗方法有许多不实之处,难以令人信服。

中国古代正统的解诗方法是"诗言志"的附会政治。这种方法从原则、概念出发,比附历史,牵合政治,千方百计地到诗中找寄托。用这种方法解诗,经常是微言大义、穿凿附会、深文周纳。汉儒对《诗经》的解说即为此种方法的代表。他们主观地认为,《诗经》是先王用以"经夫妇,成孝敬,厚人伦,美教化,移风俗"的工具。根据这种观点,把明明是一首恋歌的《关雎》敷衍成"美后妃之德",其牵强附会之说非常明显。这是典型的将情诗附会为政治感化诗的例子,而把以爱情为表象的诗说成诗人的恋爱本事诗,其结果与此类同,也是无端的猜测与比附。一切文学艺术都是诉诸感情的,它们总是借助具体的形象反映生活,通过艺术的感染力量和美感作用影响读者。离开形象就没有文艺;离开对于形象的感受,也就没有文艺的鉴赏。把李商隐的诗歌作为政治干谒的比附与恋爱本事的猜测都忽略了把诗歌作为一个有机的艺术整体作审美层次的把握,只是停留在历史层次的把握上。有些诗有本事可寻,追索本事当然是解诗的应有之义,而有的诗无本事可寻,只是一种心灵状态的艺术外化。这种方法有一个根本的弱点,即容易导致忽视诗歌作为心灵表达艺术的本体特征。诗歌的本质是艺术,是审美,要用整首诗所形成的整体的艺术形象感染人、吸引人。李商隐的诗歌作为艺术成就较高而内容难解的艺术品,解诗者如果不去对这些诗歌的整体作艺术把握、鉴赏,并依此来探究诗人完整的心灵世界,而是一味津津乐道于诗人的所谓"玉阳韵事",与

① 苏雪林:《诗谜专家李商隐》,见《唐诗概论》,上海商务印书馆 1933 年版。
② 陈贻焮:《唐诗论丛》,湖南人民出版社 1980 年版。
③ 钟来因:《李商隐玉阳恋爱诗解》,见《唐代文学研究》第一辑,广西师范大学出版社 1988 年版。
④ 钟来因:《唐朝道教与李商隐的爱情诗》,《文学遗产》1985 年第 3 期。
⑤ 陶光:《李商隐与女道士相爱的几首无题诗考析》,《南京师大学报(社会科学版)》1995 年第 2 期。

女道士的恋爱本事;不顾客观实际,硬去追索这句指什么,那句指什么,成为本事的一个个注脚,不仅破坏了诗歌的艺术境界、艺术魅力,而且只能是穿凿附会。

清人冯浩《玉溪生诗集笺注》中以"无题"标目的诗仅十七首(朱鹤龄注本十六首);《全唐诗》所收标明"无题"的诗有十六首;最新版《李商隐全集》有十七首。有的研究者将《无题·幽人不倦赏》和《留赠畏之》三首中的后二首《待得郎来月已低》《户外重阴黯不开》也看作无题诗,这样无题诗总计二十首。笔者认为《无题·幽人不倦赏》和《留赠畏之》三首中的后二首情况比较复杂,未必是诗人有意为之,从严格意义上讲不能作为无题诗研究。实际上,标明"无题"的无题诗仅十七首。后来的研究者不同程度地扩大了无题诗的范围,把摘首句二字、句中二字为题的如《锦瑟》《碧城》《天涯》也算作无题诗。无论从思想内容还是艺术形式上看,这类诗和标明无题的诗初无二致,其中不少亦应列入无题诗范围。另外还有些描写圣女的诗如《圣女祠》《重过圣女祠》等也应作无题诗看待。这类诗虽然有题,但题目对于诗意无概括性和提示性,而在审美内涵的模糊性与审美形式的典丽性等诗歌的基本特征方面与那些标明无题的诗完全一致,本文认为亦可作为无题诗来研究。

李商隐的无题诗不是一时一事之实,而是心灵状态之真。其无题诗以不具外在逻辑关联但又有同一指向的种种物象和情结联缀起来,形成特定的情感氛围或情感形象、情感境界,召唤人们顺着这种特定的情感氛围或情感形象、情感境界,而不是通过具体情事或完整的情感流程去体验他的心灵历程。这便是李商隐无题诗的朦胧性所在,也是其深厚的艺术魅力所在。

人的某种心灵状态的生成受他所在环境和自身经历、性格的制约,必然有社会历史条件、思想文化背景和独特的人生道路的影响。清人朱鹤龄说:"唐至太和以后,阉人暴横,党祸漫延。义山厄塞当途,沉沦记室。其身危,则显言不可而曲言之,其思苦,则庄语不可而漫语之。"(《笺注李义山诗集序》)晚唐社会是一个多种矛盾的混合体,而尤以宦官专权、朋党之争、藩镇割据最为突出。当时社会危机已经十分严重,大唐帝国日薄西山。一种时代的衰残感、没落感袭击着敏感的士人们的心灵。李商隐就生活在这样的时代氛围和思想氛围中。他幼年丧父,"家难旋臻,躬耕板舆,以引丹旐。四海无可归之地,九族无可倚之亲。既附故丘,便同逋骇。生人穷困,闻见所无,旨甘是急。乃占数东甸,佣书贩舂"。[①] 这种独特的出身造就了诗人内向的性格。就婚王氏,又受

---

① 李商隐:《祭裴氏姊文》,见《樊南文集》,上海古籍出版社1988年版。

到牛党排挤打击,辗转南北,漂泊东西。这些主观的和客观的、时代的和个人的因素,使李商隐的内心无时无刻不咀嚼着人生的痛苦。他哀苦无告,发而为诗。加之他在诗歌艺术上"转益多师",六朝诗的华美,杜甫诗的工炼沉郁,李贺诗的冷艳朦胧,都加以熔铸,从而形成自己精工典丽、隐约深曲的诗歌个性。

一、以爱情悲剧的情感氛围抒发诗人毕生倾心追求而所得空空的人生巨痛

爱情诗自古有之,但历来都是写具体的情事或完整的感情流程,突出的是爱情本身,诗中无论是情事描述还是情感流程都趋于实,限定于爱情之内。《诗经·关雎》即是一篇恋歌,虽然《毛诗》解释为"美后妃之德",但明显是一种附会。诗的各章都以兼有比喻作用的起兴开头,然后落到恋情上,全篇写出了由恋爱到成婚的具体过程,抒发了男方对女方的思恋之情。《楚辞》的《九歌》中也有描写恋爱的作品,如《湘君》《湘夫人》《山鬼》等,以景物烘托,写出鬼神恋爱的具体情境。南朝乐府民歌中描写爱情生活的作品也较多,大都以女性口吻,通过比喻、双关、联想等手法写出思恋的具体过程。唐朝的爱情诗亦复如此,白居易的《长恨歌》描写唐玄宗与杨贵妃的爱情悲剧,就是一个完整的爱情故事,具体而明确。元稹的爱情诗则多有粉香脂腻的细致描写。李商隐无题诗中以爱情为表象的诗,却与一般的爱情诗不同,每首诗作为一个有机的艺术整体,并没有具体明确的情事或完整的感情流程,而是联缀诸多关涉爱情的意象,把情事和感情流程高度虚化,只创造一种浓重的悲剧性的情感氛围,突出的并非爱情本身,而是诗人毕生苦苦追求但所得空空的刻骨铭心的人生巨痛。这正是李商隐对爱情诗的发展,是一种新的创造,使咏爱情的诗超越爱情本身,从而寄寓了自己的人生体验。

先看历来被人们称颂的《无题·相见时难别亦难》:

> 相见时难别亦难,东风无力百花残。
> 春蚕到死丝方尽,蜡炬成灰泪始干。
> 晓镜但愁云鬓改,夜吟应觉月光寒。
> 蓬山此去无多路,青鸟殷勤为探看。

此诗从意象构成看,确以爱情出之。第一联写别离的痛苦,开始以连用两个"难"字的进层写法,直抒这种痛苦。江淹《别赋》云:"黯然销魂者,唯别而已矣!"何况相见是那样来之不易,怎忍再离别呢?但现在又不得不离别,其痛苦可想而知。接以"东风无

力"和"百花残"的意象烘托这种痛苦,一则把离别置于暮春时节百花凋零的情境中,更显缠绵悱恻;二则暗喻美好的爱情正遭受无情的摧残。第二联写刻骨相思、至死方休的痛苦。"春蚕""蜡炬"两个意象并列,比喻新颖,双关贴切,渲染了爱深苦亦深,执着又无望的心情。第三联写孤单寂寞、青春蹉跎的痛苦,以"云鬓改""月光寒"的意象突出个人独处之愁,又以"晓"与"夜"强调这种愁无时不在,爱情无法实现的痛苦表现得更为深曲。第四联写爱情可望而不可即,但又不肯放弃追求的痛苦,"蓬山"不远,人终难近,虽然相见无期,仍赖"青鸟"传信。正如冯浩在《玉溪生诗集笺注》中所说:"毕生以之,终不忍绝。"

　　全诗写至哀至痛的爱情悲剧,这正是诗人整个人生悲剧的浓缩,但又不像一般爱情诗那样有具体的情事或有从头到尾的一种情感流程。在诗的各联之间,难以找到确定的连接点,比如第一联的离别与第二联的相思;第二联与第三联、第三联与第四联的情感之间,也同样只有爱情悲剧这同一指向,而不见转换的脉络。实际上,全诗的重点并不在于写具体情事和情感流程,而是追求写出一种心灵状态、人生体验,把爱情离别的痛苦、相思的痛苦、孤单寂寞的痛苦和无望追求的痛苦几个方面的一些意象联缀起来,烘托出爱情悲剧的浓烈氛围,正是在这样的氛围中,毕生倾心追求而所得空空的人生巨痛突显出来,以具体情事和感情流程的虚化隐没,达到心灵状态的上升。再看《无题二首》其一:

> 昨夜星辰昨夜风,画楼西畔桂堂东。
> 身无彩凤双飞翼,心有灵犀一点通。
> 隔座送钩春酒暖,分曹射覆蜡灯红,
> 嗟余听鼓应官去,走马兰台类转蓬。

这首诗的表象仍是写苦苦追求而归于失败的爱情悲剧。从第二联"彩凤"与"灵犀"两个意象所传递出的信息看,虽两情相爱却无缘结合。在这个信息的影响下,诗中其他意象才有了烘托爱情悲剧的作用。第一联连用两个"昨夜",突出表明"星辰"和"风"以及"画楼""桂堂"这些带有温馨意味的事物依然如故,但美好的情事和欢乐的场面却已不复存在了。这是一种失落感,一种追求失败的痛苦心绪。第三联写空对欢快的场面。"隔座送钩""分曹射覆"的热烈欢快更反衬出抒情主人公内心的悲哀,真可谓"以乐景写哀情"。第四联写自己凄凉、没落的处境。"听鼓应官"和"走马兰台"表明身不由己,地位低下,难以达到理想的彼岸,更给这爱情悲剧增加了一层身世凄凉的色彩。显然,如果不强为之解,诗也难以确定具体的情事和情感流程。因为诗人的诗心乃在于以相遇、相知但不得相聚的一系列爱情悲剧的意象,烘托出一种执着追求但又可望而不可即的悲剧氛围。情事与感情流程是朦胧虚化的,心灵状态却是真实鲜明的。再如《无题四首》其二:

> 飒飒东风细雨来,芙蓉塘外有轻雷。
> 金蟾啮锁烧香入,玉虎牵丝汲井回。
> 贾氏窥帘韩掾少,宓妃留枕魏王才。
> 春心莫共花争发,一寸相思一寸灰。

这首诗通过意象联缀烘托感情氛围的写法更为明显。由"贾氏窥帘""宓妃留枕"看,这首诗和爱情有关;但就诗的整体审美内蕴来看,并无爱情的具体情事,抒情主人公是男是女也无可分辨。诗一开始就以"东风""细雨""芙蓉塘""轻雷"等意象构成一个既凄迷暗淡,又能触动"春心"的环境氛围。接着又以户内香炉燃香、户外辘轳汲井烘托出孤独幽寂之情,并以"香""丝"暗合"相思"。似乎是写风雨怀人,执着相思,苦苦等待,而何人等待?相思的又是谁?等待的情景、相思的心理等在诗中并无明确所指,只是突出这种刻苦相思和苦苦等待的氛围。"贾氏""宓妃"两个典故的运用,又转入写对美好的爱情至死不渝、执着以求的精神。最后则写追求无望、爱情幻灭的痛苦。"春心"和"春花"都是美好的,但春心不能与春花争发,它只能使人煎熬,化为灰烬。全诗具体情事和感情流程的虚化,使所有意象都集中于美好的情感被阻隔、被摧残的悲哀,烘托出来的是一种美好事物被毁灭的痛苦。而这正是诗人一生苦苦追求,又倍受排挤,理想和愿望难以实现的悲凉的心灵体验。

二、借女性孤独、冷落、寂寞的感情形象寄托身世感慨,抒发遭遇不平的心绪

李商隐的无题诗有一部分描写了女性的孤独、冷落和寂寞,这些女子或因年长未嫁而悲哀,或在无边的寂寞中苦度时日。这些无题诗与上述无题诗不同,上述无题诗大都与爱情有关,而这些无题诗则写女子独身自守,徒有美貌,或身为仙女,没有爱情,没有知音,孤独寂寞、凄凉冷落。如果说上述无题诗主要运用烘托手法营造爱情悲剧的情感氛围,抒发追求与失败的哀苦心境;那么这些无题诗则主要运用比兴手法,借女性的感情形象寄托诗人在现实中倍受排挤,虽有才而不遇于时的不平心绪。但就比兴手法说,已经不是在诗歌浅层次上简单的对应本事的比附型比兴了。先看《促漏》:

> 促漏遥钟动静闻,报章重叠杳难分。
>
> 舞鸾镜匣收残黛,睡鸭香炉换夕熏。
>
> 归去定知还向月,梦来何处更为云。
>
> 南塘渐暖蒲堪结,两两鸳鸯护水纹。

历来对这首诗的解释歧义纷呈,莫衷一是。《唐诗鼓吹评注》认为"此言宫女之怨"。陆昆曾等人认为"此义山悼亡诗也"(陆艮曾《李义山诗解》)。张采田等人认为是陈情干谒令狐绹之作。① 实际上,这首诗是典型的取首二字为题的无题诗。纪昀说:"盖此诗摘首二字为题,亦是无题之类耳。"②就诗的内容的多义性和不确定性的特质看,此诗与无题诗无异。如果对这首诗作整体把握,应是借女性孤独的感情形象抒发诗人的不平遭遇和身世处境的无题诗;而猜测为宫怨诗和具体比附为陈情干谒令狐绹或悼亡说都无根据。由诗中第二联的意象看,这首诗和女性有关,但并无完整的情事过程,而是把一些可以发生内在联系的有关女性孤独、寂寞的意象联缀起来,组成一幅幅情感的形象画面。首联以"促漏""遥钟""报章重叠"的意象形成个人独居、终夜无寐的情感画面。颔联所描绘的是收拾镜匣里没有用完的眉黛,调换雕着睡鸭的香炉中的熏香,这又是一种孤独寂寞、无可奈何、百无聊赖的形象,将女子的孤独心境惟妙惟肖地刻画出来。颈联则以嫦娥奔月和巫山神女的典故为意象,直抒无论"归去"还是"梦来"都只能是孤独、冷落的心情。尾联用反衬手法将"暖蒲堪结"和"两两鸳鸯"的画面与女子独身相比,写出自感不如"暖蒲"可以堪结、"鸳鸯"可以双栖,突出的是孤独和寂寞。诗中各联,女性孤独、寂寞的感情层层加深,人物形象却虚化了,形成的是鲜明的感情形象。如上所述,诗中女性既不能指实,则全诗所形成的感情形象只能是诗人心灵的外化物。诗人在人生坎坷中所形成的孤独、冷落感与这种女性形象正好切合,诗人善于运用"美人香草"的比兴手法,那么这种女性的感情形象自应是诗人寄托身世感慨、抒发遭遇不平的喻体。不过在比兴的层次上,喻体与本体之间,已经不是具体人物和事物的简单的平行比附,而是心灵状态、人生体验的浑融契合。这就是李商隐自己所说的"楚雨含

① 张采田:《玉溪生年谱会笺》,中华书局 1963 年版。

② 纪昀:《玉溪生诗说》,转引自刘学锴、余恕诚《李商隐诗歌集解》,中华书局 1988 年版。

情皆有托"。《无题四首》(其四)也属于这类无题诗:

> 何处哀筝随急管,樱花永巷垂杨岸。
>
> 东家老女嫁不售,白日当天三月半。
>
> 溧阳公主年十四,清明暖后同墙看。
>
> 归来展转到五更,梁间燕子闻长叹。

从此诗约略可以看出人物形象,但仍不是写具体人物的具体感情活动本身,而是突出一种感情形象。开始是以"哀筝""急管""樱花""垂杨"的意象写动人情思的环境,一哀一乐,对比鲜明。接着出现了"东家老女",她婚嫁失时,在这样的暮春环境中该有多么深曲的孤单、迟暮感受!然后用"溧阳公主"的典故写贵家少女早有伴侣,携手游春,并用"同墙看"的意象,从侧面渲染了其春风得意之态,与老女的孤单、冷落形成鲜明对比。面对此情此景,老女的心情可想而知。最后写老女内心的悲哀。全诗围绕"老女嫁不售",以意象联缀,组成一幅幅情感的形象画面,把被抛弃、被冷落,知音不遇,孤独寂寞的心灵突现出来。与前一诗例同理,这种感情形象与诗人内心的积郁正成比兴关系。所以薛雪在《一瓢诗话》中说:"此是一副不遇血泪,双手掬出,何尝是艳作?"当然,这种比兴关系仍然超越了一般比附,老女并不等于诗人,作为喻体的乃是诗中所突出的感情形象的整体,主体则是诗人遭遇不平的感受。否则"哀筝""急管"比什么?"樱花""垂杨"比什么?"白日当天"比什么?"梁间燕子"比什么?这些都成了问题。

李商隐还写了一些有关圣女的诗,这固然和诗人早年在玉阳山学道接触女冠有关,更重要的还在于诗人借这些孤独、冷落、寂寞的感情形象寄托不平的遭遇和人生感慨。刘学锴、余恕诚两先生认为:"实则圣女、女冠与作者,乃三位一体者。"[①]即诗人写到圣女就不能不想到他曾经接触过的被遣入道的宫女,也就不能不想到自己在现实社会被冷落、被遗弃的人生遭遇。从这个意义上说,诗人、圣女和女冠的内在特质有着共同的属性,在审美意义上达到了和谐。先看《重过圣女祠》:

> 白石岩扉碧藓滋,上清沦谪得归迟。
>
> 一春梦雨常飘瓦,尽日灵风不满旗。

---

① 刘学锴、余恕诚:《李商隐诗歌集解》,中华书局 1988 年版。

萼绿华来无定所,杜兰香去未移时。

玉郎会此通仙籍,忆向天阶问紫芝。

这首诗历来以难解著称,且诗的题目对于诗的内容并无涵盖。因此,也应看作无题诗。诗中白石的门扉,碧绿的苔藓,春雨飘瓦,灵风吹旗,这几组意象组成的意象群落共同构成一个幽深、凄清而又飘忽、迷茫的环境。被上天贬下人间而无法归去的圣女在这样的环境中自然格外感到孤单、冷清、渺茫。仙界萼绿华、杜兰香来到人间都能回到仙界,而圣女却不能,一种被遗弃的感情油然而生。圣女也曾在仙界采撷仙草,而今已不属仙籍了。今昔对比,被遗弃的感情更加沉重。全诗并未写圣女的美好姿容、高洁品格、由天上到人间的情感过程等,而是以一系列意象突出被遗弃、被冷落,孤单寂寞的感情形象。汪辟疆说:"此义山借圣女以寄慨身世之诗也。"[1]诗人正是借之以抒发人生感慨。

　　诗人在运用这种在诗歌深层次上的契合型的比兴手法寄托自己的人生体验时,不仅写沦谪人间的圣女的感情形象,有时还把笔触直接伸向仙界,以生活在仙界的仙女的感情形象为喻。《碧城三首》就是此例,如其一:

碧城十二曲阑干,犀辟尘埃玉辟寒。

阆苑有书多附鹤,女床无树不栖鸾。

星沉海底当窗见,雨过河源隔座看。

若是晓珠明又定,一生长对水晶盘。

这首诗是以首二字为题的无题诗。碧城,据《太平御览》载:"元始天尊居紫云之阁,碧霞为城。"诗中写仙女服饰华美珍贵,居于清净、幽雅的碧城。要传书,只有仙鹤,为伴者只有鸾凤。她彻夜难眠,直到"星沉海底","雨过河源"。若太阳升起,更是长昼难挨,只好一生清冷独居。全诗既无情事过程,又无必然联系的感情意脉,而是以一系列具有相同指向的意象联缀成一个孤独、冷落、寂寞的感情形象,与诗人沉重的孤独、失落感可谓"心有灵犀一点通"。

---

① 汪辟疆:《汪辟疆文集》,上海古籍出版社 1988 年版。

三、用具有特征性的景物或典故铺排，生成感伤哀苦的情感境界，抒发积郁心中感伤哀苦的人生体验

在李商隐的无题诗中，还有一类诗，既看不出与某种具体人物、事件有关，亦看不出与爱情或女性有关，只是借具有特征性的景物描绘或典故铺排，生成一种情感境界，抒发感伤、哀苦的人生体验。这类诗比之前两类，虽然同样采用意象联缀方式，但情事和感情流程更为虚化，其所生成的感情境界直接成为诗人心灵状态的对应体。如《天涯》：

> 春日在天涯，天涯日又斜。
> 莺啼如有泪，为湿最高花。

诗的题目与诗的内容并无概括与被概括的关系，全诗既无具体情事，亦无情感流程，诗的抒情内容颇为朦胧，属于以诗中二字为题的无题诗。诗中连用"春日""天涯""日又斜""莺啼""泪""最高花"等意象，而每一种意象对于表现感伤心情都具有很强的特征。对于别有伤心怀抱的诗人，"春日"是容易触动感伤的。天涯为漂泊沦落的去处，作为意象，自然蕴含着感伤的因素。"日又斜"更带有一种迟暮的感伤情调。"莺啼"而且"有泪"给人的感受就更加哀苦了。"最高花"，姚培谦解释说："花之绝顶枝也，花开至此尽矣。"（《李义山诗集笺注》）将尽之花又为莺啼之泪所"湿"，其哀苦意味愈浓。这些物象尽化为诗人的心象，组合起来就形成一种浓重的感伤、哀苦的情感境界，是诗人的一种心灵状态。这种心灵状态是长期积郁、经常存在的。这正是长期的不幸遭遇刻在诗人心灵上的深深的创伤，以及衰残的时代氛围投在诗人心灵上沉沉的阴影的审美外化。另如《锦瑟》：

> 锦瑟无端五十弦，一年一柱思华年。
> 庄生晓梦迷蝴蝶，望帝春心托杜鹃。
> 沧海月明珠有泪，蓝田日暖玉生烟。
> 此情可待成追忆，只是当时已惘然。

这是一首以首句开头二字为题的无题诗。这首七言律诗主要是以典故的铺排，创造感伤哀苦的感情境界。诗中用典并非李商隐所独创，而在七律中大量用典，确实是李商隐独特的艺术贡献。初唐七律很少,而且简贵多风,绝少用典;王维欲增加七律容量,用典渐多,但未取得成功;少陵七律抒写时事,用典很少;中唐七律大多坦易晓畅,唯元稹、刘禹锡稍事援引。李商隐七律用典事多而工切,居唐代诗人之首。诗中高密度的典故铺排也增加了对诗的理解上的困难,同时也使诗的内涵更为丰富,意境更为深邃,诗意更为朦胧也更为深厚。《锦瑟》的审美价值就在于诗中运用高密度的具有感伤色彩的典故,形成一个悲剧的情感境界,突出的是诗人对于人生悲剧的心灵体验。

《锦瑟》中感伤和惘然的心绪并无具体所指,也无具体线索可寻。因此,历代喜欢追索诗歌本事的解释者有各种不同的猜测,直到今天也没有得出一致的见解,较有影响的有以下几种:(一)咏瑟说,咏瑟之适、怨、清、和四种曲调;(二)诗序说,诗人自题自编诗集以为篇首;(三)青衣说,咏令狐楚家青衣名叫锦瑟的;(四)悼亡说,诗人悼念亡妻王氏的;(五)自伤身世说,是诗人对自己一生悲剧的回顾与总结。这些说法都还是在没有确凿根据的情况下,就诗中某一局部加以比附或敷衍,没有把全诗作为一个有机的艺术整体,从它的整体所形成的艺术效果进入审美体验。如果我们把全诗作为一个艺术整体,把每个词语、每个典故作为这个艺术整体的有机构件,就可以发现,此诗整合一系列典故,生成一个完整的迷惘、感伤的情感境界,一吐人生哀苦的心灵体验。第一联用《史记·封禅书》关于五十弦的典故:"太帝使素女鼓五十弦瑟,悲,帝禁不止,故破其瑟为二十五弦。"诗中取其悲的含义,应指面对五十弦瑟引发的年华已逝的无尽悲哀。第二联的两个典故对于表现人生伤感更具有特征性。前一个典故源自《庄子·齐物论》:"昔者庄周梦为蝴蝶,栩栩然蝶也……此之谓物化。"是说不知哪是庄子,哪是蝴蝶,迷茫难辨。诗中慨叹人生迷惘如梦。后一个典故源自《蜀记》:"昔有人姓杜名宇,王蜀,号曰望帝,宇死,俗说杜宇化为子规。子规,鸟名也。蜀人闻子规啼,皆曰望帝也。"这是生命毁灭的悲剧,在诗中用以慨叹人生追求只能化为永远的痛苦。第三联由两个典故组成。前者出自《博物志·异人》:"南海外有鲛人,水居如鱼,不废织绩,其眼能泣珠。"后者出自《长安志》:"蓝田山在长安县,其山产玉,亦名玉山。"前者暗示人生的惨淡经营,始终伴随着孤独和眼泪;后者则象征着美好的事物已化为一片虚幻。最后一联是就连续铺排的五个典故的情感内容进一步咏叹:这种人生悲哀无须事后咏叹才引起感伤,在当时就已使人惘然了。全诗每个典故看不出指任何具体情事,但它们被组织在诗的特定结构中,却具有了同一的感情指向,并带着它们各自可以发人某些联想的功能,有机地合成一种伤感、哀苦的情感境界。如果一定要追索诗的本事,可以说什么也没有写,因为它只是表现了诗人的一种心绪;而如果联系诗人对人生价值的追求及失败的悲剧历程，又可以说它什么都写了，因为这种心绪正是诗人对悲剧时代的各个侧面和悲剧人生的每次坎坷所积累起来的心灵体验。

参考文献

1. 李商隐著，冯浩笺注：《玉溪生诗集笺注》，上海古籍出版社1979年版。
2. 宋宁娜：《李商隐其人其诗》，华文出版社2008年版。
3. 王锡柱主编：《李商隐诗选浅释》，中州古籍出版社2008年版。
4. 张采田：《玉溪生年谱会笺》，中华书局1963年版。
5. 刘学锴、余恕诚：《李商隐诗歌集解》，中华书局1988年版。
6. 《唐诗鉴赏辞典》（李商隐诗部分），上海辞书出版社1983年版。
7. 钟来因：《唐朝道教与李商隐的爱情诗》，《文学遗产》1985年第3期。
8. 陶光：《李商隐与女道士相爱的几首无题诗考析》，《南京师大学报（社会科学版）》1995年第2期。
9. 刘学锴：《本世纪中国李商隐研究述略》，《文学评论》1998年第1期。
10. 齐珺琰：《李商隐无题诗的悲剧美》，《延安职业技术学院学报》2009年第4期。

后 记

文化,在《现代汉语词典》中的解释是"人类在社会历史发展过程中所创造的物质财富和精神财富的总和,特指精神财富,如文学、艺术、教育、科学等"。综合起来理解,文化是指人类的精神活动及其产品,与历史、风土人情、传统习俗、生活方式、宗教信仰、艺术、伦理道德、法律制度、价值观念、审美情趣、精神图腾等密切相关。

本书所指的文化,主要是中华传统文化。

语文教学中的文化提升,个人以为是对人的高尚道德的培养、崇高精神的唤醒,当然还有学科素养的提升。

多年来,我一直在探究文化,特别是传统文化对人的影响,探究文化对语文教学的影响。文化能鼓舞人的精神,能让一个民族在困难中崛起,能让学生拥有持久的学习动力。在紧张的学习与工作中,一场富有积极意义的精神活动会让疲惫一扫而空,使人充满继续前行的动力和渴望。我想,那不是疲劳的消失,而是精神的鼓舞,是文化的力量。

育人是语文课程的重要功能。多年来,我一直在思考,要实现语文课程的育人效果,什么策略更加有效。一段时期以来,语文教学的工具性作用似乎更加明显些,虽然人文性作用也在不断强调中,但有待拓展的空间依然很大。基于文化的语文教育,对于提升学生的学科素养、培养学生的精神品质,都具有积极的意义。在文化内涵的影响下,学生的语言、思维和审美能力,都能呈现出更大幅度的提升。

作为一名语文教师,我一直感受到文化的力量,对文化充满敬畏。做一个有文化的人,是教师和学习者共同的理想。育人,这是文化的功能。中华文明经久不衰,就是因为历代先贤秉承传统文化,为了正义的事业义无反顾,从而促进了社会的进步和发展。

本书探讨的是"语文教学的文化魅力",从学科素养的提升策略谈起,涵盖了基于文化的阅读、写作教学实践、基于教学实践的反思,还包括了文化应用和指向教学的文化研究。本书关注理论研究、教学实践、教后思考、文化应用和教学研究,尝试从语文教学的多个层面,与读者进行基于文化的教育教学交流。

本书完稿后,我仍在不断思考文化究竟是什么。文化是影响,是习俗,是知识,是千年的积淀,是一个民族乃至人类共有的价值观念,是人们共同遵守并信奉的理念和信仰。总之,文化的概念很丰厚,似乎很难确切地说清楚。但文化一直在人们的心中,体现在人们的行为中,当然更体现在我们的教学中。

近年来,我参加了各类语文学科的培训,收获颇丰。聆听专家、教授们的讲座后,我萌发了将自己几年来的收获整理出来的想法,于是就有了本书。在此,感谢杨浦区教育局给我提供了学习机会,感谢区教育学院各个部门给予的学习支持,感谢华东师范大学出版社为本书出版提供的指导,感谢众多友人给予了校对、提出建议等帮助。

不奢望读者和同行们赞同本书的观点,只希望您能提出建议,为语文教学中文化的弘扬,为学生们语文学科素养的提升,作出一些更加积极的探索。

魏一营

2022 年 8 月 18 日